Gordian III. — Kaiser einer Umbruchszeit

Katrin Herrmann

Gordian III.
Kaiser einer Umbruchszeit

Kartoffeldruck-Verlag
Speyer 2013

Meinen Eltern

Überarbeitete Fassung einer im Wintersemester 2010/11 von der Philosophischen Fakultät der Universität Erfurt angenommenen Dissertation.

Die Deutsche Nationalbibliothek verzeichnet diese Publikation in der Deutschen Nationalbibliografie; detaillierte bibliografische Daten sind im Internet über http://dnb.dnb.de abrufbar.

Satz: Kai Brodersen

ISBN 978-3-939526-20-9

Inhaltsverzeichnis

Vorwort

Die vorliegende Arbeit, deren Entstehung die Landesgraduiertenförderung Thüringen großzügig unterstützt hat, wurde im Wintersemester 2010/11 von der Philosophischen Fakultät der Universität Erfurt als Dissertation angenommen. Sie erscheint hier in gründlicher Überarbeitung.

Mein vornehmlicher Dank für die Realisierung meines Dissertationsvorhabens gilt Prof. Dr. Kai Brodersen, der das Projekt von Anfang an befürwortet und betreut hat. Ohne ihn gäbe es diese Arbeit nicht. Außerdem danke ich Prof. Dr. Veit Rosenberger, der die Arbeit immer unterstützt hat. Sehr verbunden bin ich auch PD Dr. Kay Ehling von der Staatlichen Münzsammlung München, der nicht nur die Abbildung für das Titelbild zur Verfügung gestellt hat, sondern auch Ideengeber bei diesem Thema war.

Eine Dissertation kann nicht ohne die Hilfe und Unterstützung von Freunden entstehen. Mein aufrichtiger Dank dafür geht an Dr. Katharina Weggen, Prof. Dr. Stefan Pfeiffer, Dr. Rosmarie Günther, Dr. Gerhard C. Krischker, Stefanie Witt, Dr. Stefan Göller und besonders Dr. Friedrich Burrer.

Mein größter Dank gebührt meinen Eltern, denen diese Arbeit gewidmet ist.

Katrin Herrmann

Abbildungsnachweis

Die Umschlagabbildung zeigt einen Siegelring mit Darstellung der Kaiser Pupienus und Balbinus sowie des *Caesar* Gordian.

Wiedergabe mit freundlicher Genehmigung der Staatlichen Münzsammlung München (Gemme 2459; AGD München I 3, 2459).

Siehe S. 56 und S. 177.

Einleitung

Der 1908 erschienene Roman *L'Île des Pingouins* von Anatole France ist eine „satirisch maskierte Anklage gegen das gegenseitige Ränkespiel der herrschenden Klassen",[1] welche als Geschichte des fiktiven Landes Alka aufgezogen wird. Im Vorwort werden Geschichtswerke als Verklärung des Adels verdammt,[2] während sich die Geschichtsschreibung vielmehr als Geschichte des Volkes verstehen solle.[3]

Entsprechend werden im ersten Teil des Buches die versehentlich getauften Pinguine in Menschen verwandelt und anschließend vor die bretonische Küste Frankreichs verbracht, da Pinguine in Menschengestalt als naturwidrig keinen Platz im Paradies haben. Auf dem französischen Festland angekommen, beginnt ab dem zweiten Kapitel die eigentliche Reise der Pinguine durch Frankreich und die Jahrhunderte – angefangen im Altertum. Bei der eingangs skizzierten Konzentration auf das plebiszitäre Element ist es nicht verwunderlich, dass die Pinguine im alten Rom

---

1 Antkowiak (1957), S. 305, im Nachwort zu der hier verwendeten Ausgabe des Romans (zitiert wird aus der deutschen Übersetzung, die 1909 erschien). Die Menge an Literatur, die über den französischen Literaturnobelpreisträger von 1921 verfasst wurde, ist gewaltig. In der aktuelleren Forschung widmet sich ein Aufsatz aus dem Jahr 2007 der Geschichtskritik in *L'Île des Pingouins* (Martin (2011). Insgesamt wird der Roman jedoch eher stiefmütterlich behandelt, so legt Métayer (2011) zwar eine Analyse des Werkes von Anatole France vor, in der abschließenden Bibliographie zu Autor und Werk fehlt der Roman von 1908. Fast schon eben so satirisch wie *L'Île des Pingouins* selbst fragte Bourgeade (2011), S. 161: „Qui lit encore Anatole France?"

2 Cf. France, Die Insel der Pinguine, S. 8.

3 Cf. France, Die Insel der Pinguine, S. 10. Als Anatole France im Jahr 1921 der Nobelpreis verliehen wurde, würdigte Herbert S. Gorman in der New York Times eben diesen Aspekt an Frances Oeuvre: „Master of delicate irony, an aristocratic pagan, he has, from first to last, been a ranking barb in the minds of smug conservatives. (…) Throughout his novels will be found delightful bits of literary criticism. Indeed, this is part of their charm. In books, in life, in deeds, in thought, he is always the commentator presenting and analyzing , expositing and valuing." (Gorman (1921), S. 43).

eintreffen, als Kaiser Gordian regierte.[1] Gemeint ist Gordian III., der so in dem französischen Roman zu einem Herrscher des Volkes wird.

Über die Gründe, weshalb Anatole France dieses Kapitel seines Romans in dessen Regierungszeit spielen lässt, kann man nur spekulieren. Angesichts des Postulats, dass Geschichte nicht nur die Darstellung des Adels und der Reichen, sondern auch des Volkes sein soll, hat der französische Autor wohl Gordian III. gewählt.[2] Seinen Regierungsantritt im Jahr 238 bezeichneten die erhaltenen antiken Quellen als hoffnungsvoll und den 13-jährigen als von der *plebs Romana* gewählten Herrscher.[3]

Doch die Geschichte des Prinzipats zeigt von Anfang an, dass die Liebe und Unterstützung des römischen Volkes oder der Bevölkerung von Rom allenfalls eine ideelle Machtbasis sein konnten.[4] Innerhalb der Stadt Rom, wo Gordian III. seine ersten Herrschaftsjahre verbrachte, hat die Regierung eines Kaisers ohne den römischen Senat keinen Bestand.

Ähnlich wie die Severische Dynastie zuvor entstammte Gordian einer Familie, die seit Generationen der Oberschicht angehörte. Eine solche Tradition ist wohl mit einem gewissen Rückhalt im Senat verbunden, der auch über die Jahre gewachsen und nicht – wie z. B. bei Septimius Severus – aus der Not geboren war. Im 3. Jh., dessen zentrale Dekaden als „Zeit der Soldatenkaiser“[5] bezeichnet werden, spielt auch das Heer als Kaisermacher und -Absetzer eine nicht wegzudiskutierende Rolle.

Es wird allerdings zu zeigen sein, dass unter der Regierung Gordians III. dieser Faktor noch nicht stark zum Tragen kommt, weshalb man ihn

---

1 Cf. France, Die Insel der Pinguine, S. 36.

2 Ähnlich Bancquart (1966), S. 113: „C'est précisément alors qu'il reprit, dans la Préface de *L'Île des Pingouins*, la critique de l'histoire, avec une amertume inouïe jusqu' alors.“ Auch in seinen Gesprächen mit Marcel le Goff lässt Anatole France kein Zweifel an seiner Wertschätzung der Römer gegenüber jeder anderen Nation: „Denken Sie an die Größe und Lebenskraft des römischen Staates! Er hat der Zeit getrotzt, solange ein Menschenwerk dies überhaupt vermag. Durch drei Jahrhunderte wurden nur an den Grenzen des Reiches Schlachten geschlagen; die ganze übrige Welt erfreute sich den Wohltaten des Friedens.“ (le Goff (1925), S. 70).

3 Dazu ausführlich Kap. 2.4.

4 Dies hat bereits Augustus in den *Res Gestae* betont: Cf. Mon. Ancr. 1; 15; 23 und 34.

5 Cf. z. B. Sommer (2004) oder Johne (2008).

als den letzten Kaiser sehen kann, der noch nicht eindeutig als Soldatenkaiser zu klassifizieren ist. Vielmehr ist er der letzte Kaiser einer Übergangszeit, die mit Septimius Severus und seiner Dynastie begann, von Maximinus Thrax zwar unterbrochen wurde, dessen erzwungene Interimsregieung aber zum Scheitern verurteilt war.

In vier Kapiteln soll die für das 3. Jh. ungewöhnliche Herrschaft des jungen Gordian untersucht werden, um die Säulen kaiserlicher Regierung in einer Umbruchszeit hervorzuheben.

Das erste Kapitel beschäftigt sich neben dem aktuellen Forschungsstand mit der Frage nach den Quellen. Das Augenmerk liegt dabei auf der Historia Augusta. In einem zweiten Kapitel werden die Ereignisse des Jahres 238 auf die Frage hin untersucht, ob, wie und wann Gordian der Kaiser des römischen Volkes wurde und wie der Herrschaftsantritt zu bewerten ist. Ein drittes Kapitel untersucht zuerst, wie sich der Alltag der Herrschaft eines 13-jährigen Jungen gestaltete. Dabei spielt abermals die Historia Augusta eine zentrale Rolle. In der erhaltenen Vita Gordians wird die These entwickelt, dass ein Kind nicht zum Regieren geeignet ist, weil dies dem römischen Staat nur Schaden zufügen würde. Unterschied sich Gordian III. in diesem Punkt von seinen Vorgängern oder ist ein „Kindkaiser" grundsätzlich ein Problem? Im weiteren Verlauf dieses Kapitels werden dann tatsächliche Regierungsleistungen unter Gordian III. wie seine Rechtsprechung und Religionspolitik im Hinblick auf die Erfordernisse der Jahre 238-244 hin untersucht.

Sein Ende fand der junge Kaiser im Jahr 244 mit 19 Jahren auf einem Feldzug gegen die neue persische Dynastie der Sassaniden. Zu klären ist daher in einem vierten Kapitel, wie sich das Bild Gordians veränderte, sobald er Rom verließ. Ein letzter zentraler Aspekt ist die Darstellung seines gewaltsamen Todes und das damit verbundene Urteil der antiken Autoren: Wie werden die Leistungen des jungen Augustus bewertet?

1. Stand der Forschung und Quellen

1.1 Forschungsüberblick

Es ist nicht das Vorhaben dieses Kapitels, die Geschichte der Forschung zum 3. Jh. vollständig zu bearbeiten und zu diskutieren, da dies sehr präzise in dem 2008 erschienen Handbuch von JOHNE geschehen ist.[1] Vielmehr soll an dieser Stelle versucht werden, die einzelnen Richtungen, welche die Wissenschaft zu dieser Epoche hervorgebracht hat, nachzuzeichnen. Der Zweck dieses Vorgehens ist es zu zeigen, dass zum jetzigen Zeitpunkt der Forschungsgeschichte Untersuchungen zu Einzelaspekten, wie im vorliegenden Fall zu Gordian III., zum detaillierten Verständnis dieses Jahrhunderts noch sinvoll und notwendig sind.

Das lange als Zeitalter der Krise und Wende zum Schlechteren[2] verrufene 3. Jh. ist seit einigen Jahrzehnten immer mehr in den Fokus der Forschung gerückt. Dabei hat man sich anfangs mit der Frage auseinander gesetzt, inwiefern tatsächlich von einer Krise im 3. Jh. gesprochen werden kann. Eine erste deutschsprachige Monographie zu diesem Thema von HARTMANN aus dem Jahr 1982 spricht ohne kritische Reflexion von einer Krise dieses Zeitalters. Wie bereits der Titel der Arbeit – *Herrscherwechsel und Reichskrise* – postuliert, wird darin das 3. Jh. als „dunkles Zeitalter"[3] definiert, dessen „schwere innere wie äußere Krise"[4] die Installation einer Dynastie erschwerte, was im Sinne des Autors wohl mit einer stabilen Regierung gleichzusetzen wäre. Auch BLECKMANN geht in seiner Dissertation aus dem Jahr 1992 noch undifferenziert

---

[1] Cf. Johne (2008), S. 6-11.

[2] So bezeichnete etwa Alföldi (1967), S. 1 diese Phase als „tödliche Agonie" für das römische Reich, Altheim (1939), S. 13 sprach eher neutral von einer „geschichtlichen Wende" und Heuss (1971), S. 407 definierte das 3. Jh. als „Untergang der humanitären Monarchie", der eine „Krisis des gesamten Reiches einläutete, welche es an den Rand des Abgrundes brachte und nicht nur seine innere Ordnung zerrüttete, sondern auch den äußeren Bestand des Imperium gefährdete." Zusammenfassend ist für Heuss das Soldatenkaisertum nichts anderes als „Anarchie" (S. 418).

[3] Hartmann (1982), S. 11.

[4] Hartmann (1982), S. 13.

von einer Krise dieser Zeit aus, deren ausschlaggebendes Merkmal in der Forschung ihre Quellenarmut sei.[1]

Der Umschwung setzt mit der Arbeit von STROBEL aus dem Jahr 1993 ein, der zum ersten Mal von Wandlungsprozessen spricht, deren Ursachen bereits in der Zeit Marc Aurels zu suchen seien.[2] Die Wahrnehmung des 3. Jhs. als eine Zeit der Wandlung basiert bei STROBEL auf der These, dass „eine zeitgenössische realitätsbezogene Krisenwahrnehmung oder ein die mentalen Strukturen bestimmendes Krisenbewusstsein“[3] nicht nachgewiesen werden könne. Vielmehr erlebte die zeitgenössische Bevölkerung „den Zustand des Reiches als eine Folge von Einzelereignissen und von Personen in den Bereichen Herrschaft, Krieg, Leistungsforderung und -bezug“.[4] Diesen Gedanken greift WITSCHEL in seiner Dissertation aus dem Jahr 1999 wieder auf. In der Einleitung zu seiner Arbeit widmet er ein Unterkapitel der Kritik an den bisherigen Krisenmodellen und kommt darin zu einem seiner Ansicht nach subjektiven und sehr beachtenswerten These: „Die Degenerationsvorstellung, häufig angereichert mit moralischen oder ästhetischen Werturteilen, bot eine einfache und kohärente Erklärung für die vielen und komplexen Veränderungen auf politischer und administrativer, vor allem aber auch auf mentaler und kultureller Ebene, die es in dieser Zeit gegeben hat. Indem man den Kulminationspunkt dieser Veränderungen mit der wodurch auch immer ausgelösten Krise parallelisierte bzw. diese sogar gerade dadurch definierte, konnte sie zum alleinigen, nicht mehr weiter hinterfragten Erklärungsfaktor werden.“[5] Sein daraus resultierender methodischer Umgang mit dem 3. Jh. scheint folgerichtig: „So gehe ich davon aus, daß das 3. Jh. zwar ohne Zweifel eine Zeit vielfältigen, teilweise auch beschleunigten Wandels war, dieser aber zeitlich und räumlich stärker aufgegliedert werden muß.“[6]

Diesem gewollten oder ungewollten Postulat sind inzwischen einige Wissenschaftler gefolgt. So hat 2002 z. B. KÖRNER eine Arbeit zu Philip-

---

1 Cf. Bleckmann (1992), S. 16.
2 Cf. Strobel (1993), S. 11.
3 Strobel (1993), S. 299.
4 Strobel (1993), S. 300.
5 Witschel (1999), S. 7.
6 Witschel (1999), S. 11.

pus Arabs vorgelegt, die den Kaiser als Fortsetzer des Prinzipats im antoninisch-severischen Sinne sieht. Ein so verstandener Herrscher kann folglich nicht als Repräsentant einer Krisenzeit gelten, sondern als Fortsetzer von bewährten Traditionen. Der aktuellste Beitrag von HAEGEMANS 2010 untersucht die Regierungszeit des Maximinus Thrax und besonders die gesellschaftlichen Umstände, die 238 zum Aufstand in der Provinz *Africa proconsularis* führten. 2004 widmete KREUCHER seine Dissertation der Person und dem Umfeld des Aurelius Probus. Bereits aus dem Jahr 1999 stammt die Biographie *Aurelian and the Third Century* von WATSON und 2005 erschien ein weiteres Werk über diesen Kaiser von WHITE. Dessen Titel lautet: *Restorer of the World. The Roman Emperor Aurelian.* Die fast zur selben Zeit erschienene Arbeit von JACOB *Aurelians Reformen in Politik und Rechtsentwicklung* zeigt, dass nun bei diesem häufiger bearbeiteten Kaiser der Schwerpunkt gezielt auf Einzelaspekte seiner Politik gelegt wird, die auch als Wendepunkt in der Geschichte dieses Jahrhunderts bezeichnet wird.[1] Doch die Einzeluntersuchungen galten nicht nur den jeweiligen Herrschern; 2005 hat EICH in seiner Dissertation dargestellt, wie sich im 3. Jh. der Verwaltungsapparat des Römischen Reiches geändert hat. Auch hier lautet das Ergebnis der Untersuchung, dass sich dieser wandelte und den veränderten Bedingungen der Zeit angepasst hat.

Wie komplex und aufwendig es ist, eine Gesamtdarstellung über das 3. Jh. zu verfassen, zeigt die zehnjährige Arbeitszeit JOHNES und seiner zahlreichen Mitarbeiter an dem zweibändigen Werk *Die Soldatenkaiser. Krise und Transformation des Römischen Reiches im 3. Jahrhundert n. Chr. (235-284)*, das 2008 erschien. In der Einleitung wird dieses Werk daher völlig zu Recht als „Handbuch“ bezeichnet.[2] Die zwei Bände berücksichtigen „neben der Ereignisgeschichte sowohl die staatlichen und sozialen Strukturen als auch die außerrömischen Kulturen“.[3] Gleichzeitig macht der Untertitel des Werkes deutlich, dass die politische, wirtschaftliche und soziale Stimmung dieses Jahrhunderts in einem einzigen, wenn auch großem Werk, nicht so ohne weiteres eingefangen werden

---

1 Cf. Watson (1999), S. 183; eher zurückhaltend, aber dennoch bejahend Scarborough (1973).

2 Johne (2008), S. 6.

3 Johne (2008), S. 9.

kann. Dem zunehmenden Interesse an den Soldatenkaisern kam bereits 2004 SOMMER mit seinem Studienbuch gleichen Titels nach.[1] In der englischen Forschung hat, ebenfalls 2004, POTTER eine Darstellung zum 3. Jh. verfasst, allerdings fasst er die Epoche weiter und behandelt die Zeit von 180 bis 395 n. Chr. Dabei geht es dem Autor auch nicht um das detaillierte Erfassen jedes einzelnen Herrschers, sondern um das Aufzeigen von Einzelveränderungen.[2] Demnach bieten die von WITSCHEL geforderten Einzeluntersuchungen die Möglichkeit, die kurze Zeitspanne des 3. Jhs. in den Blick zu nehmen und für diese Phasen so weit wie möglich Gewissheit zu verschaffen.

Die erste wissenschaftliche Beschäftigung mit Gordian III. geht bis in das 17. Jh. zurück. Danach ist der junge Kaiser immer wieder Gegenstand der Forschung gewesen. 1911 beginnt die Reihe der Arbeiten jüngeren Datums mit LEHMANNS Dissertation, deren methodischer Ansatz deutlich macht, weshalb die Regierungsjahre des dritten Gordian in der älteren Forschung „eine Zeit der Verwirrung, wie sie auch das Militärkaisertum nur selten gesehen",[3] darstellten. Beinahe unkritisch, aber mit größter philologischer Sorgfalt untersucht LEHMANN die vermeintlichen Quellen der Vita *Gordiani tres* eines unbekannten Autors,[4] nimmt an dem fast ausschließlich fiktiven Charakter dieser Vita der Historia Augusta jedoch ansonsten keinen Anstoß. Die größte Menge an Publikationen findet man jedoch zum Beginn der Herrschaft Gordians, dem sog. „Sechskaiserjahr" 238. Da die Forschungsliteratur zu diesem Jahr gleichermaßen widersprüchlich wie zahlreich ist, wird es Bestandteil der Ausführungen des zweiten Kapitels sein, diese zu diskutieren. Zur Verwaltung und Gesetzgebung des dritten Gordian liegen mit den Arbeiten von TOWNSEND (1934) und NICOLETTI (1981) bereits ebenfalls singuläre Vorarbeiten vor, die suis locis diskutiert werden.

Einen dritten großen Block stellt die Forschung zu den Sassaniden dar. Auch hier gibt es in der Wissenschaft bereits eine große Zahl an Bei-

---

[1] 2010 erschien die 2. Auflage mit entscheidenden Aktualisierungen.

[2] Cf. Potter (2004), S. XI-XIV, wo er selbst sagt, dass sich dieses Buch nicht nur als „a history of Rome, but as a more general study of management and management styles" versteht.

[3] Lehmann (1911), S. 13.

[4] Cf. Lehmann (1911), S. 16-19.

trägen, von denen daher nur die wichtigsten und für diese Arbeit bedeutendsten aufgeführt werden sollen. Grundlegend für die Geschichte des antiken Persiens sind nach wie vor die Überblicksdarstellungen von WIESEHÖFER (1982 und 2005). Auch in dem Handbuch von JOHNE (2008) findet sich eine Darstellung mit einer Zusammenstellung der relevanten und aktuellen Forschungsliteratur von WIESEHÖFER.[1]

1.2 Die Quellen

Die vor allem in der Vergangenheit immer wieder beschworene Quellenarmut des 3. Jhs.[2] bezieht sich ausschließlich auf die literarischen Quellen, denn die materiellen Zeugnisse sind auch für dieses Jahrhundert und die Jahre 238 – 244 sehr reichhaltig. Dass im Folgenden dennoch zuerst die schriftlichen Quellen behandelt werden, erklärt sich durch die besondere Bedeutung, die der Historia Augusta bei einer Untersuchung über Gordian III. zukommt.

1.2.1 Die Historia Augusta: „Elendige Sudelei" oder geniales Konstrukt?

Bereits 1890 hatte Theodor MOMMSEN in einem den Ergebnissen DESSAUS widersprechenden Aufsatz[3] ein vernichtendes Urteil über die Historia Augusta gefällt: „Man darf bei den folgenden Instanzen nicht vergessen, daß diese Biographien eine der elendesten Sudeleien sind, die wir aus dem Alterthum haben, und daß ihren Verfassern alles eher zugetraut werden darf als Geschick und Consequenz im Verbergen des seltsamen von Dessau ihnen unterlegten Planes".[4] Damit spielte MOMMSEN auf die von DESSAU im Jahr zuvor vertretene These an, dass die Historia Augusta erst Anfang des 5. Jhs. und nur von einem Autor verfasst worden sei.[5]

1 Cf. Johne (2008), S. 531-570.

2 So z. B. Bleckmann (1991), S. 5. Zur Quellenproblematik für das 3 Jh. Johne (2008), S. 15-17, insbes. Anm. 1.

3 Cf. Mommsen (1890).

4 Mommsen (1890), S. 229.

5 Cf. Dessau (1889).

Beide Feststellungen, die MOMMSEN noch im ausgehenden 19. Jh. angezweifelt hat, gelten heute als *communis opinio* in der an Publikationen kaum mehr zu überschauenden Forschung zur Historia Augusta.[1]

Allerdings ist die Frage nach dem „Warum“ bisher nicht eingehend behandelt worden. Warum versteckt sich ein Autor hinter den Pseudonymen sechs fiktiver Personen, deren Wirkungszeitraum zusätzlich um ca. 100 Jahre vorverlegt wird? Bereits DESSAU hat freilich dafür eine Erklärung angeboten: „(...) den Lebensbeschreibungen durch ihr scheinbares Alter mehr Ansehen und eine größere Autorität zu geben, als sie sonst gehabt hätten.“[2] Diese Einschätzung impliziert, dass der Autor der Historia Augusta eine Absicht beim Verfassen der Viten verfolgte. Dabei ist sowohl die Form der Biographie entscheidend als auch das Wesen des Werkes.[3] So hat JOHNE, indem er der Identität des Autors nachging, versucht, dessen Geschichtsbild herauszuarbeiten und „die ideologische Position des Werkes zu umreißen“[4]. Dabei kommt er zu zweierlei Ergebnissen: Zum einen liege die Leistung des Biographen vor allem darin, die bereits von anderen Quellen vorgeprägten Meinungen über die römischen Kaiser zu intensivieren und dabei auch die Darstellung vernachlässigter Kaiser aufzuwerten.[5] Zum anderen verhelfe diese Vorgehensweise dem Autor dazu, ein Geschichtsbild zu entwerfen, das den „fatalistischen“ Glauben an die Größe Roms propagiert.[6] Mit Blick auf die Entstehungszeit dieser Quelle kann bereits davon ausgegangen werden, dass das römische Reich seinen glanzvollen Zenit überschritten hatte;[7] in einer solchen Situation kann es nicht reichen, an eine *Roma aeterna* zu appellieren, sondern es ist aufzuzeigen, warum die Bezeichnung gerechtfertigt

---

1 Einzig Lippold zweifelt eine Datierung in das ausgehende 4. oder beginnende 5. Jh. an (Lippold (1989) = Lippold (1998), S. 145-159). Die Forschungsgeschichte wurde von Johne (2008), S. 45-51 aufgearbeitet und mit den wichtigsten Literaturangaben zu den einzelnen Viten versehen.

2 Dessau (1889), S. 375.

3 Cf. Johne (1984), S. 632, der der Form der Biographie keine Bedeutung beimisst.

4 Johne (1984), S. 635.

5 Cf. Johne (1984), S. 636.

6 Cf. Johne (1984), S. 640.

7 Zu dieser Einschätzung s. Kolb (1987). Allgemein zur Situation des Römischen Reiches am Beginn des 5. Jh. Demandt (1998), S. 112-122.

ist. Dies gelingt durch die Darstellung der Fehler der Vorgänger auf dem Kaiserthron, damit gegenwärtige Herrscher davon lernen können. Als eine solche „Anleitung zum Herrschen“ ist daher wohl die spätantike Biographiensammlung zu lesen. Diese Instruktionen baut der Autor der Historia Augusta als eine Art Fazit in die einzelnen Viten ein. Um diese Lehren einprägsam zu transportieren, bedient er sich des Stilmittels der Übertreibung und an den Stellen, an denen das nicht mehr zu genügen scheint, benutzt er seine Phantasie, um die jeweilige Szenerie zu illustrieren. Eine genaue Betrachtung der Tendenz und der Absicht des Autors der Historia Augusta ist an dieser Stelle wichtig, da der Vita der drei Gordiane in der Biographiensammlung eine besondere Rolle zukommt; diese wird durch die Folie der anderen Viten deutlicher:

Bei Hadrian tritt das kritische Urteil nicht so offen zu Tage wie in anderen Viten. Erst im abschließenden Resümee des Autors erfährt man, dass der Kaiser nach seinem Tod abfällig beurteilt wurde und eine Divinisierung nur der Fürsprache seines Nachfolgers Antoninus Pius zu verdanken gewesen sei.[1] Den Grund für die ablehnende Haltung gegenüber dem verstorbenen Hadrian findet man in der Vita zwei Kapitel davor. Ohne einen Kommentar seitens des Autors legt dieser dar, dass der Kaiser Todesurteile auch wegen geringfügiger Anlässe vollstrecken ließ. Auf diese Weise wird Hadrian fehlende *iustitia* attestiert, was als Kaisertugend wohl im 5. Jh. noch immer maßgeblich war. [2]

Antoninus Pius dagegen wird bereits in der Vita Hadrians als wirklicher Pius eingeführt[3] und diese Tendenz setzt sich auch in seiner eigenen Biographie fort. Das Vergehen des Blutvergießens unter seinem Vorgänger aufgreifend, resümiert der Autor am Ende der Vita:

> *(...) solusque omnium prope principum prorsus [sine] civili sanguine et hostili, quantum ad se ipsum pertinet (...).*

---

1 Cf. HA Hadr. 27,1-2.

2 Cf. HA Hadr. 25,8. Da sich der Unmut gegen den verstorbenen Hadrian nun besonders im Senat verbreitete, ist es anzunehmen, dass von den vermeintlichen Vollstreckungsbefehlen auch Senatoren betroffen waren. Dies ist für die Einstellung des Autors der Historia Augusta ausschlaggebend, da dieser in der Forschung als zum Senatorenstand zugehörig gehandelt wird (Johne (1984), S. 634, bes. Anm. 13).

3 Cf. HA Hadr. 27,3.

> (...) er war fast der einzige aller Kaiser, der kein Bürger- oder Feindesblut vergoss, soweit es an ihm selbst lag (...).[1]

Allerdings impliziert der Einschub *quantum ad se ipsum pertinet*, dass auch unter der Herrschaft des Antoninus Pius Blut vergossen wurde, diesem allerdings nicht die Verantwortung daran zu geben ist.

Die Wertung Marc Aurels fällt in der Historia Augusta ambivalent aus, obwohl er am Beginn als Kaiser gerühmt wird, der allen anderen überlegen gewesen sei.[2] Am Ende seiner Biographie wird er jedoch im Nachruf des Autors als heuchlerisch bezeichnet,[3] mit einem Attribut, das der vorangegangene Inhalt der Vita nicht hatte erahnen lassen. Auch die anderen Vorwürfe in diesem Kapitel – Marc Aurel habe den Ehebruch seiner Frau geduldet und bei einem Theaterbesuch sogar den Spott eines Schauspielers darüber ertragen;[4] zudem habe er versucht, seine Freunde aus der Öffentlichkeit fernzuhalten[5] – passen nicht zu dem fast schon panegyrischen Beginn der Biographie. Zuletzt hat ROSEN diese Diskrepanz erkannt und argumentiert, dass der „wahre" Marc Aurel in der Historia Augusta erst sichtbar würde, wenn man die Vita des Usurpators Avidius Cassius mit einbezöge: „Avidius Cassius soll nicht nur Rebell, sondern politisches Gegenbild zu Marcus sein. Der Realpolitiker tritt gegen den Philosophen an."[6] Tatsächlich ist der Gedanke, dass der Autor der Historia Augusta zur Gestaltung seiner kaiserlichen Lebensbilder auch die Nebenviten verwendet, nicht neu. So hat nach JOHNE die „Sammelbiographie der *Tyranni triginta*" die Aufgabe, die Unfähigkeit des Kaisers Gallienus, im Römischen Reich wieder Ruhe herzustellen, zu verdeutlichen. Um zu zeigen, dass es fast jedem möglich war, zu rebellieren und diese Aufstände an allen „Ecken" des römischen Imperiums stattfanden, dichtet der Autor in der Vita der dreißig Tyrannen noch einige hinzu, um die Menge der Usurpatoren möglichst hoch erscheinen zu lassen.[7] Im Hinblick auf diese Konzeption ist Marc Aurel zwar als guter

---

1 HA Pius. 13,4.
2 Cf. HA Aur. 1,1.
3 Cf. HA Aur. 29,6.
4 Cf. HA Aur. 29,1-3.
5 Cf. HA Aur. 29,7.
6 Rosen (1994), S. 194.
7 Cf. Johne (1984), S. 637.

Kaiser charakterisiert, der jedoch in einigen Situationen zu wenig resolut reagiert hat. Wie wichtig das richtige Maß an Strenge für eine gute Regierung ist, wird auch in anderen Viten der Historia Augusta thematisiert.

Das Urteil über Marc Aurels Sohn Commodus ist dagegen wieder eindeutig. Schon in dessen Kindheit zeichnete sich ab, dass er Talente und Vorlieben hatte, die für die Ausübung der Herrschaft alles andere als förderlich waren: Trinken, Tanzen, Singen und die Darstellung seiner Selbst auf der Bühne.[1] Diese entwickelten sich im Laufe seines Lebens zu dessen Nachteil weiter, so dass er als Kaiser nur versagen konnte.[2]

Pertinax war für einen idealen Kaiser zu habsüchtig, denn er bereicherte sich privat und zum Nachteil der Schuldner in Vada Sabatia.[3] Didius Iulius stammte nach den Angaben der Historia Augusta aus einem Haus, das schon viele hohe Beamte hervorgebracht hatte, was ihm theoretisch die besten Voraussetzungen als Kaiser gab.[4] Allerdings verstand er diesen Vorteil nicht zu nutzen und verfiel der Völlerei, dem Würfelspiel und der Leidenschaft für Gladiatorenspiele[5] – Beschäftigungen, die einen guten Kaiser von seiner Pflicht ablenken, so dass er das römische Reich nicht mehr angemessen regieren kann.

Septimius Severus, der am Anfang des 3. Jhs. als fiktiver Adoptivsohn Marc Aurels eine neue Dynastie gründete, wird in der Historia Augusta etwas skeptisch als *Africa oriundus*[6] eingeführt, was jedoch dadurch relativiert wird, dass er sich die lateinische und griechische Sprache selbst beigebracht hätte.[7] Insgesamt ist das Bild des Septimius Severus in der Historia Augusta nicht das eines Barbaren auf dem Kaiserthron, wie im Falle des Maximinus Thrax. Aus Thrakien stammend, versuchte Maximinus als Kaiser seine Herkunft geheim zu halten;[8] jedoch verriet ihn seine *crudelitas*, weshalb er als Herrscher hauptsächlich gefürchtet wurde und ihm die Befähigung zum Regieren abgesprochen

---

1 Cf. HA Comm. 1,8.
2 Cf. HA Comm. 20.
3 Cf. HA Pert. 9,4 und 13,4.
4 Cf. HA Did. 1,1-3.
5 Cf. HA Did. 9,1.
6 HA Sept. Sev. 1,1.
7 HA Sept. Sev. 1,4.
8 Cf. HA Maximin. 1,7.

wurde;[1] dementsprechend betrauerten auch nur die Barbaren seinen Tod.[2] Bei Septimius Severus wird die Karte seiner Abstammung aus den Provinzen nicht in gleichem Maße ausgespielt. Vielmehr scheint es dem Autor der Historia Augusta schwer zu fallen, einen wirklichen Kritikpunkt zu finden, so dass das in seinen Augen schon fortgeschrittene Alter des neuen Kaisers nur angedeutet wird.[3] Wahrscheinlich diente die Figur des fingierten Antoninen dem Verfasser der Kaiserbiographien nur als eine Art Basis, um die weitere Entwicklung dieser Dynastie besser gewichten zu können. Entsprechend wird Septimius Severus in der Vita Caracallas als Vergleichsfigur herangezogen, insbesondere wenn es um die Frage nach der gebotenen Strenge geht. So wird in HA Carac. 9,3 durchaus impliziert, dass Septimius ein strenger Herrscher gewesen ist; in dieser Eigenschaft wird er von seinem Sohn jedoch noch übertroffen.[4] Zusätzlich findet sich in der Caracalla-Vita ein Topos, der in der Historia Augusta immer wiederkehrt, wenn es um die Charakterisierung eines „schlechten Herrschers" geht: Unersättlichkeit im Genuss von Speisen und Wein.[5] Aber die schwerwiegendsten Gründe, die gegen Caracalla als Kaiser sprechen, bringt der Autor am Ende deutlich auf den Punkt: Der *omnium durissimus*[6] wird als *parricida et incestus*[7] abgeurteilt. In den Augen der Historia Augusta ist der Sohn des Septimius Severus nur ein Verbrecher, der zu Unrecht auf dem Thron des Römischen Reiches saß.

Ebenfalls vernichtend ist das Urteil über Heliogabal, bei dem zwar nicht das Merkmal der Grausamkeit hervorstach, dafür aber die alleinige Hingabe an sinnliche Genüsse, durch die er die Bedeutung des Amtes eines römischen Kaisers vergaß.[8] Wie ungeeignet Heliogabal in den Augen des Autors der Historia Augusta als Kaiser war, wird am Ende der Vita nochmals sehr deutlich: An dieser Stelle meldet sich der Verfasser der Viten persönlich zu Wort, um nachdrücklich zu betonen, dass der am-

---

1 Cf. HA Maximin. 13,5.
2 Cf. HA Maximin. 24,1. In Claud. 1,3 wird Gallienus rückblickend sogar als *prodigiosus imperator* bezeichnet.
3 Cf. HA Sept. Sev. 22,1.
4 Eine vergleichbare Stelle ist Carac. 11,4.
5 Cf. HA Carac. 9,3.
6 HA Carac. 11,5.
7 HA Carac. 11,5.
8 Cf. HA Heliog. 33,1.

tierende Herrscher sich auch seiner Herrschaftsaufgabe als würdig erweisen muss:

> *Agendum vero, quod pietas tua solet dicere, ut sint imperio digni, quos ad regendi necessitatem vis fatalis adduxerit.*
> Man muss aber betreiben, dass, wie deine Majestät zu sagen pflegt, die sich der Herrschaft als würdig erweisen mögen, die das Schicksal an die Notwendigkeit zu herrschen herangeführt hat.[1]

Dieser Konstantin des Großen[2] in den Mund gelegte Ausspruch subsumiert die Wertung der Historia Augusta über Heliogabal, dem diese *dignitas* fehlte.

Der panegyrische Charakter der Severus-Alexander-Vita ist schon oft diskutiert worden[3] und das Lob für die Regierung des jungen Kaisers übertrifft dabei sogar noch die positive Tendenz der Vita des Antoninus Pius. Den Grund für diese Beurteilung bietet der Autor am Ende der Biographie des Severus Alexander selbst:

> *Hi sunt, qui bonum principem Su<r>um fecerunt, et item amici mali, qui Romanos pessimos etiam posteris tradiderunt suis vitiis laborantes.*
> Es gibt diese, die einen Syrier zu einem guten Kaiser machten, auch ebenso schlechte Freunde, die Römer, die unter ihren eigenen Fehlern litten, als Überltätier auch an der Nachwelt überliefert haben.[4]

Dieses Zitat stellt auch gleichzeitig eine Verbindung zu der Vita der drei Gordiane, insbesondere zu der des dritten, dar.[5] Denn an dieser Stelle wird ein guter und schlechter Kaiser jeweils durch Freunde bestimmt. Es wird zu zeigen sein, dass es im Falle Gordians III. dessen Prätorianer-

---

[1] HA Heliog. 34,5.

[2] Cf. HA Heliog. 34,1.

[3] Cf. zuletzt Moreno Ferrero (1999).

[4] HA Alex. 68,4. Die Variante *Su<r>um* findet sich dabei in keinem *codex* wieder, sondern wurde von Herman Peter in seiner Historia-Augusta-Edition des 19. Jh. ergänzt. Hohl bezieht sich bei dieser Stelle auf ihn. Noch frühere Editionen dagegen ergänzen *Syrum* .

[5] Zu der Vita Gordians III. in der Historia Augusta und insbesondere der Datierungsfrage cf. Kap. 3.1.3.2.

präfekt Timesitheus war, der als guter Freund auch Gordian zu einem eben solchen Kaiser machte.[1]

Sowohl Gordian I. und Gordian II. als auch die ihnen folgenden Senatskaiser haben nicht lange genug regiert, um für den Charakter ihrer Herrschaft in der Historia Augusta einen entsprechenden Raum zu erhalten, so dass die Klassifizierung der Kaiser nach Gallienus erst wieder unter Claudius Gothicus einsetzt. Bei diesem Herrscher hatte der Autor der Historia Augusta eine schwierige Aufgabe zu lösen, denn er wurde unter Konstantin dem Großen und damit in der vorgegebenen Entstehungszeit des Werkes als fiktiver Ahnherr des Kaisers zelebriert und war damit eigentlich nicht angreifbar.[2] Tatsächlich scheint diese Vita ein Panegyrikos zu sein, doch fällt beim genauen Lesen ein Detail auf: An den Stellen, an denen ausgeführt wird, wie beliebt Claudius bei den verschiedenen Gruppierungen im Römischen Reich war, fehlt der Aspekt der Soldaten.[3] Direkt konnte der Autor es nicht wagen, den Ahnherrn Konstantins zu kritisieren, da einzelne Viten fiktiv in die Zeit Konstantins datiert sind,[4] doch unterschwellig scheint hier durch, dass er zwar ein guter Feldherr gewesen war, die Truppen ihn aber nicht geachtet oder geliebt hatten. Ähnlich verhält es sich bei Aurelian. Wegen seiner Leistungen als Einiger des Römischen Reiches war auch dessen Regierung nur schwer zu kritisieren, doch der Autor der Historia Augusta findet auch hier einen Weg: Bereits in der Einleitung zu seiner Vita wird er als *severissimus imperator*[5] bezeichnet, was zwar angesichts der militärischen Lage als Notwendigkeit definiert wird, doch im Lauf der Vita kommt die Sprache immer wieder auf die *crudelitas* dieses Herrschers,[6] die letztlich in der Hinrichtung einiger Senatoren gipfelte.[7] Auch in die-

---

1 Cf. Kap. 3.1.3.3.

2 So räumt der Autor der Historia Augusta in Claud. 1,1 auch ein, dass er *cum cura* vorgegangen sei.

3 Cf. HA Claud. 3,7 und 18,4.

4 Dabei handel es sich um die Viten des Clodius Albinus (Alb. 4,2), des Geta (Geta. 1,1), des Heliogabal (Heliog. 2,4; 34,1), des Severus Alexander (Alex. 65,1), der beiden Maximine (Maximin. 1,1) und der drei Gordiane (Gord. 34,6).

5 HA Aurelian. 1,5.

6 Cf. HA Aurelian. 6,1; 7,3 und 44,1.

7 Cf. HA Aurelian. 21,6-8.

ser Biographie schaltet sich der Autor selbst wieder ein, um dieses Mal zu fragen, was einen Kaiser als Herrscher „disqualifiziert“:

> E*t quaeritur quidem, quae res malos principes faciat: iam primum, mi amice, licentia, deinde rerum copia, amici praeterea inprobi, satellites detestandi, eunuchi avarissimi, aulici vel stulti vel detestabiles et, quod negari non potest, rerum publicarum ignorantia.*
> Und wenigstens fragt man, welche Dinge schlechte Kaiser ausmachen: erstens, mein Freund, Willkür, zweitens, eine Menge an Mitteln, außerdem unredliche Freunde, verabscheuunswürdige Trabanten, sehr habgierige Eunuchen, Hofleute, die entweder dumm oder verabscheuenswert sind und, das kann man nicht verleugnen, Unwissenheit in Staatsangelegenheiten.[1]

Alle diese Eigenschaften werden Aurelian zwar nicht unmittelbar zur Last gelegt, doch allein der Einschub dieser Frage und ihrer Antwort lassen erkennen, dass der Wiedervereiner des Römischen Reiches in den Augen der Historia Augusta nicht als optimaler Kaiser gilt.

Am Ende des 3. Jhs. steht der Versuch der Kaiser Carus, Carinus und Numerianus, durch eine erneute Dynastiegründung die Herrschaft im *Imperium Romanum* zu sichern. Genau dieses Unterfangen wird in der Biographiensammlung fast schon boshaft kommentiert: Ihre Leistung bestünde einzig in der Abhaltung von Spielen für das Volk.[2] Wahrscheinlich ist dieses Urteil auch unter dem Gesichtspunkt zu sehen, dass es letztlich Diokletian war, der das Herrschertrio besiegte und dem kein unwesentlicher Teil der Historia Augusta gewidmet ist.

Man kann daher festhalten, dass der Autor der Historia Augusta beim Abfassen seiner Kaiserviten einen Plan verfolgte: Entstanden am Beginn des 5. Jhs., als sich das römische Kaisertum im Abstieg befand, sollten die einzelnen Biographien Studien sein, um die Fehler der Vorgänger zu vermeiden. Diese sieht der Autor der Historia Augusta bei Marc Aurel in dessen fehlender Strenge, von der dagegen Caracalla und Aurelian zu viel besaßen. Ebenfalls in der Vergangenheit gaben sich zu viele Kaiser den sinnlichen Genüssen hin und vergaßen darüber ihre Pflicht; als Paradebeispiele gelten dafür in der Historia Augusta Commodus und

---

1 HA Aurelian. 43,1.

2 Cf. HA Car. 19,1. Über das schlechte Urteil der drei Kaiser in der Historia Augusta auch Johne (1984), S. 638-639.

Heliogabal. Eine Aufzählung aller denkbar schlechten Eigenschaften eines Herrschers findet sich in der längsten Vita der Biographiensammlung, der des Aurelian. Dort wird nochmals explizit betont, wie wichtig ein guter Kaiser für das Fortbestehen des Römischen Reiches ist. Entsprechend richtet sich die Historia Augusta v.a. an die Herrschenden am Beginn des 5. Jhs. und hat in ihrer fortwährenden Erinnerung an die Tugenden den Charakter eines Fürstenspiegels.[1]

1.2.2 Herodian als Quelle für das Sechskaiserjahr

Der Historiker Herodian thematisiert in seinem Werk *Geschichte des Kaisertums nach Marc Aurel* die Zeit vom Tod Marc Aurels bis zur Augustuserhebung Gordians III.[2] Über die Glaubwürdigkeit Herodians[3] und dessen historischem Quellenwert ist in der Forschung bereits viel diskutiert worden,[4] „für die Regierung des Maximinus Thrax und das Jahr 238 ist er jedoch die Hauptquelle“[5]. Der Vorwurf der partiellen Fiktionalität gegenüber dem griechischen Autor basiert auf der Vorrede zu seiner *Geschichte des Kaisertums nach Marc Aurel*, wo er darlegt, dass seine Darstellung auf selbst erlebten Geschehnissen fundiert sei, denen er als Zeit-

1 Auch die Blüte des Mediums Fürstenspiegel begann in der Spätantike. Ebenso dafür sprechen die Publikationen von Brandt (2003), Demandt (2002) und Bruns (1995). Allgemein zum Fürstenspiegel in der griechisch-römischen Antike Schulte (2001).

2 Die genauen Lebensdaten Herodians sind nur ungefähr an Hand seines Werkes zu errechnen Cf. Müller (1996), S. 9-13.

3 Die genaue Datierung Herodians ist in der Forschung umstritten. Müller (1996), S. 9-21 hat versucht, diese zu definieren und kommt zu dem m. E. schlüssigen Ergebnis, dass dieser um 250 verstarb und seine Schaffensphase wohl unter Philippus Arabs anzusetzen ist.

4 Die Gegenüberstellung der einzelnen Meinungen bei Hidber (2006), S. 45-51 und Zimmermann (1999), S. 2-10. Zentral für das Verständnis des Herodianischen Geschichtswerkes sind Zimmermann (1999) und Hidber (2006). Eine gute Einführung bietet auch die kommentierte Übersetzung von Müller (1996).

5 Johne (2008), S. 30.

zeuge mehr vertraue, als den meisten Überlieferungen.[1] Man hat in Herodians Herangehensweise daher gerne eine Imitatio des Thukydides sehen wollen, dessen Werk sich an selbst Erlebtem orientierte.[2] Allerdings zeigt ein Blick auf das Proömium des Cassius Dio, dass Herodian dessen Arbeitsweise mindestens ebenso nah stand. Auch dieser verließ sich nicht auf alles schriftlich Überlieferte, sondern bestimmte durch eigene Selektion die Stellen, die seiner Meinung nach vertrauenswürdig waren.[3] Herodian selbst nennt im Unterschied zu Cassius Dio seine Quellen nicht, aber es scheint wahrscheinlicher, dass ihm Cassius Dio vertrauter war als Thukydides, zumal beide auch in etwa zur selben Zeit lebten. Herodians Methode beruhte auf Autopsie und nicht auf einem Quellenstudium. Trotzdem ging es ihm nicht nur darum, ein bestimmtes Ereignis darzustellen, sondern die Geschichte und das Schicksal des Römischen Reiches nach dem Tod Marc Aurels. Dazu passte auch der Ansatz des Cassius Dio, der nur das auswählte, was ihm wahrheitsgemäß erschien. Ähnlich ging auch Herodian vor, indem er besonders den Ereignissen den Vorzug gab, an die er sich selbst erinnerte. Dies beinhaltete auch absichtliche Auslassungen, die sein Werk zu einer „episodischen Art der Geschichtsschreibung“[4] machten.

Dennoch garantiert Herodian in seinem Vorwort die chronologische Exaktheit der 60-jährigen Spanne, die seine Darstellung umfasst;[5] das macht diese schriftliche Quelle für die Ereignisse und die Chronologie des Jahres 238 unverzichtbar. Dass die Erhebung Gordians III. den Abschluss des Geschichtswerkes darstellt und eine Fortsetzung seitens des Autors nicht geplant war, vermutete bereits ZIMMERMANN.[6] Allerdings argumentiert er weiter, dass Herodian den endgültigen Niedergang

---

1 Cf. Herodian. 1,1,3. Cf. Kuhn-Chen (2002), S. 249.

2 Cf. Thuk. 1,22,2. Dazu besonders Hidber (2006), S. 77-82. Cf. Philippides (1984), der sogar einen Einfluss Homers auf Herodian sehen will. Als Grieche hatte dieser Kenntnis der Ilias und der Odyssee, aber eine teilweise wörtliche Übernahme sehe ich nicht.

3 Cf. Cass. Dio 1,1,1-2. Für die literarischen Beziehungen zwischen Herodian, Cassius Dio und der Historia Augusta ist noch immer Kolb (1972) und (1995) maßgeblich.

4 Müller (1996), S. 15.

5 Cf. Herodian. 1,1,5.

6 Cf. Zimmermann (1999), S. 283.

des römischen Imperiums, der – seiner Meinung nach – mit der Herrschaft des jungen Kaisers eingeleitet wurde, nicht näher beschreiben wollte.[1] Offenbar ist sich der griechische Geschichtsschreiber bei dem Antritt der Alleinherrschaft Gordians jedoch nicht sicher, wie er diese zu bewerten hat; grundsätzlich ist es mit der Regierung des jüngsten der drei Gordiane gelungen, wieder die Grundlage für eine mögliche Dynastie und Herrschaft zu legen, die in den römischen Traditionen wurzelte und nicht provinzialrömischen Ursprungs war.

1.2.3 Die Breviarien, die byzantinische Literatur und der Codex Iustinianus

Die Breviarien von Aurelius Victor, Eutropius und Rufius Festus sind Arbeiten des 4. Jhs., die in aller Kürze die Geschichte der römischen Kaiser bis auf ihre Zeit darstellen und daher nur ergänzenden Charakter haben.

Die Stellung der byzantinischen Literatur ist nur schwer zu fassen, da es eine Bestrebung der Byzantiner war, ihren antiken Vorbildern nachzueifern; dies wiederum erschwert eine zeitliche und manchmal auch inhaltlich Einordnung (vor allem) der undatierten Texte.[2] Andererseits kann man bei byzantinischen Schriftstellern eine zielgerichtete Verbundenheit mit der Antike sehen, die auf ihre Leserschaft abgestimmt war.[3] Die tatsächlichen Inhalte der wichtigsten byzantinischen Geschichtsschreiber sind im Bezug auf Gordian III. jedoch oft nur einzelne Bemerkungen, die keine Interpretationsgrundlage bieten.[4] Zosimus, der wohl an der Wende vom 5. zum 6. Jh. schrieb, sah in seinem Werk das römische Pendant zu dem des Polybios.[5] Sein Interesse liegt hauptsächlich an dem mit dem Tod Gordians verbundenen Perserfeldzug.[6] Neben der *Neuen*

[1] Cf. Zimmermann (1999), S. 283-284.

[2] Cf. Rosenqvist (2007), S. 196-197.

[3] Cf. Rosenqvist (2007), S. 199-200.

[4] Grundlegende Darstellungen der byzantinischen Geschichtsschreiber finden sich bei Körner (2002), S. 21-28.

[5] Cf. Zos. 1, 1-3. Dazu Körner (2002), S. 21-22.

[6] Cf. Zos. 1,17-18. Zu der überdeutlichen Ähnlichkeit mit der Darstellung der Historia Augusta cf. Kap. 4.2.

Geschichte des Zosimus ist die Weltchronik des Zonaras von Bedeutung, weil es zahlreiche Exzerpte verlorener antiker Autoren enthält. Dennoch ist auch hier die Darstellung der Zeit Gordians lückenhaft.

Den im Codex Iustinianus überlieferten Reskripten Gordians ist in dieser Arbeit wegen ihrer großen Menge ein ganzes Kapitel gewidmet. Die Bedeutung der unter Kaiser Justinian gesammelten und gekürzten Gesetze liegt darin, dass sie einen Einblick in alltägliche juristische Probleme bieten, die der römische Kaiser und sein Verwaltungsapparat zu bewältigen hatten.

1.2.4 Die materiellen Zeugnisse

Wegen der Armut an literarischen Quellen sind für die Regierung Gordians III. wie auch für das gesamte 3. Jh. die materiellen Zeugnisse von zentraler Bedeutung. Neben einer umfassenden Münzprägung des jungen Kaisers sind die meisten und umfangreichsten Zeugnisse dieser Jahre die Inschriften.

Münzen zählen zur wichtigsten Quellengattung aus der Zeit Gordians III. Der Ausstoß der reichsrömischen Münzstätten – namentlich des Antoninianus – erreichte gigantische Ausmaße. Die Überfülle des Materials ließ die Wissenschaft vor der Rekonstruktion des Prägesystems und der präzisen zeitlichen Einordnung der undatierten Prägungen zurückschrecken. Ohne diese wichtigen und notwendigen Vorarbeiten ist eine befriedigende Einbeziehung der Münzen nur begrenzt möglich. Was die ebenfalls sehr umfangreiche provinzialrömische Prägung anbelangt, liegen bislang nur wenige Einzelstudien zu Gordian III. vor: Die aktuellste Publikation ist die von SPOERRI-BUTCHER (2006) über die Münzen aller drei Gordiane in der Provinz Asien und bereits 1974 publizierte VON AULOCK einen Band über die Münzprägung Gordians III. und seiner Frau Tranquillina in Lykien.[1]

---

[1] In Überblickswerken und Studien zu einzelnen Münzstätten gehen die Autoren mehr oder weniger ausführlich auf diesen Kaiser ein. Im Rahmen dieser Arbeit wurden die allgemein zugänglichen Publikationen ausgewertet. Vollständigkeit im Sinne einer Erfassung der Bestände der wichtigsten Münzkabinette konnte nicht erreicht werden.

Gemessen an der relativ kurzen Zeit, die sich Gordian in Rom aufgehalten hat, bieten die von ihm entstandenen Büsten einen guten Querschnitt, der uns heute eine Vorstellung vom Aussehen des jungen Kaisers von seinem Amtsantritt im Alter von 13 Jahren bis hin zu dem eines jungen Mannes bietet. WEGNER (1979) hat diese zusammengetragen, demzufolge die rundplastischen Bildnisse Rückschlüsse auf die Datierung der Münzen Gordians zulassen und die Münzbilder wiederum helfen, die Plastiken zu bestimmen.[1] Gordian sind heute 48 gesicherte Plastiken zuzuordnen,[2] die jedoch keine singulären Typen darstellen, sondern auf Darstellungen des Marc Aurel, Alexander Severus und Caracalla zurückgreifen.[3]

Lassen sich die Münzen und die rundplastischen Bildnisse Gordians relativ gut typisieren und miteinander in Verbindung setzen, fällt im Gegensatz dazu der indifferente epigraphische Befund auf. Neben zahlreichen lateinischen Inschriften, die größtenteils militärischen Hintergrund haben, jedoch auch Rückschlüsse auf die religiösen Aktivitäten im Römischen Reich zur Zeit Gordians zulassen, sind die griechischen inschriftlichen Zeugnisse seltener. In der Edition der Inschriften von Kleinasien finden sich ganze zehn Inschriften, die eindeutig Gordian III. und seiner Frau Tranquillina zugewiesen werden können.[4] Eine mögliche Erklärung dafür könnte der ausschließlich kriegerische Anlass sein, der den Kaiser in den östlichen Teil seines Reiches geführt hat.[5] Insgesamt ist die Menge der Inschriften trotzdem derart groß, dass deren entsprechende historische Relevanz an der jeweiligen Stelle in dieser Arbeit diskutiert werden. Zusätzlich ist man für die Zeit Gordians in der glücklichen Lage, auch auf außerrömische Inschriften zurückgreifen zu können. Diese sind neben den linguistischen Rückschlüssen auf das Parthische und Persische auch für das historische Geschehen des 3. Jhs. von Bedeutung.[6]

---

1 Cf. Wegner (1979), S. 15-16.

2 Der Katalog befindet sich bei Wegner (1979), S. 20-29.

3 Cf. Wegner (1979), S. 17-20.

4 Es sind diese: IvK Ephesos, Nr. $302\text{-}304_A$, 2042 und 4336; IvK Prusa, Nr. 11; IvK Side, Nr. 42 und 43; IvK Zentralpisidien, Nr. 115. Wahrscheinlich ist eine Datierung in die Zeit Gordians bei dem Meilenstein aus IvK Nikaia, Nr. 1015 (Cf. dazu Kap. 4.1.3.2).

5 Cf. dazu Kap. 4.1.3.2.

6 Zur Symbiose dieser beiden Punkte Back (1978).

Für den Feldzug Gordians ist die Inschrift Schapurs I. (240/42–270) aus Naqš-i-Rustam wichtig. Sie ist insgesamt in drei Sprachen verfasst: Mittelpersisch, Parthisch und Griechisch.[1] Daneben existieren fünf große Felsreliefs, die die Siege des persischen Großkönigs über seine Feinde aus dem Westen darstellen. Wurde lange argumentiert, dass es sich dabei nur um die Auseinandersetzung mit Valerian handeln kann, so hat die Forschung seit dem Aufsatz von MACDERMOT (1954) erkannt, dass auf den bildlichen Abbildungen – genau wie in den *Res Gestae Divi Saporis* – auch die im Sassanidenreich gescheiterten Kaiser Gordian III. und Philippus Arabs zu sehen sind.

Insgesamt bieten die zur Verfügung stehenden Quellen eine Grundlage, die eine relativ ausgewogene Betrachtung Gordians III. ermöglichen. Zu erwarten sind im Einzelnen verschiedene Bilder, die die jeweiligen Quellengattungen von dem jungen Kaiser zeichnen und die jeweils einen anderen Blickwinkel auf ihn und seine Position am Beginn des 3. Jhs. haben.

---

1 Cf. Johne (2008), S. 110-111, wo auch darauf hingewiesen wird, dass diese Inschrift seit Rostovtzeff bei Althistorikern als *Res Gestae Divi Saporis* bezeichnet wird.

2. Das Sechskaiserjahr 238 n. Chr.

Am Ende des Jahres 238 n. Chr., das nicht weniger als sechs Kaiser kommen und gehen sah, blieb nur der erst 13-jährige Marcus Antonius Gordianus als Augustus übrig. Dieser rasante Wechsel auf dem römischen Thron und die vielen außergewöhnlichen Ereignisse, die dieses Jahr prägten, sind besonders in der älteren Forschung als Auftakt zur Krise der Kaiserzeit gesehen worden. So leitet z. B. LORIOT sein Kapitel über eine vermeintliche Krise folgendermaßen ein: „La crise qui couvait de longs mois éclate brusquement au début de 238.“[1] Tatsächlich wird aber zu zeigen sein, dass 238 das Jahr des Senats und des römischen Volkes war, die sich beide gegen das politisch immer stärker werdende Heer durchsetzten und ein letztes Mal ihre gesamte Macht demonstrierten. Dies geschah natürlich nicht immer auf friedliche Weise. Bei der sofortigen Anerkennung der von der Bevölkerung der Provinz *Africa proconsularis* zu Kaisern ausgerufenen Gordiane durch den Senat waren sich beide Gruppen noch einig. Doch einige Wochen später, bei der Wahl der Senatskaiser Pupienus und Balbinus, war allein schon der Senat in zwei Lager gespalten. Eine dritte Gruppierung, vermutlich von der *plebs Romana* dominiert, favorisierte den Enkel bzw. Neffen der ersten Gordiane, der auf Drängen des Volkes auch zum Caesar erhoben wurde. Zwar minderten diese Zwistigkeiten kurzzeitig die Schlagkraft des Senats, dennoch gelang es den Senatoren schließlich, ihre Interessen durchzusetzen, Maximinus Thrax zu bezwingen und damit auch das Heer auf ihre Seite zu bringen. Ziel des Kapitels ist es daher, die auf den ersten Blick einfachen und geordnet erscheinenden Vorgänge des Jahres 238 detailliert zu untersuchen und neben einem chronologischen Rekonstruktionsversuch zu fragen: Waren es die Sympathie und der Wille des römischen Volkes, die Gordian III. zum Thron getragen haben oder war er als einzig verbliebener Kandidat ein Kompromiss?

---

1 Loriot (1975), S. 688.

2.1 Die Ereignisse bis zum Tod des Gordian I. und II.

Die Schilderung der einschneidenden Ereignisse des Jahres 238 setzt bei Herodian im siebten Buch ein.[1] Die nie endenden Geldforderungen des Maximinus Thrax[2] führten zu wachsender Unzufriedenheit in Teilen der Bevölkerung des Römischen Reiches, die angeblich sogar auf die Soldaten übergriff.[3]

Der Anlass für die ersten gewalttätigen Interventionen in der Provinz *Africa proconsularis*,[4] die später zum Sturz des Maximinus führten, war nach Herodian die Grausamkeit, mit welcher der *procurator*[5] in diesem

---

1 Cf. Herodian. 7,4,1. Bezeichnend bei Herodians Darstellung ist, dass er nicht in die Details der Regierung des Maximinus Thrax geht, sondern vom Tod des Severus Alexander an (7,1,1) die Ursachen für das Scheitern der Herrschaft des Maximinus diskutiert.

2 Cf. PIR² I 0619. Zur Politik des Maximinus Thrax Börm (2008).

3 Cf. Herodian. 7,3,4-6. Hier übertreibt Herodian. Das Heer stand auf der Seite des Maximinus Thrax, was sich am weiteren Verlauf des Jahres zeigt.

4 Zur Geschichte und Entwicklung der Provinz Zimmermann (1999a).

5 Ob es sich dabei tatsächlich um einen Magistraten im Rang eines *procurator* handelte, ist nicht gesichert, denn im Text steht ἐπετρέπευε (Herodian. 7,4,2), also „er verwaltete etwas", was aber nicht zwangsläufig auf die Bezeichnung eines Procurator schließen lässt. Vielmehr hat Maximinus Thrax wahrscheinlich zur Durchsetzung seiner finanziellen Interessen einen von ihm beauftragten und damit aber ausschließlich ihm unterstellten Legaten geschickt. Anders Millar (2001), S. 179: „There is moreover extensive evidence (...) for imperial estates (*saltus* or *regiones*) in Africa, run by procurators and with a central office (*tabularium*) in Carthage." In der Historia Augusta ist allerdings von einem *fisci procurator* oder einem *rationalis* die Rede (HA Maximin. 14, 1). Dieses Amt definiert Lippold zu Recht als ein direkt vom Kaiser vergebenes. In diesem Fall handelt es sich um den *procurator provinciae Africae tractus Karthageniensis*, ein Amt, welches typisch für das 3. Jh. war (Lippold (1991), S. 480). Anders dagegen Kolb, der diesen als *procurator* der *regio Hadrumetina* bestimmt (Kolb (1977), S. 458-459). Die Verwirrung um die Ämterbezeichnungen bei Herodian wird noch größer, wenn man sich den darauf folgenden Absatz ansieht, in dem wieder der Begriff ἐπίτροπος (Herodian. 7,4,3) verwendet wird, dieses Mal aber die Funktion des Statthalters gemeint ist. Diese jedoch hatte Gordian I. inne, der ja auch von Herodian klar als ἀνθύπατος benannt wird (Herodian.

Teil des Reiches Geld für den Kaiser eintrieb, also keine aktuelle Aktion des amtierende Augustus, sondern vielmehr eine Reaktion auf sein bereits jahrelang andauerndes, tyrannisches Verhalten und nach der Historia Augusta auch auf den Bruch, den Maximinus mit der traditionellen römischen Laufbahn vollzog.[1]

Ein weiterer Grund für den Ausbruch der Revolte liegt im Selbstbewusstsein der Stadt Thysdrus begründet. Die nordafrikanische Stadt zählte zu diesem Zeitpunkt zu den reichsten und damit auch einflussreichsten Zentren der römischen Welt. Die Grundlage dieses Reichtums war neben dem Getreideanbau hauptsächlich das Öl, genauer: „(...) der Besitz und die Organisation der größten Ölbaumplantagen des *Imperium Romanum*. Öl war in der römischen Zeit einer der wichtigsten

7,5,2). Die Stelle zeigt, wie kompliziert die Verwaltung der Provinzen im 3. Jh. war. Denn Herodian bezeichnet die Provinz als Libyen, welche es jedoch nicht gegeben hat. Gemeint ist die *provincia Africa proconsularis*, die unter Septimius Severus von der ihr als *dioecesis* unterstelltem *Numidia* separiert wurde. Numidien wird zur kaiserlichen Provinz, während *Africa proconsularis* als einzige im Römischen Reich eine senatorische unter einem Procurator bleibt. Die *legio III Augusta* wechselt nun allerdings in die neue Provinz Numidien (Marquardt (1957), S. 469-471; Thomasson (1960), S. 86-87). Daher erklärt sich auch, dass diese Legion eben nicht auf Seiten der Gordiane eingriff. Anders dagegen Johne (1993), S. 189, der dabei allerdings die „Provinzverwechslung“ Herodians nicht durchschaut. In der Tat ist der Afrikabegriff bereits in der Zeit der Republik nicht immer auf ein klar definiertes Gebiet bezogen worden. Auch Polybios (Polyb. 23,14) fasst unter Libyen Afrika, Asien und Iberien zusammen (Spranger (1955), S. 86-88; Broughton (1972), S. 13-46).

[1] Cf. HA Maximin. 7,1: „*Sed occiso Alexandro Maximinus primum e corpore militari et nondum senator sine decreto senatus Augustus ab exercitu appellatus est filio sibimet in participatum dato; de quo pauca, quae nobis sunt cognita, mox dicemus.*“ Neben der finanziellen Belastung spielt also auch die Tatsache für die Bevölkerung eine große Rolle, dass er nicht aus der senatorischen Tradition kam. Zwar betrieb er eine kontinuierliche Personalpolitik, doch das *consilium principis* löste er auf. Cf. dazu auch Johne (1988), S.43 und besonders Johne (1985), S. 341-342. Anders dagegen Dietz (1980), S. 4-6, der einzig in der personellen Besetzung des Senats den Widerstand gegen den „Soldatenkaiser“ begründet sieht.

Artikel des täglichen Lebens (…)"[1]. Mit diesem Reichtum ging auch ein bestimmtes Selbstwertgefühl der Bewohner von Thysdrus einher. Nicht nur erreichten Bürger dieser *colonia* in anderen Städten des Reiches und auch in Rom hohe Stellungen,[2] sondern auch Septimius Severus, der als berühmtester Sohn dieser Provinz 193 den Bürgerkrieg im Imperium beendet und die Ruhe wieder hergestellt hatte, machte deren Bewohner stolz. Von dem Blickwinkel der übrigen Bewohner der Provinz *Africa proconsularis* aus war Maximinus Thrax derjenige, der mit der Ermordung des Severus Alexander ihre kaiserliche Dynastie ausgelöscht hatte.[3] Trotzdem fanden sich nicht nur in Rom, sondern auch in den Provinzen genug ihm ergebene Leute, die seine Befehle mit dem nötigen Nachdruck umsetzten.[4] So konnte ALFÖLDY bereits 1978 zeigen, dass auch der Statthalter der Provinz *Hispania citerior*, Decius Valerianus, ein Ergebener des Maximinus Thrax war:[5] Eine Inschrift[6] aus der Küstenstadt Denia an der ostspanischen Küste nennt neben dem Statthalter der Provinz auch die *legio VII Gemina Pia Felix*, die in dieser Zeit als Vexillation auf dem Montgó stationiert war. Die Position dieser Legion an einem exponierten Punkt hatte bei einem Bürgerkrieg, den Q. Decius wohl erwartete, nur eine Aufgabe: Die Verhinderung einer Invasion der spanischen Provin-

---

1 Blum (2000), S. 168. Zur Entwicklung von Thysdrus auch Haegamans (2010), S. 131-134.

2 Cf. Blum (2000). S. 168, bes. Anm. 21 mit Hinweisen auf ILS 502, ILS 2169 (ein Thysdritaner in Rom) oder ILS 2911 (ein Thysdritaner in Arles).

3 Cf. Mullens (1948), S. 68-69.

4 Cf. Herodian. 7,4,1-3. Ebenso HA Maximin. 13,5-6, allerdings ist dort auch von Truppen die Rede, die in der Provinz stationiert gewesen sein sollen, was nicht zutrifft, da die Provinz Afrika eine Senatsprovinz war, in der keine Soldaten standen. Vielleicht sind höchstens einige aus der benachbarten, kaiserlichen Provinz Numidien zur Sicherheit geschickt worden. Wahrscheinlich handelte es sich dabei jedoch lediglich um eine Leibgarde für den Statthalter.

5 Cf. Alföldy (1978), S. 59-90.

6 Cf. CIL II 3588.

zen von der afrikanischen Küste aus.[1]

Es waren vor allem die *iuvenes*[2], die sich zum Aufstand gegen den verhassten Procurator aufschwangen, weil sie das Geld ihrer Eltern und damit ihr Erbe schwinden sahen. Unter dem Vorwand eines Zahlungsaufschubes gingen jene zu Maximinus' Magistraten, aber anstatt mit diesem reden zu wollen, wie sie vorgaben, töteten sie ihn.[3] Als Zeitpunkt dieses Anschlages gibt Herodian die Angabe τριετοῦς βασιλείας,[4] das bedeutet also, die Ereignisse kommen am Ende des dritten oder am Anfang des vierten Herrschaftsjahres von Maximinus Thrax ins Rollen. Da dieser Mitte März des Jahres 235 n. Chr. von den Soldaten zum Kaiser erhoben wurde,[5] errechnet sich nach einer dreijährigen Regierungszeit des Maximinus Thrax und seines Sohnes der Zeitraum von Mitte bis Ende März

---

1 Cf. Alföldy (1978), S. 83, zuletzt bestätigt von le Roux (2011), S. 457. Fast ebenso bedeutend ist in diesem Zusammenhang die für Alföldy (1978, S. 85-90) fast nebensächliche Erkenntnis, dass der Statthalter der Provinz *Hispania citerior*, Q. Decius Valerianus, mit dem späteren Kaiser Decius gleichzusetzen ist; wahrschienlich wurde dieser nach dem Herrschaftsantritt Gordians III. erst einmal kalt gestellt.

2 Die *iuvenes* in der Provinz Afrika haben sich nach der Ansicht von Gagé (1970, S. 233-239) nicht zufällig zusammengefunden, sondern waren ein seit langem nachweisbares *collegium iuvenum*, das folglich auch in operativen Strukturen geordnet war. Dazu auch Ladage (1979), S. 319-346, der zu Recht darauf hinweist, dass es schwer ist, diese „Jugendorganisationen" zu fassen, denn literarische Anhaltspunkte, wie bei Herodian sind selten. Anders dagegen Kolb (1977, S. 468), der nicht glaubt, dass Herodian „mit den Neaniskoi (...) die iuventus von Thysdrus" meinte, sondern „vermögende Männer im Alter von ca. 30 und mehr Jahren". Zu der Diskussion um die mögliche Identität der *iuvenes* cf. Lippold (1991), S. 687-691.

3 Cf. Herodian. 7,4,4-6.

4 Herodian. 7,4,1.

5 Auch für dieses Datum divergieren die Forschungsmeinungen sehr. So geht z. B. Kienast (1996), S. 183, sogar eher noch von Ende Februar bis Mitte März aus, Lippold (1991), S. 182, Peachin (1985), S. 75-78, Peachin (1989), S. 595; sich weniger festlegend spricht Dietz, der sich mit der senatorischen Opposition gegen Maximinus Thrax geschäftigte, in seiner Einleitung von „Frühjahr 235" (Dietz (1980), S. 1) und kommt aber auf dieses Datierungsproblem nicht mehr zurück.

des Jahres 238 n. Chr.[1] Nimmt man neben Herodian die Münzen dieser Jahre in den Blick, dann lässt sich, wie CARSON überzeugend dargelegt hat, das Datum für den Beginn des Aufstandes auf den 21./22. März des Jahres 238 festlegen. Der *dies imperii* des Severus Alexander war der 13. März 222 und er regierte genau 13 Jahre und neun Tage.[2] Damit ist der *dies imperii* des Maximinus Thrax der 22. März 235 und unter Einbeziehung der Angaben Herodians kommen nur entweder der 21. oder 22. März des Jahres 238 in Betracht, weil diese Tage das Ende des dritten bzw. den Beginn des vierten Regierungsjahres darstellen.

Erst als die jungen Rebellen wahrnahmen, dass ihr Vorhaben erfolgreich und ohne sofortige Konsequenzen verlaufen war, beschlossen sie spontan,[3] es nicht bei der Ermordung des *procurators* bewenden zu las-

---

1 Cf. Oros. Hist. 7,19,2, der den Beginn der Revolte irrtümlich in das Jahr 237 v. Chr. verlegt. Die Problematik solcher Datumsangaben bei Orosius ist durch dessen beliebige Auswahl und Kombination seiner Quellen begründet, so dass er in einer Zeit der rasch wechselnden Kaiser durcheinander kommen musste. Cf. Witzmann (1999), S. 247 und Goetz (1980). Allgemein zu den Quellen des Orosius cf. Hingst (1972).

2 Cf. Carson (1958), S. 182. Anders dagegen Spoerri-Butcher (2006), S. 25-26, die aus den Provinzialprägungen schlussfolgert, dass die Proklamation der beiden älteren Gordiane bereits in den Dezember 237 zu datieren ist.

3 Cf. Herodian. 7,5,1. Dass der Aufstand wirklich eine Aktion *sua sponte* war, verdeutlicht das Wörtchen ἅπαξ im ersten Teil des Satzes. In 7,5,8 dagegen ist davon die Rede, dass nach der Erhebung des Gordian I. zum Augustus, die ganze Provinz Libyen sofort in Unruhe gerät. Zu Recht ist darauf hingewiesen worden, dass der zeitliche Ablauf zwischen der Ausrufung Gordians und der Reaktion des Volkes chronologisch sehr gedrängt ist. Aber aus dieser Stelle den Schluss zu ziehen, der Aufstand in Afrika sei kein solcher gewesen, sondern eine von langer Hand geplantes Manöver des Senats gegen Maximinus Thrax, ist zu weit her geholt, denn die sehr verzögerte Reaktion Roms passt nicht in diese Theorie. Besonders Townsend hat in seinem 1955 erschienen Aufsatz für die Verschwörungs- und gegen die Aufstandstheorie argumentiert: „there is good reason to believe, however, that the rebellion of 238 was in fact organized and set in motion by prominent Roman senators aided by some influencial equestrians. It was well planned in advance and the African uprising was merely the initial step in a movement to overthrow the rule of Maximinus and the army and restore the ideal principate, ruling in cooperation with the Senate" (Townsend (1955),

sen. Daher zog die Menge weiter zum Haus des Statthalters Gordianus, der von Herodian als ein Mann beschrieben wird, der sich durch hervorragende Taten in der Vergangenheit ausgezeichnet hatte, und für den der Augustustitel der verdiente Gipfel einer traditionellen römischen Laufbahn gewesen war.[1] Schon durch diese Einordnung wird deutlich, dass Herodian ihn als den konträren Charakter zum tyrannischen Maximinus Thrax aufbaut,[2] der nur durch die Unterstützung des Heeres und nicht seiner Verdienste wegen oder gar durch den Willen des Volkes und die Anerkennung des Senats zum Kaiser erhoben wurde. Als die Menge vor dem Haus des Gordian eintrifft, erfährt man, dass es unterdessen Mittag geworden war, d. h. die bisherigen Ereignisse dauerten nicht einmal einen Tag.[3] Diese kurze Zeitspanne ist durchaus realistisch, weil sich beide Männer in geographischer Nähe zueinander befunden haben. Beide

S. 50). Gagé (1970), S. 257 geht ebenfalls davon aus, dass die *iuvenes* einen solchen Umsturz geplant hatten, weil sie in Gordian einen *restitutor* der Politik des Severus Alexander sahen. Auch Bleckmann (1992), S. 326 glaubt an eine Verschwörung des römischen Senats gegen den ungeliebten Maximinus Thrax. Doch diesen Meinungen muss man das Geschen in Rom entgegenhalten, wo der Senat erst aktiv wird, nachdem die beiden ersten Gordiane ums Leben gekommen sind. Wenn der Aufstand in Afrika seinen geistigen Ursprung in Rom gehabt hätte, wäre eine solche Reaktion nicht so spät eingetreten. Ein weiteres, sehr überzeugendes Argument bietet Kolb, der argumentiert, „dass der Senat sich eine Provinz ohne Heer ausgesucht und einen alten Mann als Kaiser ins Auge gefasst hätte, ist höchst unwahrscheinlich“ (Kolb (1977), S. 443). Johne (1993), S. 188 bezeichnet diese Ereignisse sogar als „Bürgerkrieg“. Doch zu einem zum Ausbruch kommt es nicht, da der dem Maximinus Thrax ergebene Statthalter Numidiens militärisch eingreift.

1 Cf. Herodian. 7,5,2.

2 Auch aus HA Maximin. 13,5-6 geht deutlich hervor, dass die *crudelitas* (eine typische Tyrannentopik) des Maximinus Thrax die Ursache für den Aufstand in der Provinz *Africa proconsularis* war. Cf. Lippold (1991), S. 479.

3 Herodian. 7,5,2. Die Zusammenkunft für den Anschlag findet dagegen zu einer nicht näher bestimmbaren Stunde bei Nacht statt (cf. Herodian. 7,4,3), bei Dämmerung (cf. Herodian. 7,4,5) setzt sich der Zug in Bewegung, um den Procurator zu töten.

hielten sich nachweislich zumindest in der Nähe von Thysdrus auf, weil sich Gordian in die Gegend der Stadt zur Erholung zurückgezogen hatte, der Finanzbeamte des Maximinus Thrax dagegen versuchte gerade, in dieser reichen Stadt Steuern einzutreiben.[1]

Zur Mittagszeit desselben Tages trafen die Aufständischen beim Statthalter ein und drängten ihm mehr oder weniger gewaltsam den Purpur auf.[2] Dieser war verschreckt, ja sogar argwöhnisch und lehnte ab.[3] Mit einer solchen Form der *recusatio imperii*[4] steht Gordian dennoch in der Tradition römischer Kaiser. Bereits Tiberius hatte den ihm vom Senat an-

---

1 Cf. Herodian. 7,6,1. Dazu Lippold (1991), S. 480; 683-687, der erläutert, dass der Getötete als *procurator provinciae Africae tractus Karthgensis* sich in der Ausübung seines Amtes notwendigerweise in der Umgebung von Thysdrus aufhielt.

2 Cf. Herodian. 7,5,3. Nicht richtig dagegen ist die Nachricht bei Aurelius Victor, dass Gordian I. *in absentia* proklamiert worden sei (Aur. Vict. Caes. 26,1-2): *Quis biennium summae potitis, haud incommode proelio gesto contra Germanos, repente Antonius Gordianus Africae proconsul ab exercitu princeps apud Thysdri oppidum absens fit. Quo ut accitus pervenit, tamquam ea re creatus foret, seditione excipitur; qua lenita facile Carthaginem petit.* Zurückzuführen ist dieser Fehler auf die Quellen, die Aurelius Victor benutzte. Bird (1984), S. 22-23 hat in diesem Zusammenhang argumentiert: „(...) one has to accept that Victor used a substantial number of sources (...) and several unknowns. During this process he made a number of historical errors. From his recollection of the general historical tradition further errors accrued. Eutropius, in turn, also made use of the same sources and tradition and must have copied Victor for some, if not all, of their closely paralleled passages and common mistakes." In diesem Fall kann man das jedoch nicht entscheiden, da Eutropius die Herrschaft der beiden ersten Gordiane gänzlich übergeht (Eutr. 9,1-2).

3 Cf. Herodian. 7,5,4.

4 Zum Ritual der *recusatio imperii* cf. besonders das Werk von Huttner (2004). Für ihn ist der Verzicht beim Herrschaftsantritt im 3. Jh. nicht mehr nur ein Ritual, sondern bereits ein erstarrter Topos. Außerdem wiederholt sich in dieser Epoche auch das Motiv, dass das Leben des jeweiligen Kandidaten bedroht wird und dieser zur Übernahme der Herrschaft gezwungen wird. Mit der von Augustus intendierten *moderatio* hat diese Form der *recusatio* nichts mehr zu tun (Huttner (2004), S. 200-201 und Gilbert (1976), S. 268.).

getragenen Augustustitel mit den Worten, er werde das Amt ausführen, bis er seinem Alter einige Ruhe gönnen dürfe, zunächst auch als Sklaverei abgelehnt.[1] Auch Gordian verwies auf sein Alter, welches es ihm unmöglich mache, sich den Aufgaben eines Kaisers zu stellen.[2] Der Vergleich mit Tiberius zeigt, dass eine altersbedingte *recusatio* eine eingeführte Vorgehensweise der römischen Kaiser war. Bekannt ist jedoch auch eine gegenteilige Vorgehensweise, denn Antoninus Pius wurde zum Nachfolger Hadrians ernannt, eben gerade weil er schon so alt, und der eigentliche Kandidat Marc Aurel zu diesem Zeitpunkt noch zu jung war.[3] Ungewöhnlich an der *recusatio* des Gordian I. ist allerdings, dass sie

---

1 Cf. Suet. Tib. 24. In der Darstellung des Tacitus erscheint die *recusatio imperii* in einem etwas anderen Licht: *Dabat et famae ut vocatus electusque potius a re publica videretur quam per uxorium ambitum et senili adoptione inrepsisse* (Tac. Ann. 1,7). Hier wird deutlich, was auch Herodian im Bezug auf die Erhebung Gordian I. betont. Nicht nur durch den Einfluss oder gar Intrigen anderer möchte Tiberius herrschen, sondern durch die Stimme und Wahl des Staates, d. h. des Volkes und des Senats. Für die Entwicklung des Prozesses der *recusatio imperii* in der frühen Kaiserzeit cf. Jakobson/Cotton (1985).

2 Zum Alter Gordians I. cf. Haegemans (2010), S. 145.

3 Wahrscheinlich sollte Antoninus Pius tatsächlich nur als Platzhalter für den späteren Marc Aurel fungieren, da dieser zu dem Zeitpunkt gerade 15 Jahre alt war. Cf. Birley (1997), S. 290–291. Anders dagegen Barnes (1967), S. 77: „In 136, therefore, Hadrian adopted L. Ceionius Commodus in the hope that he would be his successor, and by that adoption Commodus' son became the emperor's grandson. M. Annius Verus was no more than Commodus' destined son-in-law." Am Ende seines Aufsatzes formuliert er ganz deutlich: „To recapitulate, Marcus was not Hadrian's chosen heir (Barnes (1967), S. 79)." Gegen diese Theorie spricht jedoch Hadrians offensichtliche Orientierung an der augusteischen Politik. Es ist daher anzunehmen, dass er sich auch in der dynastischen Politik nach diesem richtete. Im Jahre 4 n. Chr. adoptierte Augustus seinen Stiefsohn Tiberius, verlangte aber von ihm, dafür Germanicus, den Sohn seines verstorbenen Bruders Drusus an Sohnes statt anzunehmen (Suet. Aug. 65). Man kann wohl annehmen, dass es auch Augustus lieber gewesen wäre, wenn Germanicus sein Nachfolger geworden wäre. Im Falle Hadrians ging der Wunsch nach der in seinen Augen geeigneten Thronfolge – wenn auch erst lange nach seinem Tode – in Erfüllung.

nicht vor dem Senat, sondern direkt vor dem Volk stattfand.

Aus dem Kreise der mit gezückten Schwertern um Gordian Herumstehenden ergriff nun einer der jungen Männer das Wort und erinnerte den Umzingelten an seine Pflichten als römischer Bürger. Auch in diesem Zusammenhang wird die Herrschaft des Maximinus von Herodian wieder als Tyrannis bezeichnet, die er entgegen dem Willen des römischen Senats und Volkes ausübte. Wenn nun Gordian die Herrschaft antreten würde, wäre das nicht nur die Rettung für den Staat, vielmehr wäre dann auch der am *procurator* begangene Mord keine Straftat mehr, sondern eine von allen gelobte Ruhmestat.[1] Die vorgetragenen Worte verdeutlichen hier einen entscheidenden Punkt: Bereits Gordian I. wurde nicht durch das Militär auf den Thron gehoben, sondern weil es der Wille des Volkes war. Dass es sich hier nur um die Aufständischen der Provinz Afrika gehandelt hat, ist für Herodian bedeutungslos, weiß er doch, dass der neue Augustus auch die offizielle Akzeptanz aus Rom erhalten wird.[2] Interessant ist auch die Begründung des Antrages: Gordian I. würde als Kaiser nicht nur zur Rettung des Staates beitragen, sondern auch seinen Pflichten als römischer Bürger nachkommen. Die terminologische Neudefinition und Aufgliederung der traditionellen *munera* wurde erst unmittelbar vorher, in Severischer Zeit vorgenommen. NESSEN hat gezeigt, wie einschneidend und umfangreich diese Reform gewesen war, die bis ins 4. Jh. nachwirkte.[3] Herodian hat sich bei der Formulierung dieser fiktiven Rede wohl von diesen Umstrukturierungen beeinflussen lassen.

Als Beinamen nahm Gordian I. den Titel *Africanus* an. Dabei handelte es sich eigentlich um einen Siegertitel, den erfolgreiche Imperatoren als Zeichen ihres militärischen Sieges über ein Volk ihrem Namen beifügten.[4] Dass aber der neue Augustus ihn schon mit dem Herrschaftsantritt annahm – ohne in irgendeiner Form militärisch erfolgreich gewesen zu sein - erklärt Herodian mit der Eigeninitiative der Libyer.[5] In der

[1] Cf. Herodian. 7,5,5-6.

[2] Cf. Herodian. 7,7,2. In diesem Fall wird die Anerkennung des Senats mit größerer Euphorie verbunden gewesen sein als bei Gordians Vorgänger. Cf. HA Maximin. 8,1.

[3] Cf. Nessen (1981).

[4] Cf. Kneissl (1969), S. 20.

[5] Herodian. 7,5,7.

Historia Augusta wird auch die Möglichkeit genannt, dass der Beiname *Africanus* auf die Abstammung der Gordiane aus dem Haus der Scipionen zurückzuführen wäre.[1] Gerade für die Abstammung der drei Gordiane gibt die Historia Augusta zahlreiche Möglichkeiten an, die sehr unterschiedlich sind.[2] Das Epitheton *Africanus* deutet nicht auf die Abstammung der Gordiane hin,[3] sondern ist das Zeichen der Bewohner der Provinz *Africa*, dass sie sich ihren Kaiser gewählt und diesem als äußeres Zeichen auch einen entsprechenden Siegesnamen verliehen haben. Den Beinamen führte nicht nur Gordian I., sondern auch sein Sohn, Gordian II., der zum Mitkaiser erhoben wurde.[4] Allerdings wird der Name in

---

1 Cf. HA Gord. 9,4. Der Ältere Scipio trug als erster den Beinamen Africanus. Cf. Cass. Dio 17,76 und Liv. 30,46,6: *Africani cognomen militaris prius favor an popularis aura celebraverit an, sicuti Felicis Sullae Magnique Pompeii patrum memoria, coeptum ab adsentatione familiari sit parum compertum habeo*. Aus dieser Stelle geht hervor, dass es keinesfalls ungewöhnlich war, den Ehrentitel vom Volk angetragen zu bekommen. Vielmehr gilt dieser Vorgang als Ausgangspunkt für die Verleihung der Siegestitel, die dann erst im Laufe der Zeit zu den Privilegien des Senats werden (Kneissl (1969), S. 21). Dabei handelt es sich vom Autor der Historia Augusta auch um den Versuch, die Gordiane an das Ende einer langen Ahnenliste zu stellen, die bereits in den Punischen Kriegen in Africa militärisch erfolgreich war. Tatsächlich sind die beiden ersten Gordiane die einzigen römischen Kaiser überhaupt, die den Beinamen *Africanus* führen. Der Bezug zu Scipio Africanus ist damit durchaus programmatisch zu sehen. Der Name *Africanus* war mehr als nur eine Ehrung für einen erfolgreichen Feldherrn, sondern der Beginn für Roms „Großraumpolitik" (Spranger (1955), S. 93). Sicher war auch im Fall der Gordiane diese Namenswahl ein deutliches Signal Richtung Rom und besonders an den noch lebenden Kaiser Maximinus Thrax.

2 Cf. HA Gord. 2,2 und 4,2. Zum Problem der Vorfahren der Gordiane cf. Oliver (1968) und Haegemans (2010), S. 144-148.

3 Anders dagegen Mullens (1948), S. 66, der das Epitheton *Africanus* als Herkunftsbezeichnung definiert.

4 Cf. PIR² A 0833: IMP. CAES. M. ANTONIVS GORDIANVS SEMPRONIANVS ROMANVS AFRICANVS AVG. (I) und PIR² A 0834: IMP. CAES. M. ANTONIVS GORDIANVS SEMPRONIANVS ROMANVS AFRICANVS AVG. (II). So auch Felmy (2001), S. 189-190, der ebenfalls die von der Historia Augusta gezogene Verbindung zwischen den älteren

der Forschung als Teil der offiziellen Titulatur „unterschlagen" und die Jahre aller drei Gordiane als eine Zeit definiert, in der die regierenden Kaiser keine Siegesnamen trugen,[1] obwohl diese sowohl inschriftlich als auch numismatisch belegt sind.[2] Dennoch akzeptiert KNEISSL[3] in seiner Monographie zwar die Epitheta des Maximinus Thrax und des Philippus Arabs, obwohl diese auch nicht auf einen militärischen Sieg zurückzuführen waren, sondern lediglich deren Herkunft definierten, den Beinamen *Africanus* der Gordiane ignoriert er aber vollständig. Dass der Sohn den Beinamen des Vaters ebenfalls annahm, war seit den Severern charakteristisch. Maximus, der Sohn des Maximinus Thrax, hatte die Siegertitel seines Vaters bei seinem Regierungsantritt ebenfalls sofort mit übernommen, ohne sich derer militärisch würdig zu erweisen. Nicht nur nominell, sondern auch auf religiöser Ebene war die Samtherrschaft der beiden Gordiane eine von gleichberechtigten Kaisern, da sich beide in ihrer Titulatur *pontifex maximus* nannten.[4] Diese vollkommene Gleichsetzung in einer Dyarchie war bis dahin in der römischen Geschichte singulär. Das im 2. Jh. bedeutendste Modell eines Doppelprinzipats installierten Marc Aurel und seinem Bruder Lucius Verus. Zwar ist Marc Aurel von seinem Adoptivvater allein zum Nachfolger bestimmt worden,[5] aber er hatte sofort nach seinem Regierungsantritt Lucius Verus auch zum Augustus erhoben.[6] Allerdings behielt es sich Marc Aurel alleine vor, den Titel *pontifex maximus* zu tragen, so dass nach wie vor ein zumindest wichtiger, ideologischer und sakraler Unterschied zwi-

---

Gordianen und den Scipionen als typisches *exemplum* eines literarischen Konnexes von historischen Römern sieht.

1 Cf. Kneissl (1969), S. 175: „Nach den Gordianen und den sog. Senatskaisern begegnen die Siegernamen erst wieder bei Philippus Arabs."

2 Cf. z. B. RIC 1, 3, 4, 5, 8, 11, 12 und AE (1971) 0475 = AE (1978) 0826.

3 Cf. Kneissl (1969).

4 Das beweisen die Münzprägungen der beiden eindeutig. Cf. RIC VI für Balbinus 5, 616-18 und Pupienus 5, 515 und 16.

5 Cf. HA MA 7, 3: *Ob hoc Antoninus Pius, cum sibi adesse finem vitae videret, vocatis amicis et praefectis ut successorem eum imperii omnibus commendavit atque firmavit statimque signo aequanimitatis tribuno dato Fortunam auream, quae in cubiculo solebat esse, ad Marci cubiculum transire iussit.*

6 HA MA 7, 5 und 6.

schen den beiden Principes bestand.[1] Ob es noch andere hierarchische Unterschiede in der Dyarchie gab, lässt sich heute nicht mehr eindeutig belegen.[2] Auch bei Caracalla und seinem Bruder Geta, die auf ausdrücklichen Wunsch ihres Vaters gemeinsam die Herrschaft antraten, trug nur Caracalla den Titel des Oberpriesters; dies bedeutete hier aber auch dessen politische Oberhand. Die den beiden Gordianen nachfolgenden Herrscher behalten auch für beide *Augusti* das Tragen des *pontifex maximus* Titels in ihrer Titulatur bei.[3]

Die nun folgende Angabe Herodians von „wenigen Tagen“[4], die Gordian verstreichen ließ, bevor er nach Karthago aufbrach, ist kein direkter Hinweis auf die Chronologie des Jahres, sondern dient Herodian als stilistische Überleitung. Aber man kann wohl davon ausgehen, dass der neue Kaiser nicht sofort von Thysdrus aufbrach, sondern erst einige Dinge zu „regeln“ hatte, die „wenige Tage“ in Anspruch nahmen. Dennoch spielte sich das alles in der Zeitspanne zwischen Mitte und Ende März ab, denn da Maximinus Thrax noch am Leben war, mussten die nächsten Schritte schnell erfolgen. In Karthago angekommen, fing Gordian an, seinen Stab und die Verwaltung zu organisieren. Zunächst informierte er den Senat über die Ereignisse,[5] erließ öffentlich Erlasse, die seinen Amtsantritt ver-

---

1 Es gibt allerdings vereinzelte Inschriften (z. B. AE (1903), 358 und AE (1978), 788), in denen auch Lucius Verus als *pontifex maximus* aufgeführt wird. Dabei kann es sich jedoch nur um Versehen handeln. Entscheidend ist, dass er in seiner Grabinschrift (CIL VI 991) nur als *pontifex* betitelt wird.

2 Cf. Kornemann (1930), S. 79, der aber anmerkt, dass sich Marc Aurel mit dem Titel *Parthicus* begnügte, während er Lucius Verus den Siegertitel *Parthicus maximus* zugesteht. Interessanterweise nennt die Grabinschrift des Lucius Verus nur den Siegertitel *Parthicus* (CIL VI 991).

3 Das war bereits bei den Senatskaisern Balbinus (RIC VI 26-32) und Pupienus (RIC VI 50-53) der Fall und wurde von Philippus Arabs und Philippus II. (RIC IV 3) fortgesetzt.

4 Herodian. 7,6,1.

5 Cf. Zos. 1,14,1, in dessen Darstellung der spätere Kaiser Valerian ein Mitglied der Gesandtschaft nach Rom war. Zonar. 12,16 berichtet dagegen lediglich von der Zusammenstellung einer zweiköpfigen Gesandtschaft, welche die Briefe Gordians I. überbringen sollte.

kündeten[1] und ließ Münzen prägen[2]. Überraschend ist die Selbstverständlichkeit, mit der dieser seine ersten Amtshandlungen vollzog. Offenbar zweifelte er keineswegs an der Anerkennung durch den Senat, den er zwar schriftlich unterrichtet hatte, aber zu diesem Zeitpunkt noch keine Antwort erhalten hatte. Doch das Heer, das zum großen Teil noch immer auf der Seite des Maximinus Thrax stand – in der Provinz Afrika befand sich keine Legion – stellte einen Risikofaktor dar. Deswegen versprach er den Soldaten ein Donativ, das nach Herodian so hoch war wie noch bei keinem Kaiser zuvor und dem Volk, das ohnehin schon auf seiner Seite stand, zusätzliche Kongiarien.[3]

Herodian zu Folge hatte Maximinus in Rom jedoch Verbündete. Daraus konstruiert der Autor nun die Notwendigkeit für Gordian I., den Prätorianerpräfekten Vitalianus[4] beseitigen zu lassen. Die Beschreibung der Tat ähnelt der Darstellung der Ermordung des *procurators* in Thysdrus: Gordian schickte den Quästor seiner Provinz zusammen mit einigen Soldaten nach Rom, wo sie noch vor Tagesanbruch den Prätorianerpräfekten unter dem Vorwand der Überbringung einiger Briefe aufsuchen sollten. Unter ihren Kleidern aber hatten sie die Mordwaffen, Dolche, bei sich, mit denen sie Vitalianus, nachdem zu ihm vorgelassen worden waren, erstachen.[5] Als der Mord entdeckt wurde, machte man ihn zuerst dem Maximinus Thrax zum Vorwurf. Dann wurden die Schreiben Gordians veröffentlicht und plötzlich der Tod des Maximinus kolportiert.[6] Die zahlreichen Verwicklungen, die diese Episode impliziert und die Ähnlichkeit zu der Beschreibung des Mordes an dem *procurator* in Africa lassen an der historischen Glaubwürdigkeit der Ge-

---

1 Cf. Herodian 7,8,3.

2 Cf. RIC VI 1-17 und dazu Thierfelder (1956/57), S. 284.

3 Cf. Herodian. 7,6,4.

4 Ein Praetorianerpräfekt mit solchem Namen ist für diese Zeit nicht belegt. Auffällig ist allerdings, dass neben Herodian nur noch die Historia Augusta (cf. HA Gord. 10,5) diesen Namen nennt. Da der Name „Vitalianus" v. a. für die Spätantike (cf. z. B. Amm. 25,10,9; Victor Tunnunensis Cl. 260) bezeugt ist, liegt daher der Verdacht sehr nahe, dass Herodian ihn als aufkommenden „Modenamen" aufgegriffen hat. Zur Rekrutierung der Prätorianer im 3. Jh. siehe Šašel (1972), S. 476.

5 Cf. Herodian. 7,6,6-8. Dietz (1980), S. 178, Anm. 484.

6 Cf. Herodian. 7,6,9.

schichte starke Zweifel aufkommen. Offenbar bedient sich Herodian hier des Motivs des Prätorianermordes, wie er im Falle anderer Usurpationen stattgefunden hat.[1] Dass Gordian ausgerechnet den Prätorianerpräfekten ermorden ließ, der weit weg in Rom und damit für seine Person keine drohende Gefahr darstellte, ist höchst unwahrscheinlich. Logischer wäre es gewesen, den Statthalter der Provinz Numidia, der ein Mann des Maximinus Thrax war, ermorden zu lassen, denn dass von diesem Todesgefahr ausging, beweist das Ende der beiden ersten Gordiane. Diese Geschichte stammt wohl aus der Werkstatt Herodians, der an dieser Stelle ein – nach dem Aufstand in der Provinz *Africa proconsularis* entstandenes – Gerücht als Faktum darstellt. Auch die Historia Augusta berichtet von der vermeintlichen Ermordung des Vitalianus.[2] Allerdings ist dem Autor anzumerken, dass er bereits Zweifel hegt. So ist von einem *Vitalianus quidam*[3] die Rede. Die Verwendung des Indefinitpronomens zeigt, dass auch fast zweihundert Jahre später, die Person des Vitalianus keine Bedeutung hatte, wenn sie denn existierte. Auch den eigentlichen Akt der Ermordung bezeichnet der Autor der Historia Augusta als *fabella*[4]. Wahrscheinlicher ist es daher mit TOWNSEND anzunehmen, dass der Präfekt von der *plebs Romana* getötet wurde, weil er auf Seiten Maximinus' Thrax stand.[5] Noch verwirrender wird die Episode, wenn man die Darstellung des Aurelius Victor berücksichtigt, der zwar auch von einem Mord berichtet, aber ermordet wird in diesem Fall der *praefectus urbi* und das erst nach dem Tod Gordians I.[6] Allerdings ist bei

—

1 Die berühmtesten Beispiele finden sich im 1. Jh. n. Chr. Gleich zu Beginn steht der Tod des Sejan, der Tiberius vom Thron stürzen wollte. Lucius Faenius Rufus, wurde als Praetorianerpräfekt und Rädelsführer der Pisonischen Verschwörung von Nero hingerichtet. Im 3. Jh. findet sich dagegen nur das Beispiel des Domitius Ulpianus, der am Anfang der Regierung des Severus Alexander Prätorianerpräfekt war und dann ermordet wurde.

2 Cf. HA Gord. 10,4-8.

3 HA Gord. 10,5.

4 HA Gord. 10,6. Auch Kolb (1977), S. 446 hat Zweifel an der Historizität der Ermordung.

5 Cf. Townsend (1934), S. 64.

6 Cf. Aurel. Vict. Caes. 26,5: *Interim Romae comperto Gordiani interitu hortante Domitio urbi praefectus reliquique iudices vulgo caeduntur per praetorias cohortes.*

dieser Ermordung zumindest Domitius, der dem Aurelius Victor als Anstifter gilt, historisch greifbar. Dieser ist identisch mit Lucius Domitius Gallicanus Papinianus, der 238 Suffektkonsul[1] war und damit theoretisch die Macht hatte, einen solchen Mord zu veranlassen.

Die Episode zeigt trotz aller Zweifel an ihrer Historizität eines sehr deutlich: In Rom wusste man zu diesem Zeitpunkt ganz offensichtlich noch nicht genau darüber Bescheid, was in Afrika geschehen war. Erst jetzt und damit relativ spät reagierte der Senat und trat zusammen.[2] Gordian I. wurde anerkannt und gleichzeitig sein Sohn Gordian II. ebenfalls zum Augustus erhoben, und zwar (…) πρὶν τὸ ἀκριβὲς εἰδέναι περὶ τοῦ Μαξιμίνου (…), „bevor man über Maximinus Genaues wusste".[3] Damit ist impliziert, dass der Senat zwar nicht an den Tod des Maximinus glaubte, aber er nutzte die Gunst der Stunde, um zwei in seinen Augen mächtige Gegenkaiser aufzubauen, die nun nicht nur die Unterstützung des Volkes hatten, sondern auch durch den Senat anerkannt waren. Maximinus Thrax hingegen wurde als Kaiser abgesetzt.[4]

Nimmt man bis zu diesem Zeitpunkt an, dass die chronologischen Eckpfeiler bei Herodian richtig sind, dann kann nicht viel Zeit vergangen sein. Insgesamt waren zwischen dem Aufstand in der *Africa proconsularis* und der entscheidenden Senatssitzung höchstens zwei Wochen verstrichen: Am 21./22. März 238 griffen Teile der Bevölkerung Africas zu den Waffen und töteten den von Maximinus Thrax geschickten Finanzprocurator.[5] Noch am selben Tag wurde Gordian I. von den Aufständischen zum Kaiser ausgerufen[6] und verweilte darauf noch „einige Tage" in Thysdrus[7], bis er nach Karthago aufbracht, das deshalb πρὸς

---

1 Cf. CIL II 4115.

2 Cf. Herodian. 7,7,1-2.

3 Herodian. 7,7,2 (Übersetzung nach Müller 1996).

4 In der Historia Augusta liest man, dass Maximinus Thrax bereits in dieser Senatssitzung zum Staatsfeind ernannt wurde. Tatsächlich ist der Zeitpunkt umstritten, doch m. E. ist es wahrscheinlicher, dass Maximinus Thrax erst im Moment der Entscheidungsschlacht bei Aquileia und damit in der zweiten Senatssitzung, von der Herodian berichtet, zum *hostis publicus* erklärt wird.

5 Cf. Herodian. 7,4,1.

6 Cf. Herodian. 7,5,3.

7 Cf. Herodian. 7,6,1.

ὀλίγον[1] Glanz und Ansehen Roms erlebte. Rechnet man für Herodians Angabe von „wenigen Tagen" zwischen drei und vier, dann bricht er zwischen dem 25./26. März nach Karthago auf. Wahrscheinlich hat er die Schreiben an den Senat noch in Thysdrus verfasst, so dass diese auch mit dem Aufbruch nach Karthago nach Rom versendet werden. Bei einer gängigen Zeitspanne von zehn Tagen[2], die eine Nachricht von Afrika nach Rom brauchte, fand besagte Senatssitzung nach einer solchen Rechnung zwischen dem 5. und 7. April 238 statt.[3] Gordian I. wurde anerkannt und zusammen mit seinem Sohn Gordian II. als Augustus bestätigt, Maximinus dagegen abgesetzt.[4] Der Senat ging neben seinem Beschluss auch in die Initiative und versuchte die Provinzen auf diplomatischem Weg zum Abfall von Maximinus zu bewegen.[5]

Der prätorische Statthalter der Provinz Numidia, Capellianus[6], war allerdings pro Maximinus Thrax eingestellt und hatte außerdem die *legio III Augusta* als kampfbereites Mittel gegen die Gordiane zur Verfügung. Da er als *legatus Augusti* die Provinz verwaltete, kann man auch davon

---

1 Herodian. 7,6,2.

2 Cf. Carson (1958), S. 189.

3 Carson (1958), S. 191 gibt für das Eintreffen der Nachricht in Rom den 1. April an. Dies ist allerdings nur möglich, wenn die Nachricht sofort nach der Ermordung des Procurators nach Rom getragen wurde. Dem entgegen steht die Schilderung Herodians (7,6,3-9), dass der Senat durch die Schreiben Gordians informiert worden ist. Daher muss man m. E. erstens die Zeitspanne, die Herodian mit „wenigen Tagen" beziffert, mit einkalkulieren und zweitens dem Senat nach dem Eintreffen der Nachricht aus der *Africa proconsularis* Zeit zum Reagieren geben. Aus eben diesen Gründen ist das oben genannte Datum wahrscheinlicher.

4 Cf. Herodian. 7,7,2. Völlig verworren ist der Bericht der Historia Augusta in Maximin. 16,7: *Nepoti Gordiani praeturam decernimus, nepoti Gordiani consulatum spondemus. Nepos Gordiani Caesar appelatur. Tertius Gordianus praeturam accipit.* Nur aus dem oben zitierten Bericht des Herodian kann man ersehen, dass es sich tatsächlich erst einmal um zwei Gordiane handelt. Der dritte, der sich offensichtlich in Rom aufhielt, spielte in der Politik des Senats zu diesem Zeitpunkt noch keine Rolle. Nicht zu klären ist auch, wer die anderen *nepotes* sein sollen.

5 Cf. Herodian. 7,7,5-6.

6 Nach PIR[2] O 189 identisch mit L. Ovinius Pudens Capella. Dazu Birley (1970), S. 64.

ausgehen, dass dieser von Maximinus Thrax selbst eingesetzt worden war,[1] was seine Treue begründet. Herodian erklärt die Stationierung der Legion in Numidien als Sicherung vor den Mauren, die immer wieder in die Provinz einfielen und Raubzüge unternahmen.[2] Tatsächlich war diese ja erst unter Septimius Severus eingerichtet worden und daher wahrscheinlich noch nicht vollständig gesichert.

Capellianus massierte nun diese Legion und marschierte gegen Karthago.[3] Das bedeutet, dass der *propraetor* Numidiens die benachbarte Provinz Africa, die eine senatorische war, kurzerhand überfiel. Gordian I., dem keine Legion, sondern nur wehrfähige, aber untrainierte Männer zur Verfügung stand,[4] beging aus Verzweiflung Selbstmord, indem er sich erhängte.[5] Zwar wurde dessen Tod zunächst geheim gehalten und auch die Bewohner Karthagos waren der heranrückenden Legion wohl zahlenmäßig überlegen, doch gegen die professionell ausgebildeten Soldaten konnten sie nichts ausrichten. Außerdem standen ihnen keine geeigneten Waffen und keine Schilde, mit denen sie sich hätten schützen können, zur Verfügung. Im Gegensatz zu seinem Vater nahm der jüngere Gordian an den Kämpfen teil und wurde getötet. Der Schilderung der Schlacht bei Herodian[6] kann man entnehmen, dass es sich um ein Massaker handelte, dem die Bewohner Karthagos nichts entgegenzusetzen hatten. Die Menge der Gefallenen war so groß, dass man davon absah, die

---

1 Cf. Den Boer (1982), S. 351 spricht von „Säuberungen am Hof (...), von denen die recht orientalisch gefärbte nähere Umgebung des Alexander Severus betroffen gewesen sei“. Auch Stanev (1977), S. 87 geht von einem Austausch der Personen auf wichtigen munizipalen Posten aus.

2 Cf. Herodian. 7,9,1.

3 Cf. Herodian. 7,9,4. Auch hier versteht Herodian wieder nicht, dass Capellianus der Nachbarprovinz vorstand. Er sieht ihn lediglich als Militärkommandanten (Herodian. 7,9,1).

4 Herodian. 7,9,5.

5 Cf. Herodian. 7,9,4-5. Widersprüchlich ist dabei die Stelle 7,9,9, in der Herodian berichtet, dass sich der ältere Gordian erst bei Capellianus' Einzug in Karthago und nicht beim Herannahen der Soldaten das Leben nahm. Die Verwirrung ist verständlich, denn bei dem Chaos, das in der und um die Stadt herrschte, hatte man den Tod des Kaisers ohnehin erst viel später bemerkt.

6 Cf. Herodian. 7,9,5-11.

Toten zu bestatten, und auch nicht in der Lage war, die Leiche Gordians II. zu finden.[1] Alle, die nicht im Kampf fielen, wurden von Capellianus' Truppen bei dem Versuch, sich in die Stadt zu retten, reihenweise umgebracht.[2] Nach siegreicher Schlacht zog der Statthalter Numidiens in Karthago ein, plünderte und verheerte es. Dann fuhr er mit der Zerstörung von anderen Städten der Provinz fort. Herodian schlussfolgert, dass er sich bei den Soldaten Beliebtheit verschaffen wollte, um eventuell ebenfalls nach der Herrschaft zu greifen.[3] Unwahrscheinlich ist diese Vermutung nicht, denn schließlich kontrollierte er nach der Schlacht vor Karthago bereits zwei Provinzen, allerdings lässt sich diese Annahme nicht beweisen.

---

1 Fast schon rührend sind in diesem Zusammenhang die byzantinischen Quellen: Zos. 1,16,1 lässt die Gordiane auf der Überfahrt nach Rom in einem Unwetter sterben und Zonar. 12,17,21 erwägt sogar die Variante, dass Gordian I. erst in Rom wegen seines Alters und aus Erschöpfung gestorben ist.

2 Cf. Herodian. 7,9,7-8. Die detaillierte Beschreibung Herodians erinnert an Polyb. 38, 19 (a), wo die Einnahme und Zerstörung der Stadt 146 v. Chr. dargestellt wird. Besonders die Grausamkeit, mit der die Römer unter Scipio gegen Karthago vorgegangen sind, entspricht der des Capellianus. Dennoch wiegt die des Statthalters Numidiens schwerer, denn er geht gegen Römer vor, im Gegensatz zu Scipio, der im Sinne des *bellum iustum* gegen einen äußeren Feind Roms voranrückte. Ob allerdings Polybios dem Herodian zu Grunde liegt, muss offen bleiben. Müller (1996), S. 338 hält in diesem Zusammenhang auch den Selbstmord Gordians I. für „obskur", doch auch dafür findet sich bei Polybios eine Parallele. In Polyb. 38, 20 nimmt sich Hasdrubals Gattin das Leben. Zusätzlich muss man davon ausgehen, dass die Zerstörung Karthgos im Jahre 146 v. Chr. noch immer in den Köpfen der Römer, zumal der Geschichtsschreibenden, als *exemplum* präsent war. Dafür spricht, dass die oben zitierte Polybios-Stelle ein Exzerpt aus dem Jahrhunderte später schreibenden Ammianus Marcellinus ist (cf. Amm. 24,2,16-18). Dieser verwendet das zurückliegende Ereignis als *tertium comparationis* für die Zerstörung der Stadt Maozamalcha durch Kaiser Julian. Und auch der ins 12. Jh. zu rechnende Zonaras kannte noch Details der Zerstörung Karthagos (Zonar. 9,29,1). Zur Verankerung der Zerstörung Karthagos in den Köpfen der Römer cf. auch Borzsák (1982), insbes. S. 171-172.

3 Cf. Herodian. 7,9,11.

Die Herrschaft der beiden Gordiane resümiert Herodian mit Blick auf deren kurze Regierungszeit als „scheinbar".[1] Die genaue Dauer ist in der Forschung umstritten, wird jedoch im Allgemeinen mit einem Zeitraum zwischen zwei und drei Wochen angegeben.[2] Tatsächlich muss auch ein ähnlicher Zeitabschnitt angenommen werden. Zwar ist in diesem Fall Herodian nur eine ungefähre Hilfe, doch unter Berücksichtigung der Münzen und Papyri sind zwei verschiedene, chronologische Rekonstruktionen bis zum Tod der beiden ersten Gordiane denkbar: Die Erhebung der beiden Gordiane wurde um den 21./22. März[3] angelegt, nach zehn plus „ein paar" Tagen folgte die Anerkennung des Senats. Doch während die Nachricht nach Rom unterwegs war, hatte der Statthalter Numidiens, der ja deutlich schneller informiert worden war, bereits Zeit zum Reagieren und hatte den Einfall in die Provinz *Africa proconsularis* vorbereitet. Wann Capellianus mit seiner *legio III Augusta* vor Karthago stand, lässt sich nicht ermitteln, wohl aber der Todeszeitpunkt der beiden Gordiane: Ein Papyrus vom 13. Juni 238 aus Oxyrhynchos, der neue Steuerregelungen definiert, benennt noch Gordian I. und Gordian II. als *Augusti*.[4] REA gibt an, dass man für die Überbringung einer Nachricht von Rom nach Oxyrhynchos mindestens 30 Tage veranschlagen muss, bis nach Theben sogar 50 und mehr Tage.[5] Unter Berücksichtigung des Datums auf P.

---

[1] Herodian. 7,9,10 (...) ἐν εἰκόνι τε βασιλείας (...).

[2] Cf. Zonar. 12,1721, der von 22 Tagen bis drei Monaten ausgeht. Carson (1958), S. 191 ermittelt von der Erhebung bis zum Tod der beiden Gordiane eine Zeitspanne von 22 Tagen inklusiver Rechnung, Homo (1919), S. 215 definiert etwas unspezifisch den Februar als Regierungsmonat, Kildahl (1962), S. 269 die Zeit vom 21./24. Februar bis zum 13./16. März, Kolb (1977), S. 440 gibt eine nicht weiter definierte Angabe von „drei Wochen", deren Beginn er „wahrscheinlich im Februar" ansetzt und Loriot (1975), S. 720 nennt einen relativ großen Zeitraum zwischen dem 7. April und dem 13. Juni des Jahres 238. Ebenfalls ohne eine exakte Datumsangabe spricht Kotula (1960), S. 210 von „vingt jours" und Peachin (1989), S. 604 kritisiert zwar oben genannte Datierungsvorschläge, legt sich selbst aber auf keinen konkreten Zeitraum fest.

[3] Cf. Carson (1958), S. 182-183. Anders dagegen Kienast (2004), S. 183, der den *dies imperii* zwischen dem 18. Februar und dem 9. März 238 ansetzt.

[4] Cf. P. Oxy. XLIII 3107, Z. 12-15.

[5] Cf. Rea (1972), S. 7.

Oxy. XLIII 3107 kommt man für die Ermordung beider Gordiane als *terminus ante quem* auf den 13. Mai. Dies stimmt allerdings nicht mit den Münzen überein, da die ersten Emissionen der Senatskaiser auf Mitte bis Ende April datiert werden.[1] Die zeitlichen Abläufe, die Herodian in seinem Werk nennt, entsprechen tendenziell dem Ergebnis der Münzen. Es bleibt also vorerst ein Quellenproblem, wenn man für die bisherige Chronologie des Jahres die Papyri mitberücksichtigt, jedoch erscheint ein Zeitpunkt gegen Mitte/Ende April, der aus den Münzen und Herodian als Hauptquelle hervorgeht, eine stimmige Angabe für den Todeszeitpunkt der ersten beiden Gordiane.

2.2 Die erste Machtdemonstration des Senats: *XXviri ex senatus consulto rei publicae curandae*

Mit dem Tod der beiden älteren Gordiane geriet der Senat in Rom in eine kritische Situation. Der Fokus des Geschehens verlagert sich bei Herodian nun gänzlich auf Rom. Erst jetzt finden sich auch bei Herodian Hinweise auf Pupienus und Balbinus, die in einer Sondersitzung des Senats im Tempel des *Jupiter Capitolinus* zu neuen *Augusti* gewählt wurden.[2] Damit kehrte der Senat zumindest lokal zu seinen frühen republikanischen Wurzeln zurück,[3] als dieser in einem inaugurierten *templum* und nicht in der *curia* tagte. Der Tempel des höchsten Jupiters war in der Re-

1 Dennoch hat die Untersuchung bis zu diesem Punkt bisher gezeigt, dass die von Piganiol aufgestellte Chronologie des Jahres, welche sich an der Historia Augusta orientiert, nicht stimmen kann, denn er setzt für die Erhebung der Gordiane erst den 20. Mai an (cf. Piganiol (1954), S. 430). Diese Erkenntnis ist umso entscheidender, da Piganiols Resultat in der Forschung neben dem Ansatz von Ensslin als ernsthafte Lösung erörtert wurde. Dazu Walser/Pekáry (1962), S. 19 und Rea (1972), S. 9. Für Mai votiert auch Thompson (1975), S. 44 – allerdings ohne Angabe einer Begründung und ohne Belege.

2 Anders HA Max Balb. 1,1, in der die Senatssitzung in den Concordia-Tempel auf dem Forum Romanum verlegt wird. Cf. Brandt (1996), S. 112-113, der überzeugend dargelegt hat, dass der Verfasser der Historia Augusta mit dem Concordiamotiv spielt. Denn bereits zu Beginn der Regierung der Senatskaiser dominierte nicht die *concordia*, sondern die *discordia*.

3 Cf. Haegemans (2010), S. 153.

publik der Ort, an dem die hohen Magistrate ihr Amt antraten. Auch die Amtsantritte der Konsulate des Augustus fand bei dessen Anwesenheit in Rom im Tempel des kapitolinischen Jupiters statt.[1]

Vor der Wahl der sogenannten „Senatskaiser“ stand jedoch die Einsetzung eines in der Kaiserzeit nicht alltäglichen Gremiums: Die *XXviri ex senatus consulto rei publicae curandae*.[2] Ein solches Kollegium war in der römischen Geschichte nicht ohne Vorbild. Bereits in der frühen Republik existierten mehrfach besetzte Magistraturen.[3] Das XXvirat war als älteste Form weiter untergliedert und in ebenfalls mehrfach besetzte Magistrate unterteilt.[4] Im XXvirat wurde diese Tradition in der Kaiserzeit fortgesetzt, wenn auch die Besetzung eines solchen Amtes nun immer mehr zur Prestigesache wurde, da für die hochrangigen Teilämter eine *commendatio* des Kaisers erforderlich war.[5] Parallel zu den magistralen Kollegien gab es auch bereits in der Republik Kommissionen wie das 59 v. Chr. von Caesar initiierte XXvirat, das aus römischen Senatoren bestand und bei der Umsetzung der *lex Iulia Campana* helfen sollte. Bereits hier erkennt man, dass solche Magistratskollegien neben Verwaltungsaufgaben auch für Sonderaufgaben eingerichtet werden konnten. Bei den *XXviri* des Jahres 238 n. Chr. kehrte der Senat damit zu traditionellen republikanischen Institutionen zurück, was nicht zuletzt daran sichtbar ist, dass diese Kommission ausschließlich aus Senatoren zusammengesetzt war und dazu *ex senatus consulto* war. Diese zusätzliche Betonung unterstrich den neuen Machtanspruch des Senats.

Die Zusammenstellung der *XXviri* hat aber noch einen weiteren Gesichtspunkt. Nach der Historia Augusta war es deren Aufgabe, die beiden Senatskaiser zu wählen. Doch war dieses Gremium zuvörderst zur Findung von Lösungsstrategien für die drohenden Probleme ins Leben gerufen worden und nur ein damit zusammenhängender Aspekt war die Wahl des Pupienus und Balbinus zu Kaisern. An erster Stelle stand das Krisen-

---

1 Cf. Suet. Aug. 26.

2 Die Bezeichnung ist nicht durch die literarischen Quellen, sondern epigraphisch gesichert: ILS 1186 und 8979. Dietz (1980), S. 326-340, der die Mitglieder der *Vigintiviri* prospographisch aufschlüsselt. Dazu auch Haegemans (2010), S. 164.

3 Mommsen, Staatsr. II^3 1, 605 und dazu Liv. 3,55,7.

4 Cf. Schaefer (1930), Sp. 2570-2587.

5 Cf. Schaefer (1930), Sp. 2585.

management in Rom. Denn mit der Ernennung des Maximinus Thrax im Jahr 235 war nicht nur zum ersten Mal ein Soldat ohne senatorischen Rang und politische Laufbahn Kaiser geworden. Als dessen Herrschaft scheiterte, kam es in den afrikanischen Provinzen des Reiches zu bürgerkriegsähnlichen Zuständen.[1] Auch diese Situation mit der vorliegenden Reaktion war nicht ohne Parallele in der römischen Vergangenheit: Nicht nur der Name dieser Kommission erinnert an Sulla und später an das 2. Triumvirat zwischen Antonius, Lepidus und Oktavian, die als *tresviri rei publicae constituendae* mit weitgehenden Vollmachten für fünf Jahre ausgestattet wurden. Sulla nannte sich sogar *dictator rei publicae constituendae*.[2] Zwar ist 238 die politische Ausgangssituation eine andere, doch ist die Bezeichnung der *XXviri ex senatus consulto rei publicae curandae* nicht zufällig gewählt und nimmt Bezug auf die Krisensituation unter Sulla und auf die Bürgerkriege nach der Ermordung Caesars. Die Kommission der 20 Männer sollte im Jahr 238 n. Chr. den römischen Staat vor dem Tyrannen Maximinus Thrax retten und dafür wählte sie zwei neue Kaiser aus den Reihen dieser *XXviri*.[3] Der Zeitpunkt der Wahl dieses Gremiums ist auf jeden Fall nach dem Tod der älteren Gordiane anzusetzen, denn zu deren Lebzeiten gab es für den Senat in Rom keine Veranlassung, zu einer solchen Maßnahme zu greifen. In der Forschung wird ein eventuelles Datum für diese erste Senatssitzung und die Einsetzung der *XXviri* nicht diskutiert, sondern mit der Wahl der Senatskaiser zusammengefasst, obwohl die Historia Augusta deutlich macht, dass es zwei unterschiedliche Sitzungen gegeben haben muss:

> *Addidit Dexippus tantum odium fuisse Maximini, ut interfectis Gordianis viginti viros senatus creaverit, quos opponeret Maximino. In quibus fuerunt Balbinus et Maximus, quos contra eum imperatores fecerunt.*
> Dexippus fügte hinzu, dass der Hass auf die beiden Maximine so groß gewesen sei, dass der Senat nach dem Tod der Gordiane zwanzig Männer erwählte,

—

[1] Anders dagegen Bringmann (1988), S. 24-25, der alle weiteren Funktionen neben der Ernennung der Kaiser ausschließt.

[2] Cf. Kienast (1999), S. 37-41, insbes. Anm. 142.

[3] Zu der Herkunft und Karriere des Pupienus Maximus und Balbinus cf. Brandt (1996), S. 92-94 und besonders zur Karriere des Pupienus Kolb (1977).

die sich dem Maximinus engegenstellen sollten. Unter ihnen waren Balbinus und Maximus, die gegen ihn zu Kaisern gemacht wurden.[1]

Tatsächlich kann man wohl die Wahl der Senatskaiser nicht genau von der Einsetzung der *XXviri* lösen, aber die Einzigartigkeit beider Institutionen lässt stark vermuten, dass dies auch in zwei unterschiedlichen Senatssitzungen geschah.

2.3 Die zweite Machtdemonstration des Senats: Die Senatskaiser und Gordian III.

Interemptis in Africa Gordiano senior cum filio, cum Maximinus ad urbem furens veniret, ut, quod Gordiani Augusti appellati fuerant, vindicaret, senatus praetrepidus in aedem Concordiae VII. Idus Iunias concurrit, ludis Apollinaribus, remedium contra furorem hominis inprobissimi requiens.
Nachdem der ältere Gordian mit seinem Sohn in Afrika ermordet worden war, trat der Senat am 7. Tag vor den Iden des Juni (7. Juni), während der Apollonischen Spiele im Concordiatempel zusammen, um eine Lösung gegen die Raserei des sehr schlechten Menschen zu finden, weil Maximinus rasend nach Rom kam, um sich, weil die Gordiane zu Augusti ernannt wurden, zu rächen.[2]

Pupienus und Balbinus waren die beiden einzigen Kaiser, die nur vom Senat, d. h. von einem ausgewählten Teil des Gremiums gewählt wurden. Zu welchem Zeitpunkt in der Chronologie des Jahres 238 sie allerdings ernannt wurden, darüber geben die beiden wichtigsten literarischen Quellen unterschiedliche Auskünfte. Am interessantesten ist in diesem Zusammenhang die oben zitierte Stelle, die am Beginn der *vita Maximi et Balbini* steht:

Nach dem Tod der beiden Gordiane trat der Senat zusammen, um darüber zu beraten, wie angesichts der Gefahr eines heranrückenden Maximinus Thrax zu verfahren sei. Die Einsetzung der *XXviri*, die dieser Sitzung vorangegangen sein musste, wird an dieser Stelle und in der ganzen Vita der Senatskaiser nicht erwähnt. Hier zeigt sich einmal mehr die

---

1 HA Maximin. 32,3.

2 HA Max. Balb. 1,1. Diese Version bestätigt auch HA Gord. 10,1 und Herodian. 9,10,1-3.

komplexe Struktur der Historia Augusta. Man kann die Vita der Senatskaiser nur ganz verstehen, wenn man auch die der Gordiane kennt. Stattdessen bietet der Autor für ihn untypisch exakte Orts- und Zeitangaben. Demnach traf sich der Senat im Concordiatempel am 7. Tag vor den Iden des Juni, zur Zeit der dem Apoll geweihten Spiele. Beide Angaben führen zu unterschiedlichen Daten; während die bezeichneten Iden hier den 7. Juni betreffen, fanden die *ludi Apollinares* vom 9. bis 13. Juli statt. Warum der Biograph die beiden unterschiedlichen Daten nennt, ist nicht ersichtlich, fest steht aber, dass keines stimmen kann, da der *dies imperii*, wie oben gezeigt wurde, zwischen Mitte und Ende April liegen muss, weil er unmittelbar mit dem Tod der Gordiane zusammenhängt. Folgte man den Datumsangaben der Historia Augusta, müsste man für 238 von einem zumindest kurzen *Interregnum* ausgehen; ein solcher Fall ist nicht belegt.

Es gab insgesamt drei Senatssitzungen in Rom: In der ersten wurde Gordian I. als Kaiser bestätigt und sein Sohn Gordian II. vom Senat mit ernannt. Außerdem wurde Maximinus als Kaiser abgesetzt. Eine weitere Sitzung fand nach dem Tod der beiden Gordiane statt. In dieser wurden zuerst die *XXviri* bestimmt, deren vornehmliche Aufgabe darin bestand, den bevorstehenden Krieg gegen Maximinus Thrax vorzubereiten. Daher wurde dieser zum *hostis publicus* ernannt[1] und in einer kurz darauf folgenden dritten Sitzung die beiden Senatskaiser gewählt, wohl, weil man merkte, dass eine entsprechende Führung fehlte. Mit der Wahl der Senatskaiser kehrte der Senat gewissermaßen zu seinen republikanischen Wurzeln zurück. Denn es wird deutlich, dass beide direkt vom Senat gewählt worden sind und nur von diesem.[2] Überraschender Weise spielte

---

1 Diese Version bestätigt bis zu diesem Punkt auch Carson (1958), S. 181. Anders dagegen Kildahl (1962), S. 264, der nur eine Senatssitzung sieht, in der er noch richtig von der Funktion der *XXviri* spricht, dann aber behauptet, Pupienus und Balbinus seien zu *Caesares* ernannt worden. Dem widerspricht aber die Münzprägung der Zeit, da wir von den Senatskaisern nur Münzen haben, die diese als *Augusti* bezeichnen. M. E. völlig unverständlich vertritt auch Müller (1996) in seinem Kommentar zu Herodian. 7,7,4 und 7,10,3-4 die Meinung, dass die Senatskommission bereits viel früher zusammengetreten ist. Auch Sommer (2004), S. 32 legt zumindest die Konstituierung der *XXviri* in die erste Senatssitzung.

2 So auch Mullens (1948), S. 70.

das Gremium der *XXviri* bei der Entscheidung keine bedeutende Rolle mehr; doch hatten die zwanzig Männer ein Vorschlagsrecht und waren ohnehin als Mitglieder des Senats stimmberechtigt, auch wenn dies nicht explizit in den Quellen erwähnt wird: Im Gegensatz zu den beiden Gordianen waren die Senatskaiser völlig gleichberechtigt, da sie beide den Titel des *pontifex maximus* trugen.[1] Dabei handelte der Senat im Sinne des republikanischen Prinzips der Kollegialität und um keinem der beiden einen Vorteil zu verschaffen. Auch in der Aufteilung der Aufgaben geht man in Rom wieder nach dem alten Grundsatz *domi et militiae* vor.[2] Nur einer der beiden, nämlich Pupienus, zog nach der Nachricht vom Tod des Maximinus nach Ravenna und Balbinus blieb in Rom.[3]

Für eine traditionelle Aufgabenteilung der beiden Senatskaiser spricht noch ein weiteres Zeugnis: In der Staatlichen Münzsammlung München befindet sich ein Siegelring, der die beiden Kaiser mit dem Caesar Gordian zeigt (siehe die Abbildung auf dem Umschlag dieses Buches).[4] Dabei sind die Büsten des Pupienus auf der linken und die des Balbinus auf der rechten Seite einander gegenüber dargestellt; im Hintergrund auf der rechten Seite ist die Büste Gordians zu sehen. Die Gegenüberstellung der beiden Kaiser ist in diesem Fall bildlich für die Aufteilung der Zuständigkeitsbereiche zu sehen: Pupienus auf der linken Seite repräsentiert *militiae* und Balbinus mit Gordian auf der rechten Seite *domi*.[5] Wären die beiden Senatskaiser alleine auf dem Ring abgebildet gewesen, wäre eine solche Zuordnung nicht möglich, doch die Zuweisung Gordians auf die Seite des Balbinus lässt keine andere Schlussfolgerung zu, da beide Rom nicht verlassen haben.

Die beiden Senatskaiser genügten von ihrer Herkunft ebenfalls der römischen Tradition: D. Caelius Calvinus Balbinus entstammte einer alten

---

1 Cf. z. B. AE (1994) 1395. So auch Haegemans (2010), S. 174.

2 Anders Haegemans (2010), S. 174: „Going back to the Republic to explain this double reign seems slightly exaggerated."

3 Neben der Vermutung, dass der Senat hier in der Demonstration seiner alten Größe auch auf alte Traditionen zurückgreift, nehmen Brandt (1996), S. 93 und Dietz (1984), S. 99 an, dass es am Alter des Balbinus lag, weswegen dieser in Rom geblieben ist. Für die republikanische Auslegung der Senatskaiser auch Johne (2008), 590.

4 AGD München I 3, 2459.

5 Cf. Wegner (1979), S. 15-16.

patrizischen Familie aus der Baetica und bekleidete 213 zusammen mit Caracalla den ordentlichen Konsulat.[1] M. Clodius Pupienus Maximus war dagegen ein *homo novus*[2] aus einer Ritterfamilie, die aus Volaterrae in Etrurien stammte. Erst im Jahr 234 erreichte er den ordentlichen Konsulat und war wahrscheinlich im selben Jahr auch *praefectus urbi*.[3] Gesichert sind ebenfalls „die Statthalterschaft von einer der germanischen Provinzen und der Prokonsulat von Asia als Dienststellungen seiner Laufbahn“[4].

Die Standhaftigkeit und den Zusammenhalt der beiden zu Kaisern gewählten Senatoren gegen den heranrückenden Maximinus präsentieren die stadtrömischen Münzen der ersten Emission. Neben der *liberalitas* stellen diese v. a. die *concordia* des Balbinus und Pubienus dar.[5] Eine Legende, die im 3. Jh. populär wird, jedoch erst typisch für die Spätantike, ist *VOTIS DECENNALIBVS* auf dem Revers.[6] Überraschend ist allerdings, dass sie nur auf den Prägungen des Balbinus zu finden ist, steht sie doch für ein zehnjähriges Versprechen für Kontinuität und Sicherheit, das eigentlich beide verkünden sollten.[7]

Im Anschluss an die Wahl der Senatskaiser erhob sich das Volk und forderte ebenfalls die Ernennung Gordian III. Der Senat gab dem

---

1 Cf. Dietz (1984), S. 99 mit den Quellenangaben: CIL VI 1981; Herodian. 7,10,4 und HA Max. Balb. 7,1-2 und 15,2. Brandt (1996), S. 92 argumentiert allerdings, dass die Angaben der Historia Augusta „größtenteils Erfindungen darstellen, die von den Wirkungsabsichten des um ein Idealbild einer Senatskaiserherrschaft bemühten HA-Verfassers zeugen (…)“. Anders dagegen Leunissen (1989), S. 114, der überzeugend darlegt, dass der eponyme Konsulat auf den im 2. Jh. erreichten Stand der Familie des Balbinus zurückzuführen ist und dieser so nachträglich bestätigt wird.

2 Wie unbekannt Maximus am Anfang seiner Karriere tatsächlich war, zeigt eine von Domaszewski (1902) publizierte Inschrift aus Ephesos, in der der spätere Kaiser Marcus Claudius Pupienus Maximus genannt wird.

3 Cf. Dietz (1984), S. 129-136 mit der Quellendiskussion; Brandt (1996), S. 93-94. Dazu Johne (2008), S. 589-590.

4 Leunissen (1989), S. 115.

5 Cf. RIC VI 1-5, 9-13 und 18.

6 Cf. RIC VI 6-8 und 15-17. Zur Bedeutung der *vota decennalia* cf. Kap. 3.3.2.

7 Cf. HA Max. Balb. 3,2 beschreibt das nach dem Regierungsantritt übliche Opfer auf dem Kapitol. Dazu Mommsen StR II 24, S. 792.

Wunsch der *plebs Romana* nach und erhob diesen zum *Caesar*.[1] Außerdem wurden die beiden älteren Gordiane konsekriert.[2] Wahrscheinlich bedurfte es nicht einmal des Drängens des Volkes, um den jüngsten Gordian zum *Caesar* zu machen. Die Erhebung basierte auf der großen Beliebtheit aller drei Gordiane in Rom, aber es ist unwahrscheinlich anzunehmen, dass dafür und für die Divinisierung eine zusätzliche Senatssitzung einberufen wurde; diese Vorgänge gehören wie die Wahl der Senatskaiser in die dritte Versammlung.

Doch die Loyalität gegenüber dem formell des Amtes enthobenen Maximinus Thrax schien auch in Rom noch vorhanden gewesen zu sein. Herodian berichtet von bürgerkriegsähnlichen Zuständen, die sich nach der Divinisierung der älteren Gordiane im Senat ereigneten:[3] Alte Soldaten, die im Militärlager in Rom zurückgelassen worden waren, begaben sich in Zivil vor den Senat, zwei oder drei von ihnen gelangten sogar hinein. Nun geschah etwas Unvorstellbares: Zwei der Senatoren bemerkten die Eindringlinge, zogen Schwerter hervor, die sie unter ihrer Kleidung versteckt hatten und töteten diese. Die anderen Soldaten, die vor dem Versammlungsgebäude gewartet hatten, flüchteten.

—

1 Cf. Herodian. 7,10,5-9.

2 Cf. HA Max. Balb. 4,1-3. Die Konsekration beider Gordiane wird durch zahlreiche Inschriften bestätigt. Dazu Brandt (1996), S. 141. Entgegen der Darstellung in der Historia Augusta wird Gordian III. als *nepos divinorum Gordianorum* bezeichnet, d. h. die Divinisierung orientierte sich am älteren Gordian, dessen Konsekrierung die SHA aber in Frage stellt (z. B. CIL VIII 10342; CIL VIII 10365 = ILS 496). Als gesichert gilt die Tatsache, dass diese Senatssitzung und die Vergöttlichung vor der Schlacht bei Aquileia stattgefunden hat. Allerdings nimmt Loriot (1975), S. 702 an, dass die Divinisierung vor der Wahl der Senatskaiser gewesen ist. Das würde jeder römischen Tradition widersprechen, denn das übliche Procedere war, dass der neue Kaiser im Senat den Antrag gestellt hat, seinen Vorgänger unter die Götter aufzunehmen. Auch wenn die Herrschaft der Senatskaiser eine wirkliche Einzigartigkeit in der römischen Geschichte war, besteht doch kein Grund, weshalb man diesen Vorgang nicht den neuen *Augusti* hätte überlassen sollen.

3 Cf. Herodian. 7,11. Dazu de Blois (2004), der dieses Herodiankapitel analysiert.

Gallicanus, der als erster auf die Soldaten losgegangen war, forderte nun das Volk auf, sich gegen Freunde und Mitkämpfer des Maximinus Thrax mit Waffengewalt zur Wehr zu setzen. Die Wahl des Namens, der nur durch Herodian belegt ist und die Beschreibung des Vorgangs lassen auch hier Zweifel an der historischen Glaubwürdigkeit aufkommen. Sicher gab es in Rom eine Gruppierung, die in der Mehrheit aus Soldaten bestand und nach wie vor auf der Seite des Maximinus Thrax stand. Dieser war zwar inzwischen zum Staatsfeind ausgerufen worden, aber er lebte noch immer! Denn in gleichem Maße wie der Senat hinter seinen Kandidaten stand, das Volk hinter Gordian III., so war Maximinus noch immer die bevorzugte Wahl des Militärs. Daher scheint es unglaubwürdig, dass die Soldaten, die sich auf den Weg zum Senatsgebäude machten, unbewaffnet waren, die Senatoren jedoch heimlich Waffen unter ihren Kleidern trugen, was im Senat verboten war. Genau dieser Umstand erinnert wieder sehr an die Darstellung der Ermordung des Procurators in Africa und die des Praetorianerpräfekten Vitalianus in Rom. Bei Herodian sind es die vermeintlich „Guten", die heimlich bewaffnet sind, um dann unerwartet zuzuschlagen. Auch der Name Gallicanus deutet auf schriftstellerische Kreativität Herodians hin.[1] Im 1. und beginnenden 2. Jh. fanden sich einige sehr erfolgreiche und einflussreiche Konsuln und Präfekten dieses Namens und die Verbindung zu dieser Zeit zu ziehen, ist nicht weit hergeholt, wenn man bedenkt, dass der Senat bei der Wahl Nervas in einer ähnlichen Situation war.[2] Für die Ereignisse in Rom war aber ausschlaggebend, dass sich der Senat und das Volk zusammen taten und nun auch militärisch gegen Maximinus Thrax vorgingen: Einzig zur Darstellung dieser bedeutungsvollen Symbiose diente Herodian dieses Intermezzo. Als erste Maßnahmen gegen den heranrückenden Maximinus Thrax wurden neue Feldherren ernannt und Aushebungen in Italien

---

1 Anders dagegen de Blois (2004), S. 259 Anm. 1, der Gallicanus als L. Domitius Gallicanus Papininus – basierend auf einer Inschrift, die in der Nähe Karthagos gefunden wurde (ILAfr 322) – identifiziert und dagegen keinen Zweifel an der Historizität der Geschichte hat.

2 Diese Umstände diskutiert Grenzheuser (1964), S. 148-149.

durchgeführt.[1] Den Großteil führte Pupienus gegen den *hostis publicus* in den (Bürger-)Krieg, während die unter Balbinus in der Stadt Verbleibenden versuchten, das Prätorianerlager einzunehmen.[2] Als Balbinus vermitteln wollte, kam es schließlich zum Eklat: Die Soldaten waren darüber aufgebracht, dass sie wie Feinde und nicht wie römische Bürger behandelt wurden, und es kam zu offenen Straßenschlachten in Rom.[3] Überraschender Weise bricht der Bericht Herodians an dieser Stelle ab und konzentriert sich nun wieder auf Maximinus Thrax und dessen Ende.

Dieser erreichte während der sehr turbulenten Ereignisse in Rom Italien und es kam zur Entscheidungssituation bei Aquileia.[4] Es wird deutlich, dass die Strategie des Soldatenkaisers nicht darauf angelegt war, sein Ziel mit Waffengewalt zu erreichen. Vielmehr versuchte er durch Gesandte und Versprechungen, die Stadt für sich zu gewinnen, worauf deren Bewohner jedoch nicht eingingen.[5] Dennoch war er nicht gewillt, auf seinem Weg nach Rom an der ersten wichtigen Bastion, an Aquileia,

---

[1] Cf. Herodian. 7,12,1. Wenn diese Nachricht stimmt, dann befand sich Rom in der Tat in einer Ausnahmesituation. Seit Hadrian hatten die Römer zwei Legionen verloren, die *XXII Deiotariana* im Krieg gegen Bar Kochba und die *IX Hispania* in der Schlacht bei Elegeia 161. Zu den Hintergründen genauer Birley (1979), S. 483–484 und Alföldy (1971), S. 96–98. Aber die Aushebung betraf nicht nur die Römer des heutigen Italiens, sondern auch Sklaven, die jetzt zum Militärdienst verpflichtet wurden. Der Biograph Marc Aurels in der *Historia Augusta* (cf. HA MA 21, 7) vergleicht die Situation mit dem Zweiten Punischen Krieg, wo die Römer mit der Aushebung von Heeren in ähnliche Probleme gerieten (cf. Heftner (1997), S. 200–221).

[2] Cf. Herodian. 7,12,2-7. Zimmermann (1999), S. 277.

[3] De Blois (2004), S. 561 schlussfolgert besonders aus diesen Passagen, dass Herodian keine positive Meinung über das Heer hatte und über das Volk von Rom von oben herab spricht. In der Tat nennt der Autor öfter den Begriff ὄχλοι (z. B. in 7, 12,5). An dieser Stelle wird aber deutlich, dass besonders die Soldaten, die sich in ernster Gefahr befanden, sich nur verteidigten.

[4] Cf. Herodian. 7,12,8. In 8,2,3-4 beschreibt Herodian die Stadt und ihre Lage, wobei auch deutlich wird, wie wichtig diese für Maximinus Thrax war.

[5] Cf. Herodian. 8, 3.

vorbeizuziehen;[1] im Gegenteil, er belagerte diese nun.[2] Die Bewohner von Aquileia ihrerseits taten alles, um die Truppen des Maximinus Thrax zu demoralisieren, indem sie Pech über die Soldaten gossen[3] und sie regelmäßig mit brennenden Pfeilen beschossen.[4] Die Stetigkeit ihrer Aktionen zeigte schließlich Wirkung, denn die Soldaten vor der Stadt verloren ihre Kampfmoral und Maximinus Thrax bestrafte die Anführer der aufsässigen Truppenteile hart.[5]

Dies endete nach Herodian für den geächteten Kaiser in seinem verdienten Exitus: Er wurde gewaltsam ermordet.[6] Doch auch nach der Bluttat des Heeres wurde dieses von den Aquileiensern nicht in die Stadt eingelassen, sondern die Bewohner forderten davor die Bestätigung des

---

1 Auch ein Vorbeizug an Aquileia wäre schwierig geworden, weil die Bewohner der Stadt den Durchmarsch sperrten und im Gegensatz zu den Soldaten des Maximinus Thrax gründlich mit Lebensmitteln und Wasser ausgestattet waren (Herodian. 8, 2, 1). Auch aus Rom erhielten die Belagerten Verstärkung, denn der Senat veranlasste, dass der *hostis publicus* vor der Stadt eingesperrt wurde (Herodian. 8,5,4-7). Zur wirtschaftlichen Bedeutung und zur Topographie Aquileias cf. Steuernagel (2004), S. 136-139.

2 Cf. Herodian. 8,4,5-8,5,4, der die Unternehmungen beider Seiten relativ ausführlich darstellt. Sehr verknappt und auf Herodian beruhend ist die Schilderung der Belagerung in HA Maximin. 21,6-23,7; dazu Lippold (1991), S. 549-557; Johne (2008), S. 176-177.

3 Cf. Herodian. 8,4,10.

4 Cf. Herodian. 8,4,11.

5 Cf. Herodian. 8,5,1-3. Anders HA Maximin. 23,1, wo sogar von der Tötung der Generäle die Rede ist. Lippold (1991), S. 559 stimmt hier der Variante in der Historia Augusta zu, allerdings muss doch bezweifelt werden, dass Maximinus Thrax in der angespannten Situation derart brutal vorgegangen ist. Seine Truppenverbände waren schließlich die einzige Möglichkeit zur Herrschaftssicherung, die ihm noch geblieben war.

6 Das Ende und die Folgen der Herrschaft des „Thrakers“ beurteilt Dietz (1980), S. 11) relativ ernüchternd: „am Ende der Auseinandersetzung des Senats mit Maximinus Thrax stand somit das, was jener beseitigt hatte: die Herrschaft eines Knaben. Die Wahl der Senioren Pupienus und Balbinus zeigt deutlich, daß ein Kindkaisertum nicht den Wünschen der damaligen senatorischen Führungsschicht entsprochen haben kann.“

Pupienus und Balbinus als Augusti und Gordians III. als Caesar durch die Soldaten des Maximinus.[1]

Von den vom gegnerischen Heer nun auch anerkannten Kaisern erfuhr als erster der in Ravenna weilende Pupienus vom Tod des Maximinus Thrax, als er dessen abgeschlagenen Kopf erhielt.[2] Dieser schickte sofort einen Reiter nach Rom[3] und machte sich seinerseits auf den Weg nach Aquileia, wo ihm die Tore geöffnet wurden; Pupienus brachte ein Dankopfer dar und versprach, der Tradition entsprechend, ein Donativ. Trotzdem betont Herodian, dass das Heer verstimmt gewesen sei, weil es sich bei den Senatskaisern nicht um die Wahl der Soldaten gehandelt hätte;[4] von diesen wurden sie dann letztlich auch ermordet. Den Tod der Senatskaiser schildert Herodian als äußerst brutal. Da sowohl Balbinus als auch Pupienus die Alleinherrschaft anstrebten, war es für die Prätorianer leicht, diese zu separieren. Beide wurden in dem Glauben gelassen, der jeweils andere Mitkaiser bereite einen Anschlag vor, so dass die Prätorianer ohne Probleme in den Palast eindringen konnten. Doch anstatt diese sofort zu ermorden, rissen sie ihnen die Kleider vom Leib und schleiften sie nackt nach draußen, wo sie misshandelt und schließlich in der Kaserne der Prätorianer barbarisch ermordet wurden.[5]

---

1 Cf. Herodian. 8,6,2-4: Immerhin erhielten die Soldaten über die Stadtmauer Verpflegung. Anders HA Maximin. 24,2, wo die Soldaten auch nach dem Treueschwur gegenüber den neuen Kaisern nicht in die Stadt eingelassen wurden. Wahrscheinlicher ist auch hier die Darstellung Herodians, da im Verlauf der Ereignisse noch deutlich wird, wie unberechenbar die Soldaten waren. Den weitgehend unbewaffneten Bewohnern von Aquileia ist es daher nicht zu verdenken, dass sie die Heeresreste des Maximinus Thrax lieber vor den Stadttoren gesehen haben.

2 Cf. Herodian. 8,6,5.

3 Der dort verbliebene Balbinus brachte sofort Dankesopfer dar (Herodian. 8,6,8). Ausführlicher ist die Beschreibung der Ereignisse in HA Maximin. 25, wodurch „das Zusammenwirken von Herrschern, Volk und Senat bei diesem Anlass" (Lippold (1991), S. 577) deutlich wird.

4 Cf. Herodian. 8,7,1-8.

5 Cf. Herodian. 8,8,4-6; anders Eutr. 9,2,2 und Aur. Vict. 27,6, denen zufolge die Senatskaiser gleich im Palast ermordet wurden.

Trotz der sehr kurzen Herrschaft der beiden Senatskaiser können wir heute einige „Eckdaten“ aus der Regierungszeit des Pupienus und Balbinus rekonstruieren:

Herodian betont die *concordia* der beiden Senatskaiser untereinander und ihre Anerkennung bei den wichtigsten Gruppierungen.[1] Allerdings liegt hier wohl die persönliche Einschätzung des antiken Autors vor, die nicht der Wahrheit entspricht. Wie oben bereits dargelegt wurde, hatte besonders das Heer durchaus Einwände gegen die allein vom Senat bestimmten Kaiser und auch die propagierte *concordia* der beiden Augusti existierte nicht. Bei den oben zitierten *concordia*-Prägungen handelte es sich um für den Beginn eines Doppelprinzipats typische Prägungen. Vorreiter waren auch hier Marc Aurel und sein Bruder Lucius Verus.[2]

Außenpolitisch brannte es an allen Ecken, wirtschaftlich und innenpolitisch nahmen die Spannungen zu.[3] In Verbindung mit der Kürze ihrer Regierungszeit hat man daher immer angenommen, dass sich die Bemühungen der beiden Senatskaiser auf nicht mehr als die Festigung ihrer Herrschaft beschränken konnten.[4] Eine Stelle in der Historia Augusta, die Kriegsrüstungen des Pupienus für einen Zug gegen die Sassaniden postuliert,[5] ist daher in der Forschung immer sehr zurückhaltend behandelt worden.[6] Wirft man jedoch einen Blick auf die Münzprägung der kleinasiatischen Provinzen, kann diese Zurückhaltung aufgegeben werden, denn ZIEGLER hat auf der Basis der numismatischen Zeugnisse der Stadt Tarsos in Kilikien überzeugend dargelegt, „dass Pupienus die Kriegführung im Osten übernehmen wollte, die Pläne wegen der kurzen Regierungszeit aber nicht mehr realisieren konnte. Es fehlten wohl auch

---

1 Cf. Herodian. 8,8,1.

2 Cf. RIC IV 209–215, 217.

3 Cf. Johne (2008), S. 177.

4 Z. B. Townsend (1934), S. 65: „Pupienus and Balbinus were too busily engaged in preparing and carrying out the campaign against Maximinus to pay much attention to political reform.“

5 Cf. HA Max. Balb. 13, 5: *Et cum iam paratum esset, ut contra Parthos Maximus proficisceretur, Balbinus contra Germanos, puer autem Gordianus Romae remaneret, milites occasionem quaerentes occidendorum principum, cum primo invenire vix possent, quia Germani stipabant Maximum atque Balbinum, cotidie ingravescebant.*

6 So v. a. Brandt (1996), S. 213-214.

Zeit und Möglichkeiten, Heereseinheiten in größerer Stärke in Bewegung zu setzen. Die Münzen sprechen jedoch klar dafür, dass bedeutende Städte in der Etappe mit Truppenbewegungen und wohl auch einem Kaiserbesuch bereits gerechnet hatten."[1]

Während der Kapitolinischen Spiele[2] des Jahres 238 wurden – laut Herodian - die Senatskaiser von den Prätorianern ermordet und Gordian III. zum Augustus erhoben.[3] Weder Herodian noch die Historia Augusta sprechen von einer ausdrücklichen Verdammung der beiden Kaiser, was auch im Spiegel der literarischen Quellen nicht sinngebend wäre, da dort beide als ausschließliche Wunschkandidaten des Senats gehandelt werden und nur dieser ebenso wie die *consecratio* der älteren Gordiane eine *damnatio memoriae* beschließen kann. Dennoch weist eine Inschrift, die namentlich Balbinus und Pupienus nennt, eine Rasur auf.[4] Denkbar wäre demnach eine nachträgliche *damnatio memoriae*.

Die Länge der Regierungszeit der beiden Senatskaiser ist indes noch immer umstritten. Die Historia Augusta variiert zwischen einem Jahr[5] und zwei Jahren[6]. Beides kann jedoch nicht zutreffend sein, da am Ende des Jahres 238 Gordian III. als alleiniger Augustus gesichert ist. Nimmt man mit Bezug auf Herodian an, dass die Senatskaiser tatsächlich während der Kapitolinischen Spiele[7] 238 ermordet wurden, dann ist der Zeit-

---

1 Ziegler (2004), S. 47. Ausgangspunkt der Überlegungen Zieglers ist dabei eine in Tarsos für Pupienus geprägte Großbronze, welche die Perserkriegssymbolik Caracallas wieder aufgreift. Für die Vorbereitungen eines Feldzuges sprechen ebenfalls zwei Meilensteine, die man in Kappadokien gefunden hat und die die Namen der beiden Senatskaiser und den des Gordian III. tragen (French (2008), der von der Wiederaufbereitung einer Straße ausgeht, die schon in flavischer Zeit angelegt wurde).

2 Cf. Herodian. 8,8,3. Dieser Agon wurde von Domitian 86 n. Chr. nach dem Vorbild der Olympischen Spiele bei der Wiedereinweihung des Tempels des Iupiter Capitolinus eingerichtet (Suet. Dom. 4 und 13), dazu André (1994), S. 213. Zu den Details des Wiederaufbaus cf. Jones (1992), S. 92.

3 Cf. Herodian. 8,8,5-8,8,7.

4 Cf. CIL III 10428. Dazu Meyer (1986), S. 279-290, Lőrincz/Számado (1994), S. 205-207 und Domaszewski (1979), S. 233-236.

5 Cf. HA Max. Balb. 15,7.

6 Cf. HA Gord. 22,5.

7 Van Sickle (1929), S. 288 verwechselt diese von Domitian eingeführten

raum ihrer Herrschaft auf wenige Wochen einzuschränken. Nach WALLNER begannen die *Capitolia* „traditionell in der ersten Maihälfte und dauerten bis Mitte Juni“[1]. Etwas undifferenziert gibt WISSOWA die Zeit des Agon mit „Sommer“[2] an, was theoretisch eine um Monate längere Regierungszeit zulassen würde. Etwas anders sieht der zeitliche Spielraum aus, wenn man nicht wie bisher annimmt, dass Herodian den kapitolinischen Agon des Domitian meinte, sondern tatsächlich die *ludi Capitolini* gemeint sind, die jährlich stattfanden und auf die Iden des Oktober fielen. Diese Datierung auf ca. 13.-15. Oktober ist mit den Angaben aus den anderen Quellen schwerlich in Einklang zu bringen ist. Daher sollen die folgenden Ausführungen versuchen, den Zeitraum für den *dies imperii* Gordians III. einzugrenzen.

2.4 Die Erhebung Gordians III. zum Augustus

Doch auch die Götter regiern nicht ewig,
die jungen verdrängen die alten.
(Heinrich Heine, *Die Götter Griechenlands*)

Nach der Ermordung der Senatskaiser durch die Prätorianergarde wurde von dieser der erst 13-jährige Gordian III. zum Augustus erhoben.[3] Damit gelangten die Prätorianer wieder in die Rolle der „Kaisermacher“. Dieses Ereignis ist kein Phänomen der „Soldatenkaiserzeit“, sondern bereits aus dem 1. Jh. bekannt, als Claudius von Soldaten zum Kaiser ausgerufen wurde. Allerdings ging damals, anders als jetzt, der Senat in die Opposition zu dieser Wahl.[4] Mehr noch als der Senat, wurde 238 das Volk von Rom von der Richtigkeit der Wahl Gordians III. zum Kaiser überzeugt. Dabei beriefen sich die Soldaten darauf, dass der junge Gordian als Enkel Gordians I. die ausdrückliche Wahl des Volkes gewesen sei.

Die Figur des jungen Kaisers stellt bei Herodian die Synthese aus dem Wunschkandidaten des römischen Volkes und wahrscheinlich des Senats auf der einen und eines von den Soldaten akzeptierten Herrschers

Spiele mit den Ludi Apollinares, die vom 9. bis 13. Juli statt fanden.

1 Wallner (2004), S. 232.

2 Wissowa (1991), Sp. 1528.

3 Cf. Herodian. 8,8,8.

4 Cf. Suet. Claud. 10.

auf der anderen Seite dar. Da somit das Römische Reich wieder einen Kaiser hatte, der von allen drei Gruppierungen unterstützt wurde, endet das Werk Herodians sinnvoller Weise an dieser Stelle.[1]

Im Streit um die Nachfolge nach dem Tod des Pertinax, ebenfalls in einer Zeit rascher Kaiserwechsel, gelang dieses Zusammenspiel nicht, denn hier wurde Pescennius Niger als Wunschkandidat des römischen Volkes aufgebaut und Clodius Albinus als der des Senats.[2] Dennoch scheiterte der Kandidat des Senats trotz Ernennung zum Caesar[3] an den Auseinandersetzungen mit Septimius Severus um den alleinigen Herrschaftsanspruch.[4] Für die Argumentation des Herodian ist dies sicher kein Wunder, da für ihn der Schlusspunkt seines Werkes der ist, an dem der Augustus vom Senat und dem römischen *populus* gleichermaßen Anerkennung findet, also Gordian III. denn dessen Herrschaftsantritt bedeutet auch das vorläufige Ende der militärischen Willkür bei der Einsetzung der Kaiser. Zwar waren die Prätorianer an der Ermordung der Senatskaiser beteiligt, aber dass Gordian überhaupt vom Senat zum *Caesar* ernannt wurde und damit nach dem Tod der Senatskaiser grundsätzlich als Kaiser in Frage kam, ging auf die Initiative des Volkes von Roms zurück. Daher kann man in seinem Fall auch nicht von einem Soldatenkaiser sprechen.

Das Werk Herodians endet mit der relativ nüchternen Auskunft über die beginnende Alleinherrschaft Gordians III. Auch die Historia Augusta stellt, wenn auch nicht ganz so sachlich, fest, dass der bisherige Caesar von den Soldaten, dem Senat und dem Volk in „überströmender Liebe“ zum Augustus ernannt worden war:

---

1 Lehmann (1911), S.,59, argumentiert, dass Gordian III. nur ein Kompromiss war, da besonders das Heer müde war.

2 Cf. Herodian. 2,15,1-5. Explizit sagt Herodian dies allerdings nicht. Vielmehr wird über die Angst des Septimius Severus vor einem aus reichem Senatsadel stammenden Clodius Albinus dessen Ernennung zum Casesar gesteuert. Dieser Erhebung stimmte der Senat jedoch umgehend zu. Prononcierter dagegen sieht dies Zimmermann (1999), S. 189-190.

3 Cf. Cass. Dio 73,15,1-2 und CIL VIII 1549; 17726 und 26498. Dazu Schumacher (2003).

4 Cf. Cass. Dio 75,4,1-2.

(...) cum extinctis Maximinis Maximus etiam et Balbinus militari seditione interempti essent, qui biennio imperaverant, Gordianus adulescens, qui Caesar eatenus fuerat, et a militibus et populo et a senatu et ab omnibus gentibus ingenti amore, ingenti studio et gratia Augustus est appellatus.

(...) nach dem Tod der beiden Maximine und als auch Maximus und Balbinus bei einer Militärrevolte getötet worden waren, die zwei Jahre geherrscht hatten, wurde der junge Gordian, der schon Caesar war, von den Soldaten, dem Volk, dem Senat und von allen Völkern aus sehr großer Liebe, Begeisterung und Dank zum Augustus ernannt.[1]

Allerdings bieten diese sehr kurz gehaltenen Informationen keinerlei Anhaltspunkte für den chronologischen Schlusspunkt des Sechskaiserjahres, weshalb für diese Frage die Münzen und Inschriften zu den wichtigsten Quellen werden.

Problemlos ist die Verwendung dieser beiden Quellengattungen jedoch nicht, da hier das Ergebnis nicht dasselbe ist. So hat SARTRE durch die Publikation einer zuvor nicht veröffentlichten Inschrift aus Syrien zu beweisen versucht, dass der *dies imperii* Gordians auf den 27. Mai zu datieren ist. In der Tat bietet die Inschrift eine taggenaue Angabe, womit der Text auf den 6. Tag vor den Kalenden des Juni datiert. Damit ist der 26. Mai als Anhaltspunkt beweisbar, aber nicht die Verbindung mit Gordian III. Der Herrschername ist nämlich radiert und SARTRE ergänzt [[Μ(άρκου) 'Αντων[ί]ου Γο[ρ]διανοῦ]],[2] bemerkt aber selbst, dass „Gordien III ne fut pas l'objet d'une *damnatio memoriae* et Philippe l'Arabe témoigna à son égard toutes les marques de la *pietas*."[3] Wie passt das also zusammen? An dieser Stelle muss der Name eines anderen Kaisers ergänzt werden. Es ist bereits dargelegt worden, dass die beiden Senatskaiser zwar nicht explizit einer *damnatio memoriae* anheimfielen, dennoch weisen Inschriften, die beide betreffen, Rasuren auf. Zieht man zusätzlich in Betracht, dass Pupienus einen Zug gegen die Sassaniden plante und die Inschrift zudem in Syrien gefunden wurde, erscheint es plausibler, dessen Namen in die getilgte Stelle einzusetzen, was auf Grund der Buchstabenzahl und desselben Pränomens möglich wäre: [[Μ(άρκου) Κλωδίου Πουπιενοῦ]]. Damit scheidet auf Grund dieser

---

1 HA Gord. 22,5.

2 Cf. Sartre (1984), S. 51.

3 Sartre (1984), S. 53.

zweifelhaften Beweislage ein so frühes Datum wie Ende Mai für einen denkbaren *dies imperii* Gordians aus. Einen weiteren Vorschlag machte CARSON, der den Regierungsantritt auf den 29. Juli datiert.[1] Grundlage seiner Überlegungen sind die alexandrinischen Prägungen für Gordian III. als Augustus des Jahres 238.[2] Das ägyptische Jahr endete am 28. August, damit gibt es einen klaren *terminus ante quem*. Da noch vor Ende des Jahres in Alexandria Münzen für Gordian als Augustus geprägt wurden, diese jedoch sehr selten sind, lässt das vermuten, dass der *dies imperii* des jungen Kaisers nicht lange vor dem Ende des ägyptischen Jahres gewesen sein kann.[3] Der Vorschlag CARSONS, diesen auf den 29. Juli des Jahres 238 zu legen, erscheint zwar auf Grund der sehr hypothetischen Zusammenhänge zu präzise, aber zumindest in diesem Zeitraum dürfte die Erhebung stattgefunden haben. Diese These unterstützt die Untersuchung von PINCOCK aus dem Jahr 1998, der argumentiert, dass nach dem 28. August – also für das „neue" ägyptische Jahr – Münzen für Gordian III. geprägt wurden, die die Averslegende ΟΣΣΕΒ trugen, allerdings ohne Zählung der Regierungsjahre; dies bedeutet, dass die Prägung aus dem ersten Herrschaftsjahr Gordians stammte, welches nach der indigenen Rechnung nach dem 28. August begann.[4]

2.5 Zusammenfassung: Die Chronologie des Jahres 238

Die literarischen Quellen lassen wenig Zweifel daran, dass die *plebs Romana* ein entscheidendes Interesse an dem jungen Gordian und seiner Ernennung zum Augustus hatte. Der Kaiser Maximinus Thrax und dessen Sohn waren die alleinige Wahl des römischen Heeres gewesen und beide Senatskaiser waren das Ergebnis einer für die Kaiserzeit einmaligen Machtdemonstration des Senats gewesen. Einzig Gordian III., der als Enkel des Gordian I. aus einer alten Patrizierfamilie stammte,[5] schien auch den Vorstellungen des Volkes zu entsprechen und fand Akzeptanz bei Senat und Heer.

---

1 Cf. Carson (1958), S. 191.
2 Cf. Carson (1958), S. 186.
3 Cf. Carson (1958), S. 187.
4 Cf. Pincock (1998).
5 Zu den Vorfahren Gordians III. cf. Grasby (1975).

Besonders für den Beginn der turbulenten Ereignisse des Jahres 238 bietet Herodian zuverlässige Anhaltspunkte, so dass der Ausbruch der Revolte in Afrika wohl sicher auf den 22. März datiert werden kann. Auch danach sind die zeitlichen Angaben bei Herodian, aber auch in der Historia Augusta, hilfreich, so dass man bis zum Tod der beiden Gordiane ein einigermaßen sicheres Zeitgerüst hat. Danach ändert sich das besonders bei Herodian, der nur noch Gegebenheiten hintereinander fügt, ohne zeitliche Fixpunkte. Wahrscheinlich waren die Ereignisse in den Monaten nach der Ermordung der älteren Gordiane derart verworren und spielten sich außerdem in verschiedenen Teilen des Römischen Reiches ab, so dass es nicht möglich war, diese von einem Standpunkt aus zusammen zu fügen.

Das Problem der Chronologie wird durch Datierungsangaben auf den erhaltenen Papyri des Jahres verkompliziert: Wie bereits angedeutet, verschieben die Daten auf den erhaltenen Papyri die Datierung um mehrere Wochen. Ein Beispiel ist P. Oxy XLIII 3107, der mit dem Datum vom 13. Juni 238 noch immer die beiden Gordiane als Augusti nennt. Das Problem scheint inhärent, doch wirft man einen Blick auf die Quellenlage der anderen beiden „Vielkaiserjahre“ 68/69 und 193, wo die Chronologie nicht solche Schwierigkeiten zeigt, stellt man fest, dass auch hier die Papyri der *communis opinio* widersprechen. So nennt ein Ostrakon[1], dessen Inhalt man auf den 20. Juli des Jahres 68 datiert, noch immer Nero als Herrscher, obwohl dieser zu dem Zeitpunkt bereits seit über einem Monat tot war.[2] Ein vergleichbares Beispiel findet sich auch für das Jahr 193. Ein Papyrus aus Arsinoites[3] – datiert auf den 19. Mai 193 – bezeichnet Pertinax als Αὐτοκράτορος Καίσαρος[4]. Pertinax wurde jedoch einen Monat vorher in Rom von Soldaten erschlagen. Man kann also deutlich erkennen, dass die Papyri als Quelle in einem Jahr, in dem die Kaiser rasch hintereinander wechseln, nicht sehr vertrauenswürdig sind.

Insgesamt sind von der althistorischen Forschung in der Vergangenheit diverse Vorschläge für die zeitlichen Abläufe des Jahres 238 vorgelegt worden, die im Anhang (S. 173-174) in einer Tabelle

—

1 Cf. O. Bodl. II 604.
2 Zu der Chronologie des Jahres 68 cf. Pfeiffer (2009), S. 3.
3 BGUI I 46.
4 BGUI I 46, Z. 23.

zusammengefasst sind. Der Überblick über die bisherigen Auseinandersetzungen mit der Chronologie des Jahres 238 zeigt drei Punkte besonders deutlich:

1. Die literarischen Quellen sind bisher immer nur für die Eckpunkte der Datierung herangezogen worden; alle anderen Angaben der Historia Augusta und Herodians galten als nicht zuverlässig. Dabei kann man nur durch eine Synthese beider Quellen erkennen, wie intensiv sich der Senat mit den Ereignissen in diesem Jahr auseinandergesetzt hatte. Nicht nur die Einsetzung der *XXviri* sprechen für die ungewöhnliche Lage der römischen Regierung, sondern auch die drei fast aufeinanderfolgenden Senatssitzungen zeugen von der Notsituation, in der sich der Staat befunden hat. Gleichzeitig stellte diese auch eine Möglichkeit für den Senat dar, um wieder die Zügel in die Hand zu bekommen und diese hat er, wenn auch nur kurzzeitig, genutzt.

2. Der Sieg über Maximinus Thrax und dessen Tod ist in allen zeitlichen Abläufen ein fixer Punkt, obwohl dieser seit seiner Deklaration zum *hostis publicus* durch den Senat für die Politik nicht mehr ausschlaggebend war – zumal er die Belagerung Aquileias nicht überlebt hatte.

3. Der *dies imperii* Gordians III. kann nicht definitiv bestimmt werden. Das „Schweigen“ der literarischen Quellen in diesem Fall beschränkt die Ermittlungen auf andere Quellen. Diese sind jedoch bedingt durch die rasche Abfolge der Kaiser in diesem Jahr in ihrer Chronologie nicht ganz zuverlässig, was wieder Raum für Spekulationen lässt. Da aber die meisten Forschungsmeinungen ebenfalls den Zeitraum zwischen Juli und August für realistisch halten, was auch der Tendenz der vertrauenswürdigsten Quelle, der alexandrinischen Münzen, entspricht, scheint diese Annahme haltbar.

So kommt man zu folgender chronologischen Abfolge für die Ereignisse des Jahres 238:

21./22. März	Beginn der Revolte
22./23. März (laut Herodian: 22. zur Mittagszeit)	Erhebung der Gordiane zu Augusti
„ein paar Tage später“	Abreise der Gordiane nach Karthago, von wo aus der Senat informiert wird
5./7. April	1. Senatssitzung, in der die Erhebung der Gordiane anerkannt und Maximinus Thrax abgesetzt wird
Zweite Hälfte April (nach 20 – 21 Tagen[1] = ca. 27. April)	Ermordung der beiden Gordiane in Africa
Kurz darauf	2. Senatssitzung: Wahl der XXviri
Kurz darauf	3. Senatssitzung: Ernennung der Senatskasier
Ende April/Anfang Mai	Zeitraum für den *dies imperii* der beiden Senatskaiser
Anfang August	Ermordung der Senatskaiser
Anfang/Mitte August	Gordian III. alleiniger Augustus = *dies imperii*?

1 Cf. Zonar. 12, 17.

3. Gordians Regierung

3.1 Ein „Kindkaiser“ und die Frage: Wer regiert eigentlich?

Als im Jahr 43 v. Chr. der spätere Augustus im Alter von 19 Jahren als Privatmann ein *imperium* erhielt, wurde er zusätzlich mit der Option ausgestattet, sich zehn Jahre vor dem damals gesetzlich vorgegebenen Mindestalter um Ämter des *cursus honorum*, inklusive des Konsulats, bewerben zu dürfen, und in den Senat kooptiert; Rom setzte damit für ihn die von Sulla eingeführte *lex Villia annalis* und die *lex de magistratibus* außer Kraft.[1] Was in diesem Jahr noch eine verfassungswidrige Beugung der Gesetze darstellte, wurde mit der Konsolidierung des Prinzipats fast zur Regel. Nicht nur dass die designierten Thronprätendenten oft noch nicht das vorgeschriebene Mindestalter für ein römisches Amt inne hatten, auch die tatsächliche Herrschaft wurde immer wieder von *adulescentes* oder *pueri* angetreten.

3.1.1 Welche Bedeutung hatte das Alter eines Kaisers?

Als im Jahr 275 der 75-jährige Tacitus zum Kaiser bestimmt wurde, bedurfte dies aus Sicht der antiken Historiographie einer Erklärung. In der Tacitus-Vita der Historia Augusta wird die Erhebung daher durch die Rede eines Senators folgendermaßen gerechtfertigt:

> *Enimvero si recolere velitis vetusta illa prodigia, Nerones dico et Heliogabalos et Commodos seu potius semper Incommodos, certe non hominum magis vitia illa quam aetatum fuerunt. Dii avertant principes pueros et patres*

---

[1] Diese Ausnahme, die für das Augustusteische Prinzipat zentral war, steht daher am Anfang der *Res Gestae* des Augustus: *Eo [nomi]ne senatus decretis honorif[i]cis in ordinem suum m[e adlegit C. Pansa et A. Hirti]o consulibus, con[sula]rem locum sententiae dicendae tribuens et imperium mihi dedit. Res publica, n[e quid detrimenti caperet, a] me pro praetore simul cum consulibus pro[viden]dum [iussit. P]opulus autem eodem anno me consulem, cum [cos. uterqu]e in bel[lo ceci]disset, (...)* (Mon. Ancyr. 1,1). Kienast (1982), S. 27-28 sieht mit Verweis auf Mommsen im Aussetzen des gesetzlich vorgeschriebenen Mindestalters ein Herrscherprivileg. Anders Harlow/Laurence (2002), S. 111.

patriae dici inpuberes et quibus ad suscribendum magistri litterari manus teneant, quos ad consulatus dandos dulcia et circuli et quaecumque voluptas puerilis invitet.
Wenn Ihr Euch wirklich an jene alten Ungeheuer erinnern wollt, ich nenne einen Nero, Heliogabal und Commodus oder eher Incommodus, waren jene Fehler sicher nicht die der Menschen mehr als die des Alters. Die Götter mögen bewahren, dass Kinder Kaiser, Unmündige Väter des Vaterlandes genannt werden und denen die Lehrer die Hand zum Unterschreiben halten, denen zum Konsulat Süßigkeiten gegeben werden und was auch immer die Lust des Kindlichen ermuntert.[1]

Den in der Historia Augusta ohnehin als „schlecht" gebrandmarkten Kaisern wie Nero[2], Heliogabal und Commodus wird hier unterstellt, dass ein Teil ihrer Untauglichkeit als Kaiser auf deren jugendliches Alter zurückzuführen ist. Daher seien die älteren Kaiser, in diesem Fall Tacitus, zu bevorzugen und *dii avertant principes pueros* – die Götter mögen verhüten, dass Kinder Kaiser werden. Bemerkenswert sind an diesem Redeausschnitt zwei Dinge: Erstens, dass die als negative Exempel hervorgehobenen *pueri* genau diesem Alter bereits entwachsen waren, weil alle drei deutlich älter als sieben Jahre alt waren, als sie zu alleinigen *Augusti* wurden.[3] Zweitens erhebt sich aus diesem Zitat die Frage, ob es in der Kaiserzeit doch ein „Altersempfinden" bei der Wahl des Kaisers gegeben hat. Oder war das an dieser Stelle tatsächlich nur ein rhetorischer Kniff

---

1 HA Tac. 6,4-5. Eine recht unwahrscheinliche Interpretation der Textstelle bietet Hartke (1951), S. 57, der dies als grundsätzliche Kritik der Antike an *pueri* als Kaisern sieht.

2 Neben der oben zitierten Stelle aus der Tacitus-Vita ist es in der Tat überraschend, wie oft auf Nero verwiesen wird. So gilt er in vielen Viten als Beispiel für einen schlechten Kaiser (MA 28, 10; Ver. 4,6, 10,8; Comm. 19,2; Heliog. 1,1, 18,4; Alex. 9,4; Aurelian. 42,2; Car. 1,3), dessen gewaltsamer Tod in den Augen der Historia Augusta gerechtfertigt war (Avid. 8,4; Heliog. 34,1), gefolgt von der *damnatio memoriae* (HA 19,13; Comm. 17,10).

3 Cf. Harlow/Laurence (2002), S. 37: "The period before the age of seven, *infantia*, was marked by a series of rituals and behavioural expectations. It was defined legally by the coming of the seventh birthday, associated with the physical loss of milk teeth, and socially by the commencement of participation in public and private cult."

des Autors der Historia Augusta, um die gut einjährige und relativ ereignislose Regierung des deutlich als *senex* zu klassifizierenden Tacitus zu rechtfertigen? Tatsächlich war es so, dass die „positive Konnotierung hohen Lebensalters durch die Griechen in der römischen Kaiserzeit eine ungeahnte Renaissance und weite Verbreitung“[1] erfuhr. Auch Gordian I. wurde unter anderem wegen seines Alters und der damit verbundenen Erfahrung als geeigneter Kaiser ausgewählt.[2] Schließlich ist unter diesen Gesichtspunkten die Wahl des Tacitus zum römischen Kaiser wohl als Notlösung zu sehen, die aus der gebotenen Notwendigkeit geboren wurde, die politisch ungünstige Situation des Interregnums zu beenden.[3]

Die römische Antike kennt den Begriff des „Kindkaisertums“[4] nicht, obwohl es auf den ersten Blick sowohl gegen die verfassungsrechtlichen als auch die erzieherischen Vorstellungen der Römer verstieß, wenn ein noch Minderjähriger den Kaiserthron bestieg. Doch in den Quellen der Kaiserzeit findet man keinen Autor, der direkt an „jungen“ Kaisern wie Nero oder Commodus wegen ihres Alters Anstoß nimmt. Vielmehr wurden auch diese an Hand der stilisierten Herrschertugenden und ihrer generellen Leistung als Herrscher beurteilt.[5] Das zeigt sich auch daran, dass sich für moderne Begriffe wie „Jugendalter“, „Teenager“ oder „halbwüchsig“ in der antiken Semantik kein Pendant findet. Wird mit dem Ausdruck „Jugend“ und seinen Synonymen das Alter zwischen 12/13 und 18/19 Jahren bezeichnet,[6] sind diese Grenzen in der römischen Zeit nicht definiert. „Die Antike begreift als Jugend einen Lebensabschnitt, der weder terminologisch noch zeitlich fest umrissen ist – so können Heranwachsende oder erwachsene Männer im Alter bis zu 50

---

[1] Brandt (2002), S. 173.

[2] Cf. Herodian. 7,5,4.

[3] Cf. HA Tac. 1 und 2; dazu Johne (2008), S. 379.

[4] Cf. Hartke (1951), der den Ausdruck ohne Differenzierung verwendet.

[5] Das änderte sich in der Spätantike. Ende des 4. und Anfang des 5. Jhs. wird das Problem der Qualifikation von Kindern und Heranwachsenden für das Herrscheramt kritisch hinterfragt. Cf. Rank (1998), S. 519. Ausführlicher und mit allen relevanten Quellen gestützt, ist die Darstellung von Schlange-Schöningen (1995), S. 23-34.

[6] Für die Stufen der kindlichen und jugendlichen Entwicklung cf. Engelmayer (1966), S. 22-28.

Jahren als *iuvenis* oder *adulescens* bezeichnet werden."[1] Auch wenn es im Lateinischen keine ausdrückliche Bezeichnung für das Jugendalter gab, hatte sich im Laufe der Zeit die römische Wahrnehmung von Heranwachsenden verändert.[2] So wurden nicht nur die designierten Principes als *principes iuventutis* bezeichnet, sondern auch andere Magistrate waren mit Heranwachsenden besetzt.[3] Es war nicht unüblich, dass „mit 18 schon in der Kaiserzeit junge Männer als Ankläger und Richter tätig (waren). Von diesem Alter erwartete man, dass jemand auf eigenen Füßen stehen konnte."[4] Dabei ist auch dieses Alter nicht als schematisch zu sehen, sondern eher symbolisch, da ein junger Mann in der Regel mit 16 die *toga virilis* erhielt,[5] und durch einen formalen Akt der Übergang vom *puer* zum Beginn der Jugend zelebriert wurde. Es erscheint weniger stigmatisierend, wie LEVI/SCHMITT es formulieren, dass sie endete, „wenn der junge Römer die ersten Ämter übernahm und so in die Erwachsenenwelt eintrat, womit ein wenigstens teilweise selbstbestimmtes Leben begann"[6]. Dennoch bleibt der altersfixierte Punkt für den Übergang in die Welt der Erwachsenen auch hier umstritten. Eine wichtige Rolle beim Erwachsenwerden spielte der *pater familias*, der nicht nur über das Vermögen des Sohnes, sondern auch über dessen Person bestimmte. Allerdings kann man davon ausgehen, dass diese Art des Einflusses im 3. Jh. n. Chr. nicht mehr dasselbe Gewicht hatte wie zu Zeiten der Republik. ARJAVA konnte zeigen, dass die *patria potestas* im Laufe der Kaiserzeit an Bedeutung verlor und in der Spätantike obsolet wurde.[7] Außerdem war diese Form der väterlichen Macht etwas ureigen Römisches, das andere Volksgruppen im *Imperium Romanum* – selbst nach der *Constitutio*

---

1 Christes/Klein/Lüth (2006), S. 72.

2 Cf. Christes/Klein/Lüth (2006), S. 74-76.

3 Cf. Harlow/Laurence (2002), S. 104-110.

4 Christes/Klein/Lüth (2006), S. 86. Dazu Horster (1996), S. 232, die auf städtischer Verwaltungsebene zusätzlich 25 als vorgegebene Altersgrenze für die Besetzung von Magistraten nennt. Allerdings ist die Belegung dieses Alters als *aetas minima* (S. 238) für die volle Aufnahme in den Stadtrat in den Quellen nicht belegt.

5 In der Kaiserzeit ist dieses Alter wohl nach unten zu korrigieren und eher mit 14 Jahren anzugeben (cf. Eyben (1973), S. 182).

6 Levi/Schmitt (1995), S. 84.

7 Cf. Arjava (1998), S. 153.

Antoniniana – nicht übernahmen.[1] An der Position des Vaters kann der Übergang eines *puer*/*adulescens* zu einem *iuvenis* in der Hohen Kaiserzeit nicht mehr festgemacht werden. Zusätzlich konnte EYBEN durch Auswertung der wichtigsten Quellen von der Republik bis zur Spätantike zeigen, dass sich mit der Gesellschaftsstruktur auch das Bewusstsein ihrer Mitglieder für die Dauer eines Lebensalters veränderte.[2] Daher besteht kein Einwand dagegen, weshalb die Gesellschaft der hohen Kaiserzeit „Halbwüchsige" nicht als *principes* hätte anerkennen sollen.

Es bleibt jedoch die Frage bestehen, ob es im Hinblick auf die oben zitierte Stelle aus der Historia Augusta im 3. Jh. eine Diskussion über das ideale Alter eines Kaisers gegeben hat, das letztendlich bei der Würdigung der Herrschaft eine Rolle spielte. Dazu werden im Folgenden die jugendlichen Vorgänger Gordians im Hinblick auf deren Herrschaftsakzeptanz- und ausübung untersucht und die gewonnenen Erkenntnisse dann auf diesen übertragen. Im Anschluss gilt das Augenmerk der Historia Augusta und der von ihr geführten „Kindkaiserdebatte".

3.1.2 Beispiele für pueri *oder* adulescentes *als* Augusti *vor Gordian III.*

Nero wurde nach der Adoption durch Claudius bereits mit 14 Jahren zum Senator und *proconsul* ernannt und 54 n. Chr. 17-jährig zum Augustus ausgerufen.[3] In der noch im selben Jahr erschienenen Satire *Apocolocyntosis* des Seneca wird der neue Prinzeps zum Gegenbild des ungeliebten Claudius aufgebaut. Dabei spielt jedoch die Jugend Neros im Vergleich zum älteren Adoptivvater keine Rolle.[4] Auch in der Darstellung des Tacitus ist das Alter Neros bei der Thronbesteigung nicht wichtig,[5] lediglich im Zusammenhang mit der Ermordung des Marcus Iunius Silanus und des dem Claudius auch nach dessen Tod treu ergebenem Narcissus werden Zweifel an dem *vixdum pueritiam egresso Neroni*[6] an-

1 Cf. Arjava (1998), S. 155.

2 Cf. Eyben (1973), bes. S. 151. Bemerkenswert ist auch, dass in der römischen Antike die Lebensalter je nach „Epoche" zwischen drei und sieben schwankten (S. 153-163).

3 Cf. Suet. Nero 8.

4 Cf. Schubert (1998), S. 15-28.

5 Cf. Tac. ann. 12,69,2.

6 Tac ann. 13,1,1.

gemeldet. Doch dient dieser Hinweis Tacitus hier nicht dazu, Nero wegen seines Alters grundsätzlich die Fähigkeit des Regierens abzusprechen, sondern um die charakterliche Schlechtigkeit dieses Kaisers darzustellen, der durch eine mordende Mutter seine Herrschaft sichern musste, wenn auch *ignaro Nerone*[1]. In der Nero-Vita Suetons kokettiert Nero lediglich mit seinem Alter, indem er nach seiner Wahl *ex immensis, quibus cumulabatur, honoribus tantum patris patriae nomine recusato propter aetatem* (von den gewaltigen Ehren, mit denen er überschüttet wurde, lehnte er nur den Titel „Vater des Vaterlandes" wegen seines Alters ab)[2]. Auch im letzten Kapitel seiner Vita maß Sueton die Herrschaftsleistung Neros nicht an seinem Alter.

> *Obiit tricensimo et secundo aetatis anno, die quo quondam Octaviam interemerat, tantumque gaudium publice praebuit, ut plebs pilleata tota urbe discurreret. Et tamen nori defuerunt qui per longum tempus vernis aestivisque floribus tumulum eius ornarent ac modo imagines praetextatas in rostris proferrent, modo edicta quasi viventis et brevi magno inimicorun malo reversuri.*
>
> Er starb im Alter von 32 Jahren an dem Tag, an dem er einst Octavia ermordet hatte und die Freude zeigte sich öffentlich als so groß, dass das Volk in der ganzen Stadt mit einer Filzkappe versehen, herumlief. Und dennoch fehlten diese nicht, die sein Grab lange Zeit mit Frühlings- und Sommerblumen schmückten, bald Bilder mit der Praetexta angetan auf der Rednerbühne aufstellten und bald Edikte wie von einem Lebenden und als würde er in Kürze zum großen Übel seiner Feinde zurückkehren.[3]

---

1 Tac. ann. 13, 1,1.

2 Suet. Nero 8. Ob das aber tatsächlich nur mit dem Alter zu begründet werden kann, bleibt fraglich. So lehnte z. B. Tiberius den Titel *pater patriae* von vornherein ab und auch Marc Aurel stimmte der Verleihung durch den Senat erst nach einigen Jahre zu. Bis Pertinax war der Titel *pater patriae* ein Bestandteil der kaiserlichen Titulatur, den man beim Herrschaftsantritt nicht automatisch erhielt, sondern sich in den Augen des Senats erst verdienen musste. Zur Annahme des Titels *pater patriae* durch Marc Aurel HA MA 12,7 und Aur. 9.3. Noch immer grundlegend Alföldi (1971). Zum Zusammenhang des *pater patriae* mit *pater familias* in der augusteischen Literatur Schönbeck (1998).

3 Suet. Nero 57,1.

Die Unterstützung des größten Teils des Volkes scheint Nero durch seine Untaten verloren zu haben, doch macht die Suetonstelle ebenso deutlich, dass es immer noch Leute gab, die ihn verehrten und seinen Tod nicht wahrhaben wollten. Lediglich an der zentralen Rolle, die seine Mutter am Anfang der Regierungszeit übernahm, kann man erkennen, dass der 17-jährige Sohn wegen seines Alters auf familiäre Unterstützung angewiesen war.[1] Seine Regierung stützte der junge Kaiser am Anfang nicht nur auf seine Mutter, sondern auch auf die Prätorianergarde, der Nero Versprechungen machte. Aber auch der Senat stand dem neuen Herrscher nicht negativ gegenüber.[2] Dies änderte sich erst, als er sich gewaltsam von seiner Mutter als Vormund befreite. Obwohl die Ermordung der Agrippina im März 59 nicht in Rom, sondern in Baiae stattfand, ist die Entschlossenheit und Grausamkeit, mit der Nero vorging, ohne vergleichbare Parallelen in der Kaiserzeit. Nachdem der eigentlich Mordanschlag, ein manipuliertes Boot, welches nach einem gemeinsamen Abendessen auf dem Meer mit der *Augusta* sinken sollte, scheiterte, schickte Nero seine Schergen, um das Werk zu vollenden.[3] Bis zu diesem Zeitpunkt war der junge Nero auch sehr beliebt beim römischen Volk. Als dieses sich nach dem Muttermord von ihm abwandte, bemühte sich der Kaiser dennoch, bei gleichzeitiger und endgültiger Abwendung vom Senat, die Gunst der *plebs* wieder zu erlangen.[4]

—

1 Cf. Suet. Nero 9 und Tac. ann. 13,5.

2 Cf. Cass. Dio 61,3,1; Suet. Nero 8; Tac. ann. ergänzt dazu, dass die Ernennung Neros auch in den Provinzen erfreut aufgenommen wurde.

3 Cf. Tac. ann. 14, 1-9. Allein die Länge von neun Kapitel zeigt, welchen Stellenwert dieser Mord für Tacitus in der Regierungszeit des Nero hat. Kürzlich fasste KEPPIE in einem Aufsatz diese Stelle folgerndermaßen zusammen: „One oft he most abhorrent events of Nero's reign, as viewed at the time and by commentators thereafter, was the premeditated murder oft he emperor's mother Agrippina in March AD 59, which some have felt marked the end of 'five good years' of Nero's reign, the *quinquennium Neronis*." (Keppie (2011), S. 33, für eine detailliertere Ausführung: S. 42-44).

4 Cf. Witschel (2006), S. 101-102; 112: Zu diesem Zweck stilisierte er sich als „jugendlicher Erneurer des Reiches", dessen erklärtes Ziel es war, „ein goldenes Zeitalter einzuläuten, an dem die gesamte Bevölkerung teilhaben sollte".

Commodus, der als leiblicher Sohn des Marc Aurel nach dessen Tod die Alleinherrschaft antrat, war bereits vorher zusammen mit seinem Vater *Augustus* gewesen.[1] Im Gegensatz zu Neros Nachfolge war seine lange vom Vater vorbereitet worden. Interessant ist, dass der Autor der Historia Augusta ausdrücklich darauf hinweist, dass für Commodus bei der Ernennung zum Konsul eine Ausnahme gemacht wurde, da er das gesetzliche Mindestalter noch nicht erreicht hatte: *post haec venia legis annuariae impetrata consul est factus*[2]. Das bedeutet, dass auch im 2. Jh. noch immer per Senatsbeschluss die *lex Villia Annalis* wie bei Augustus außer Kraft gesetzt werden musste.[3] Dennoch störte sich niemand daran, denn es scheint lediglich ein formaler Akt gewesen zu sein. Im Gegenteil – durch seine Förderung der Spielstätten Roms und seiner persönlichen Auftritte dort genoss Commodus bei der römischen *plebs* ein gewisses Ansehen.[4] Nur Marc Aurel lastete die Nachwelt an, dass dieser das bewährte Verfahren der Adoption und damit auch die Möglichkeit, den Besten für das Amt des römischen Kaisers auszuwählen, aus dynastischen Gründen aufgegeben hatte; insbesondere da er nach Herodian auch genau wusste, dass sein Sohn noch nicht reif genug für diese Aufgabe war.[5] Im Jahr 180 war Commodus 19 Jahre alt, damit nach römischem Verständnis[6] kein *puer* mehr und sogar zwei Jahre älter als Nero bei dessen Regierungsantritt. Doch auch hier machen die Quellen nicht das Alter des

---

1 Cf. Hammond (1956), S. 104-105, der zu Recht darauf verweist, dass sich Commodus trotz des *Augustus*-Titels mit seinem Vater nicht auf Augenhöhe befand, da er nicht *pontifex maximus* war.

2 HA Comm. 2,4. In 2,1 ist der Text verderbt. Das Kapitel beginnt: *„Cooptatus est inter † (...)“*. Der Variantenapparat verzeichnet für die älteste Handschrift P *quod*. Allerdings konjiziert Hohl in seiner Ausgabe *tressolos*, wohl Bezug nehmend auf *collegium sacerdotum* im Satz davor. Denkbar und vom staatspolitischen Vorgehen her wahrscheinlicher wäre, dass an der verderbten Stelle ein *senatum* einzusetzen ist. Damit entspricht der Beginn der politischen Karriere der des Augustus, was durch die ausdrückliche Erwähnung der beiden Ausnahmen vom Autor der HA parallelisiert wird.

3 Cf. von Saldern (2003), S. 24.

4 Cf. Witschel (2006), S. 103-104; bes. 119.

5 Cf. Herodian. 1,3,1.

6 Zum „römischen Verständnis“ der Altersstufen cf. Eyben (1973), S. 163-171.

Commodus für dessen misslungene Herrschaft verantwortlich, sondern seine grundsätzliche Charakterlosigkeit. So verwendet Herodian die Bezeichnung νέος[1], um zu verdeutlichen, dass Marc Aurels Sohn wegen seines Alters für Claqueure anfällig war und diese um sich scharte; auch hier geht das Alter nicht in die Wertung der gesamten Herrschaft ein. Cassius Dio bekennt, dass Commodus wegen seines Alters von seinem Vater einige Berater zugeteilt bekommen hatte, deren Rat er jedoch missachtete. Daraus und aus der Vernachlässigung der ursprünglich vom Vater erlernten Tugenden geriet seine Herrschaft vom rechten Weg ab.[2] Insgesamt wird Commodus – ähnlich wie Nero – vorgeworfen, dass er sehr argwöhnisch und in Bezug auf materielle Dinge sehr verschwenderisch gewesen sei.[3] Dennoch leitete er die Regierungsgeschäfte ohne familiäre Unterstützung und traf ebenso seine Entscheidungen. Damit kann Commodus als der „erwachsenste" der jugendlichen Kaiser in dieser Reihe gelten.

Die das 3. Jh. einläutende Dynastie der Severer fand ihr Ende nach der Regierungszeit zweier sehr junger Kaiser, die im Vergleich zu Nero und Commodus noch als *pueri* galten. Der 204 geborene Heliogabal war

---

1 Herodian. 1,6,1. Dazu Eyben (1973), S. 184: „Keineswegs immer hat ein Autor die Absicht, ein bestimmtes Alter anzugeben, das er häufig selbst nicht kennt. Im täglichen Umgang mit anderen Menschen zählt man nicht so sehr die Jahre, sondern lässt sich durch Eindrücke leiten. (…) Manchmal wird man einen jünger oder älter hinstellen, als er tatsächlich ist, um seine Verdienste zu unterstreichen, ihn zu verkleinern, um die Schwere einer Pflichtverletzung oder eines Fehltritts zu verwischen usw."

2 Cf. Cass. Dio 73,1,1-2; HA Comm. 1,5-7. Herodian. 1,2,2, erwähnt, dass Marc Aurel durch Heirat seiner Töchter mit einflussreichen Senatoren für Commodus ein zuverlässiges Netzwerk aufbauen und zurücklassen wollte. Doch genau die Summe dieser Bemühungen wird Marc Aurel von der modernen Forschung vorgeworfen, da im Alter auch seine Urteilsfähigkeit schwand und er *amici* um sich und seinen Sohn versammelte, die in sich selbst geeignete Kaiser und besonders geeignetere als Commodus sahen (Timonen (2000), S. 87).

3 Cf. Cass. Dio 73,3. Dazu HA Comm. 13, wo in einer für die Historia Augusta typische Art und Weise ausgeführt wird, dass ein „schlechter" Kaiser auch unmäßig im Weinkonsum ist.

14 Jahre alt,[1] als er den Thron bestieg, und bei seinem Tod 18.[2] Nach Herodian war es der Reichtum der Mutter, der die Soldaten dazu bewog, ihn zum Kaiser auszurufen. Folglich erledigten auch nach dessen Regierungsanritt seine Großmutter Iulia Maesa und Freunde die Regierungsgeschäfte.[3] Allerdings hatte Heliogabal am Ende seiner Herrschaft weder das Volk noch den Senat hinter sich, obwohl sich alle Gruppen und Institutionen anfangs dem neuen Kaiser unterwarfen.[4] Doch sowohl die fremde Religion, der er angehörte und zu deren Ausübung er auch den Senat zwang,[5] als auch sein übriger Lebenswandel kosteten Heliogabal die letzten Sympathien.[6] Nach vier Jahren wurde er schließlich ermordet und sein Cousin, Severus Alexander, der bereits Caesar[7] war, sein Nachfol-

---

1 Cf. Herodian. 5,3,3. Die Historia Augusta nimmt zu dem Alter des Heliogabal keine eindeutige Stellung. Hartke (1951), S. 206 argumentiert diesbezüglich, dass es sich dabei um einen kompositorischen Kniff des Autors handle, der somit erreicht, dass „gute“ Kindkaiser wie Severus Alexander und Gordian zusätzlich hervorgehoben werden.

2 Cf. Cass. Dio 29,20,2; Herodian. 5,8,10; HA Heliog. 17,2. Zur Darstellung der Regierungszeit des Heliogabal bei Cassius Dio und Herodian Scheithauer (1990), die die Abhängigkeit der beiden Quellen voneinander nachgewiesen hat.

3 Cf. Herodian. 5,5,1. Wie unbeholfen er aber tatsächlich war, ist unsicher, da z. B. die Historia Augusta berichtet, dass er sich von niemandem außer seiner Mutter etwas habe sagen lassen (HA Heliog. 2,1).

4 Cf. Herodian. 5,5,2. Dazu Witschel (2006), S. 122, der anfängliche Sympathien, besonders bei den Soldaten, einräumt; diese hatte Heliogabal jedoch sehr schnell verspielt.

5 Cf. Herodian. 5,5,7. Zur Missachtung des Senats HA Heliog. 6,2. Dazu Golfetto (2002), S. 184.

6 Die Vita des Heliogabal in der Historia Augusta ist voller Geschichten, die das ausschweifende und für einen Kaiser sehr unpassende Leben des Heliogabal aufzeigen. Dabei sind aber wohl nicht alle der Wahrheit entsprungen, denn vornehmliches Ziel des Autors war es, mit dieser Vita zu zeigen, dass es nicht nur Kaiser wie Augustus, Trajan, Hadrian und Marc Aurel gegeben hatte, sondern dass auch die Reihe der Tyrannen im 3. Jh. ihre Fortsetzer gefunden hat (HA. Heliog. 1,1-3).

7 Cf. Cass. Dio 80,17,2. Hammond (1956), S. 121-122 schließt nicht aus, dass Severus Alexander bereits unter Heliogbal Augustus wurde.

ger.[1] Auch dieser war noch ein Kind, 13, höchstens 14 Jahre alt,[2] als er römischer Kaiser wurde. Seine *toga virilis* hatte er bereits zusammen mit der Ernennung zum *Caesar* verliehen bekommen.[3] Im Gegensatz zu Heliogabal ließ er es zu, dass seine Mutter Iulia Mamaea zusammen mit seiner Großmutter Iulia Maesa, die schon zeitweilig unter Heliogabal versucht hatten, Einfluss zu nehmen, die Regierungsgeschäfte führten.[4] Nach dem Tod der Maesa[5] übernahm Mamaea die Aufgabe alleine.[6] Auch namentlich grenzte er sich von seinem Adoptivvater ab: Sofort nach dem Antritt der Alleinherrschaft legte er den Antoninus-Namen ab und nannte sich in Anlehnung an Septimius Severus und dessen Familie Severus Alexander. Als Caesar vom römischen Volk[7] und besonders von den Soldaten geliebt,[8] stützte sich die Herrschaft des jungen Alexander hauptsächlich auf die Akzeptanz des Heeres, das 235 auch nicht zögerte, ihn im Heereslager in Mainz – bezeichnenderweise in den Armen seiner Mutter – zu ermorden.[9] Nichtsdestoweniger gilt seine Herrschaft, insbesondere in der Historia Augusta, als vorbildlich.[10]

Die Kindkaiser bis zu Gordian III. zeichnen sich also, besonders am Beginn ihrer Herrschaft, durch eine spezielle Liebe aus, die ihnen vom römischen Volk entgegengebracht wird. Dass diese jedoch nicht der entscheidende Faktor beim Erhalt der Macht sein kann, zeigt meist deren Ende.

---

1 Cf. Cass. Dio 80,21, 1(1).

2 Cf. Herodian. 5,7,4; 5,8,10.

3 Cf. Hammond (1956), S. 120.

4 Cf. Herodian. 5,8,10 – 6,1,10.

5 Zum Todesdatum der Iulia Maesa s. Kettenhofen (1981).

6 So werden z. B. in CIL VI 2832 noch beide als *Augustae* zusammen mit Severus Alexander geführt, allerdings steht in CIL VI 2831 bereits nur der Name der Iulia Mamaea.

7 Cf. HA Alex. 2,2.

8 Cf. Herodian. 5,8,4.

9 Cf. Herodian. 6,9,6.

10 Cf. HA Alex. 65,1.

3.1.3 Gordian III. : Eine Ausnahme unter den Kindkaisern?

Auf den ersten Blick reiht sich Gordian in die Reihe der besprochenen Kindkaiser ein, doch eine Bemerkung in der abschließenden Würdigung seiner Vita in der Historia Augusta lässt gewisse Zweifel aufkommen:

> *Fuit iuvenis laetus, pulcher, amabilis, gratus omnibus, in vita iocundus, in litteris nobilis, prorsus ut nihil praeter aetatem deesset imperio. Amatus est a populo et senatu et militibus ante Philippi factionem ita ut nemo principum.*
> Er [Gordian] war ein fröhlicher junger Mann, schön, liebenswert, bei allen beliebt, im Leben angenehm, in der Wissenschaft hervorragend, geradewegs, dass für die Herrschaft nichts außer das Alter fehlte. Er wurde vom Volk, dem Senat und Heer geliebt, wie sonst keiner der Kaiser, vor der Heimtücke des Philipp.[1]

Der in einem Nebensatz versteckte Hinweis auf Gordians Alter geht im Lob des nächsten Satzes gänzlich unter. Demnach ist es m. E. recht unwahrscheinlich, dass es sich wirklich um eine direkt auf den jungen Kaiser bezogene Bemerkung handelt. So hat KOLB diese Passage in Verbindung mit dem oben behandelten Abschnitt aus der Tacitusvita[2] gebracht und darin einen Hinweis auf die Datierung nach 395 gesehen, da die Kritik an *principes pueri* in der Zeit virulent wurde.[3] LIPPOLD hingegen betrachtet die Klage über die Kindkaiser des frühen dritten Jhs. als Bestandsaufnahme dieser Zeit, ohne die Historia Augusta in die etwaige Epoche eines Honorius, Arcadius oder Valentinian III. datieren zu wollen.[4] Die Beantwortung der Frage nach dem Kindkaisertum Gordians muss daher gesondert betrachtet werden. In einem ersten Schritt werden die oben erarbeiteten Kriterien seiner Vorgänger auf Gordian angewendet, um dann auf dieser Grundlage in einem zweiten die von der Historia Augusta erhobenen Vorwürfe gegen Gordians Alter zu untersuchen. Da in dieser Vita und in der „Kindkaiserdebatte“ der Schwiegervater und spätere Prätorianerpräfekt Gordians, Timesitheus, eine gewichtige Rolle

---

1 HA Gord. 31,4-5.
2 Cf. HA Tac. 6,4-5.
3 Cf. Kolb (1987), S. 87. Dazu Schlange-Schöningen (1995), S. 23-34.
4 Cf. Lippold (1989), S. 214.

spielt, wird auch er einer abschließenden genaueren Betrachtung unterzogen.

3.1.3.1 Gordian III. in der Tradition anderer Kindkaiser

Bei der Betrachtung der jungen Kaiser vor Gordian III. sind besonders zwei Punkte bei allen zentral und einheitlich hervorgetreten: Erstens konnten sich alle – zumindest am Anfang ihrer Regierungszeit – ihrer Beliebtheit beim Volk versichern; zweitens basierte ihre Regierung auf der Unterstützung der Familie. Der Zuneigung des Volkes war sich der junge Gordian besonders sicher, da dieses ihn ja als Caesar vorgeschlagen hatte; doch gründete sich diese Beliebtheit auf seine Familie, namentlich seinen Großvater und Onkel, die allerdings das Jahr 238 nicht überlebten. Es bleibt also die Frage, wer dem Jungen am Beginn seiner Herrschaft zur Seite stand. WALLINGER hat zu Recht angenommen, dass der von der Historia Augusta konstruierte Stammbaum – insbesondere der Frauen – Fiktion ist.[1] Wie es um Gordians familiären Rückhalt in Rom bestimmt war, weiß man also nicht. DIETZ vermutet, dass der Vater Gordians wohl Mitglied des Senats gewesen ist, aber ob er den Herrschaftsantritt seines Sohnes erlebt hatte, bleibt ungewiss.[2] Doch besaß Gordian III. in der ersten Zeit wohl die Protektion des Senats, da dieser nicht so schnell bereit war, die neu gewonnene Macht wieder abzugeben, wenn dabei auch unklar ist, welche etwaigen Familienmitglieder diesem gegen Ende des Jahres 238 noch angehörten. Zwar sind die Quellen im Falle Gordians nicht ganz so aussagekräftig wie bei seinen Vorgängern, doch ist es sehr wahrscheinlich, dass er als Kindkaiser in diesen Punkten keine Ausnahme darstellte.

3.1.3.2 Die „Kindkaiserdebatte“ in der Historia Augusta und deren Tendenz

In einem Punkt unterscheidet Gordian sich jedoch von den anderen Kindkaisern. In der Historia Augusta bemerkt der Autor ausdrücklich, dass

---

[1] Cf. Wallinger (1990), S. 124-128; so auch Kolb (1987), S. 71.

[2] Cf. Dietz (1980), S. 174-175.

Gordian zu jung für das Herrscheramt gewesen sei.[1] Sowohl der diskutierte Abschnitt aus der Tacitusvita als auch diese Stelle bringen die „Kindkaiserdebatte" ohne Zweifel zu einem Höhepunkt – wenn es denn im 3. Jh. tatsächlich eine Debatte um das richtige Alter eines Kaisers gab. Weder Cassius Dio noch Herodian, die im Gegensatz zur Historia Augusta den Geschehnissen zeitlich deutlich näher waren, sahen die Regierung des jungen Gordian als ein Problem an. Herodian bezeichnet ihn zwar als παιδίον νήπιον[2], jedoch betrifft das die Phase, in der er als *Caesar* neben den Senatskaisern regierte.[3] Betrachtet man die beiden zur Diskussion stehenden Viten genauer, fällt auf, dass sie argumentativ und strukturell zusammenhängen. Verdächtig und gleichermaßen auffällig ist am Beginn der Vita des Tacitus der Konsul Velius Cornificius Gordianus, der die Senatssitzung, in der Tacitus zum Kaiser gewählt wurde, eröffnete.[4] Die Existenz eines Konsuls mit einem so ungewöhnlichen Namen ist nur an dieser Stelle der Historia Augusta belegt, weshalb schon früher zu Recht geargwöhnt wurde, dass es sich hier um eine Erfindung des Autors handelt.[5] Wenn dieser im Zusammenhang mit der Proklamation des Tacitus einen Konsul mit dem *cognomen* Gordianus ins Leben ruft, dann nicht ohne Hintergedanken. Der 75-jährige Kaiser Tacitus war das Gegenteil des 13-jährigen Gordian, der ebenso wie der Alte unter begeisterter Zustimmung aller Institutionen in das Kaiseramt gehoben wurde.[6] Ungeachtet der historischen Fakten[7] war es für den Verfasser der Historia Augusta zentral darzustellen, dass auch in einer zweiten Machtdemonstration nach dem Jahr 238, in dem Gordian III. als *Augustus* hervorging, der Senat keine Wahl getroffen hatte, welche auf Dauer Bestand haben sollte.[8] Nach einem sehr jungen Kaiser fällt die Entscheidung nun

—

1 Cf. HA Gord. 31,4. Zur Glaubwürdigkeit der Vita Burian (1963).

2 Herodian. 7,10,7.

3 Anders dagegen Kolb (1987), S. 53.

4 Cf. HA Tac. 3,2.

5 Cf. Barnes (1972), S. 159; Eck (1994), S. 118; Kreucher (2003), S. 105.

6 Cf. HA Gord. 22,5 und Tac. 2,1-2.

7 Tacitus war bei der beschriebenen Proklamation persönlich nicht anwesend. Cf. Johne (2008), S. 382-387.

8 Explizit betont wird die Macht des Senats in Tac. 12,1: *Nec tacendum est et frequenter intimandum tantam senatus laetitiam fuisse, quod eligendi principis cura ad ordinem amplissimum revertisset (...).*

zu Gunsten eines *senex*, der das andere Extrem darstellt.[1] Unter diesem Gesichtspunkt ist auch sowohl das Auftreten eines Gordianus als Rädelsführer als auch die deutlichen Anmerkungen über das Alter eines Kaisers zu sehen, weil so beide Viten miteinander verbunden sind. Die Verknüpfung der Tacitusvita mit der Vita der Gordiane haben bereits HARTKE und insbesondere KOLB festgestellt.[2] Völlig zu Recht sieht dieser in der Lebensbeschreibung Gordians III. die Darstellung einer Problematik, die im 3. Jh. noch nicht aktuell gewesen ist. Ich teile daher seine Auffassung, dass die beiden behandelten Viten ein Hinweis auf die Datierung der Historia Augusta in die Zeit nach 395 n. Chr. sind,[3] möchte diese These und ihre Begründung allerdings auf das Gesamtwerk der Historia Augusta ausdehnen. Bei einer Datierung in das 4./5. Jh. hat der Autor wahrscheinlich nicht nur in den bereits erwähnten Viten die Spuren seiner Zeit hinterlassen. Unter dem Einfluss seiner Abfassungszeit ist das gesamte Werk weniger als eine Sammlung von Biographien zu sehen, die wie bisher angenommen, in der Tradition des Sueton steht und deren Autor den absurden Anspruch auf Vollständigkeit verfolgt, sondern es handelt sich vielmehr um eine Zusammenstellung gezielter Einzelanalysen früherer Herrscher, die der instabilen römischen Regierung eine Hilfestellung sein wollte. Dies fällt bereits beim ersten Blick auf die Viten auf, da der Autor der Historia Augusta nicht alle Kaiser gleich behandelt. Bereits bei der Benennung der einzelnen Herrscher macht der Autor Unterschiede, wenn er Marc Aurel als *philosophus* bezeichnet und Claudius Gothicus und Aurelian mit dem Epitheton *divus* versieht. Die Exponierung der drei Kaiser gewinnt jedoch erst durch die These KOLBS, dass die Historia Augusta in die Zeit nach 395 zu datieren sei,[4] an Bedeutung. Bedingt durch die Kindkaiserproblematik im 4./5. Jh. wurde die Frage nach der Qualifi-

---

1 Cf. Rösger (1978), S. 16 sieht in beiden Kaiserdarstellungen keine Darstellung eines *optimus princeps*, wohl aber auch zusammen gehörende Komponenten.

2 Cf. Hartke (1951), S. 205-207; Kolb (1987), S. 52-54.

3 Nach wie vor anderer Meinung ist Lippold (1998), dessen Aufsatzsammlung zur Historia Augusta den Untertitel „eine Sammlung römischer Kaiserbiographien aus der Zeit Konstantins" trägt.

4 „Für die Datierung der Historia Augusta ist somit 395 nur ein terminus post quem, der durchaus eine Abfassung des Werkes sogar noch in die der 2. Hälfte des 5. Jhs. offen lässt" (Kolb (1987), S. 87).

kation zu junger Prätendenten auch in der Öffentlichkeit immer nachdrücklicher. Zur Lösung dieses Problems propagierte man diese Kaiser als in hohem Maße gebildet, was in der bildlichen Repräsentation als Darstellung mit Redegestus umgesetzt wurde.[1] Als ideale Vorbilder galten nun Kaiser, denen man einen hohen Bildungsgrad nachsagte, allen voran Marc Aurel.[2] Diese Tendenz ihrer Zeit findet man auch in der Historia Augusta. Durch die zusätzliche Bezeichnung *philosophus* wird Marc Aurel als besonders gebildet ausgewiesen, noch bevor der eigentliche Text einsetzt. In diesem Aspekt ist er allen anderen Kaisern überlegen und ein Vorbild, was gleich der erste Satz der Vita kundtut: *Marco Antonino, in omni vita philosophanti viro et qui sanctitate vitae omnibus principis antecellit* (...).[3] Mit diesem Bildungsideal, das in der Spätantike von einem guten Kaiser erwartet wurde,[4] spielt der Autor der Historia Augusta in den Viten der Kaiser, die ebenfalls das Gentilnomen Antoninus trugen. „Gute" und „schlechte" Kaiser werden daran gemessen, ob sie sich des Antoninusnamens als würdig erwiesen haben.[5] Am strengsten wird dabei die Severische Dynastie beurteilt.[6] Septimius Severus benutzte das berühmte Gentilnomen, um die Wirren nach dem Tod des Commodus zu beenden und sich in die pseudo-legitime Nachfolge des Marc Aurel zu stellen. Während die Historia Augusta dies noch relativ neutral hinnimmt und darin sogar eine besondere Ehre für Marc Aurel sieht,[7] fällt das Urteil über dessen Nachfolger deutlich härter aus: Weder Caracalla noch Heliogabal oder der Usurpator Macrinus haben sich durch ihren Lebenswandel und ihre Regierung als Träger des Antoninius-Namens für unwürdig erwiesen. Auf keinen Fall sind es Kai-

---

1 Überraschender Weise findet sich der Redegestus kaum auf den spätantiken Münzen, sondern v. a. auf Diptychen und anderen bildlichen Darstellungen. Dazu Raeck (1998), S. 519; Ronning (2007), S. 181.

2 Für die historische Figur Marc Aurels noch immer zentral Birley (2001).

3 HA MA 1,1. Dazu Scheithauer (1987), S. 69-70; Stertz (1977).

4 Cf. Schlange-Schöningen (1995), S. 34, der das Bildungsideal als Herrscherpanegyrik an Justinian exemplifiziert. Allgemein zur Rolle des Philosophen und seiner Erziehungsideale in der Kaiserzeit und Spätantike Hagl (1997), S. 82-86 und insbesondere Hahn (1989).

5 Z. B. HA Diad. 1,5; 6,2-3.

6 Untersucht und überzeugend interpretiert hat dies Scholtemeijer (1993).

7 Cf. HA Sept. Sev. 19, 1-3; HA Geta 2,2;

ser, die man sich zum Vorbild nehmen sollte.[1] Neben Marc Aurel, der in der Historia Augusta wegen seines Bildungsideals betont wird, hebt der Autor noch zwei weitere Kaiser wegen ihres politischen und religiösen Vorbildcharkters hervor: Claudius Gothicus und Aurelian. Deren Ausnahmestellung in der Vitensammlung wird in diesem Fall durch die Voranstellung eines *divus* vor den eigentlichen Namen betont. Claudius Gothicus verdient dabei zusätzlich Beachtung auf zwei Ebenen: einerseits wegen der konstruierten, fiktiven Rolle als Ahnherr Konstantins des Großen,[2] auf Grund derer die Historia Augusta ihm eine besondere Stellung zuschreibt,[3] da diese bekanntermaßen vorgibt teilweise während Konstantins Regierungszeit entstanden zu sein. Andererseits besaß auch die historische Leistung des Claudius II. Vorbildcharakter, da er trotz seiner kurzen Regierungsperiode von nur drei Jahren eindrucksvolle militärische Erfolge bei gleichzeitig politisch tadellosem Verhalten vorweisen konnte.[4] Dieser Punkt ist m. E. für den Autor der Historia Augusta der entscheidendere und wird daher wesentlich nachdrücklicher betont als die Pseudo-Verwandtschaft zu Konstantin.[5] Auch LIPPOLD diskutiert den panegyrischen Aspekt der *vita Claudii*, sieht den Grund dafür jedoch in der konstruierten Verwandtschaft zu Konstantin, woraus er auch das mögliche Entstehungsdatum der Historia Augusta, nämlich am Beginn des 4. Jh., ableiten möchte.[6] Allerdings übersieht er dabei, dass diese Be-

---

1 HA Opil. 7,7-8: (...) *si quidem solus Marcus nomen illud sanctum vitae genere auxisse videatur, Verus autem degenerasse, Commodus vero etiam polluisse sacrati nominis reverentiam. Iam quid de Caracalla Antonino, quidve de hoc potest dici? Postremo etiam quid de Heliogabalo, qui Antoninorum ultimus in summa inpuritate vixisse memoratur?*

2 Cf. Ronning (2007), S. 190; 227; Kolb (2001), S. 60. Zur Funktion dieser fiktiven Ahnherrenschaft in der Panegyrik Enenkel (2000), S. 102-105.

3 Cf. HA Claud. 1,1.

4 Zu der Person des Claudius Gothicus cf. Johne (2008), S. 297-324; Lippold (1992).

5 Das zeigt sich v. a. darin, dass Konstantin an zahlreichen Stellen der Historia Augusta unmittelbar apostrophiert wird, nur in der Vita des Claudius Gothicus nicht: Cf. HA Alb. 4,2; Geta 1,1; Heliog. 2,4; 34,1; Alex. 65,1 und Maximin. 1,1. Zur direkten Anrede Konstantins s. Straub (1952), S. 134-137.

6 Cf. Lippold (1992).

ziehung in der Historia Augusta nicht wörtlich zum Ausdruck gebracht wird. Am Anfang der Vita räumt der Autor lediglich ein:

> *Ventum est ad principem Claudium, qui nobis intuitu Constanti Caesaris cum cura in litteras digerendus est.*
> Nun ist man bei Kaiser Claudius angelangt, der von uns im Hinblick auf Kaiser Konstantin mit Sorgfalt literarisch zu würdigen ist.[1]

Wenn LIPPOLD Recht haben sollte und diese Vita (wie die gesamte Historia Augusta) an den Beginn des 4. Jhs. zu datieren wäre, um nicht nur Claudius II., sondern insbesondere Konstantin zu preisen, dann wäre ein Verschweigen der verwandtschaftlichen Beziehungen, ob fiktiv oder real, unerklärlich. Besonders in diesem Punkt wird deutlich, dass der Autor eine andere Intention verfolgte. Für ihn ist Claudius II. unter allen Kaisern – gemessen an der Kürze seiner Regierung – der erfolgreichste. Und was einen bedeutenden Kaiser ausmacht, wird in der Vita exemplarisch dargestellt, um es den Herrschern aus der Entstehungszeit der Historia Augusta vor Augen zu führen. Besonders auffällig ist dabei die Aureolusgeschichte, deren historischen Gehalt der Autor der Historia Augusta zu Gunsten des Claudius manipuliert hat.[2] Noch bevor der Kaiser den größten Triumph seiner Herrschaft, nämlich den Sieg über die Goten feiern kann, baut ihn die Historia Augusta als Bezwinger eines den Staat bedrohenden Usurpators auf.[3] Tatsächlich ergab sich Aureolus nach dem Tod des Gallienus freiwillig und wurde dann von den Soldaten des Claudius ermordet.[4] Die Episode passt in das Konzept des Autors, der im Folgenden den Ruhm dieses Kaisers noch weiter erhöht, indem er dessen Triumph über die Goten ausschlachtet. Auch hier werden Mut und Tapfer-

---

1 HA Claud. 1,1.

2 Cf. HA Claud. 5,1-3. So auch Lippold (1992), S. 386. Zuverlässiger ist die Überlieferung bei Zon. 12, 24-25, wo von der Karriere des Aureolus berichtet wird. Dieser hatte sich bis zum *dux equitum* hinaufgedient und lehnte sich 268 in Mailand gegen den Kaiser auf.

3 Interessant ist, dass in der Vita des Aurelian (16,1-3) diese Geschichte wieder aufgegriffen wird. Doch nun bietet der Autor verschiedene Möglichkeiten dafür an, wie es gewesen war. Die letzte Variante schließlich stellt sogar Aurelian als den „Bezwinger“ des Aureolus dar.

4 Cf. Johne (2008), S. 298-299.

keit[1], aber nicht zuletzt das Vermögen Claudius' eine Armee in nie zuvor gesehener Größe aufzubieten,[2] in den Vordergrund gestellt. Den Archetyp des Gotensiegers bewahrt der Autor der Historia Augusta, damit Claudius der Posterität als erfolgreicher Heerführer in Erinnerung bleibt. Im Gegensatz zu der Gelehrtheit eines Philosophen konnte man den jungen Kaisern des 4./5. Jh. diese Eigenschaft nämlich nicht zuschreiben, ohne dass sie auch tatsächlich etwas geleistet hätten. Der dritte Kaiser, der in der Vitensammlung des 4./5. Jhs. hervorgehoben wird, ist Aurelian.[3] Der Nachfolger des Gothicus gilt als der Vereiniger des Römischen Reiches,[4] was den Autor der Historia Augusta zu dem überragenden Fazit bringt, Aurelian sei der nützlichste aller Kaiser gewesen.[5] Neben dem militärischen Aspekt[6] kommt in seiner Vita noch ein weiterer Aspekt dazu, die Religion. Als Erbauer des *Sol Invictus*-Tempels hatte er den Kult dieses Sonnengottes in Rom etabliert.[7] Damit erklärt sich auch, warum dieser Kaiser in der Vitensammlung hervorgehoben wird: Die Verehrung des Sonnengottes und der damit verbundene *deus et dominus*-Gedanke Aurelians[8] waren zentrale Pfeiler seiner Herrschaft, die später vom christlichen Kaisertum aufgegriffen wurden.[9] Vor allem aus diesem Grund gehört der Herrscher für den Autor der Historia Augusta in die Reihe, wenn er sich auch mit der *crudelitas*[10] des erfolgrei-

---

1 Cf. HA Claud. 7,6.

2 Cf. HA Claud. 6,5-6.

3 Dieser Kaiser ist in der Forschung momentan sehr beliebt. So existiert neben dem Abschnitt in Johnes Handbuch (Johne (2008), 297-323, der Neuauflage der Biographie von 1999 (Watson (2004); eine weitere ausführliche Monographie aus den letzten Jahren zu diesem Kaiser ist Jacob (2004). Zur Münzprägung Aurelians cf. MIR 42.

4 Cf. HA Aurelian. 30,4; 32,4; 41,7 und überraschend auch in HA Alex. 64,1.

5 HA. Aurelian. 41, 6: *(…) neque utilior fuit quisquam.*

6 Aurelian als strenger Kriegsherr: HA Aurelian. 1,5; 7,3.

7 Cf. HA Aurelian. 35,3 und 39,6.

8 Darauf verweist weniger die Historia Augusta als vielmehr die Münzprägung Aurelians: RIC 305 und 306. Die gesamte Münzprägung Aurelians wurde vorgelegt in MIR 42.

9 Cf. Kolb (2001), S. 25.

10 Zu diesem Aspekt Aurelians cf. Mouchová (1972).

chen Feldherrn etwas schwer tut.[1]

Die „Kindkaiserdebatte“, welche die Historia Augusta in der Vita Gordiani und in der Vita des Tacitus führt, bezieht sich nicht auf die politische Situation des 3. Jhs., sondern auf die, in der die Sammlung entstanden ist. Gordian dient dem Autor hier nur als Beispiel, um seiner Gegenwart vor Augen zu führen, was dem Römischen Reich geschehen kann, wenn Kinder, die dieser Aufgabe nicht gewachsen sind, die Herrschaft innehaben. Als drei große Gegenentwürfe zu diesem Szenario dienen die schon durch den Titel der Vita herausgehobenen Lebensbeschreibungen des Marc Aurel, Claudius Gothicus und des Aurelian. Sie verkörpern, jeder auf seine Art, den idealen Kaiser. An Gordians Regierungsfähigkeit hat der Autor der Historia Augusta nie einen Zweifel gelassen.

3.1.3.3 Die Figur des Gaius Furius Sabinus Aquila Timesitheus

Vor dem gleichen Hintergrund, wie die „Kindkaiserdebatte“ betrachtet wurde, muss man auch die Figur des Timesitheus in den Blick nehmen, der einerseits die Vita Gordians in der Historia Augusta fast dominiert, andererseits jedoch historisch nur schwer zu fassen ist. Im Jahr 241 heiratete Gordian Furia Sabinia Tranquillina, die Tochter seines neuen Prätorianerpräfekten Gaius Furius Sabinus Aquila Timesitheus.[2] LIPPOLD argumentierte, dass die Machtübernahme des Prätorianerpräfekten der Grund für Herodian gewesen sei, sein Geschichtswerk davor abzuschließen, um nicht gezwungen zu sein, Stellung nehmen zu müssen.[3] Besonders in der älteren Forschung wird ein sehr negatives Bild des Timesitheus als Gegensatz zu seiner äußerst positiven Darstellung in der Historia Augusta aufgebaut.[4] So hat allen voran LEHMANN dem Schwiegervater Gordians vorgeworfen, dass er diesen „in seine Netze gelockt hät-

---

1 Cf. HA Aurelian. 31,4; 31;10; 44,1.

2 Cf. Kap. 4.1.2.1.

3 Cf. Lippold (1989), S. 215.

4 Auch die Bemerkungen des Zosimus zu Timesitheus fallen positiv aus; so lobt dieser ebenfalls dessen Bildung (Zos. 1,17,2) und interpretiert den Tod des Prätorianerpräfekten als Machtvakuum im Römischen Reich (Zos. 1,18,2). Umso unbegreiflicher ist es, weshalb Sommer (2004), S. 38 auf Basis dieser Quellenlage Timesitheus zu einer „Lichtgestalt ersten Ranges“ hochstilisiert.

te",[1] nur um dann „entschlossen", „zielbewusst" und „herzlos" seine eigenen Ziele zu verfolgen.[2] Das Urteil LEHMANNS ist umso überraschender, wenn man bedenkt, dass er als Quelle fast ausschließlich die Historia Augusta verwendet. Diese führt den neuen Prätorianerpräfekten im Zusammenhang mit der Heirat zwischen Gordian und dessen Tochter Furia Sabinia Tranquillina ein.[3] Der Kaiser strebte dabei angeblich an, mit diesem auf Grund seiner Beredsamkeit verwandt sein zu wollen und außerdem so die Möglichkeit zu haben, aus dem Einfluss seiner Mutter und deren Eunuchen zu entkommen.[4] Die wahrscheinlich unhistorische Nachricht vom Einfluss der Mutter spiegelt lediglich einen Topos wider, den man schon in den Viten der anderen Kindkaiser beobachten konnte: Der Einfluss der Familie, insbesondere der weiblichen Familienmitglieder, auf einen Prinzeps, der sich am Anfang seiner Herrschaft dessen noch nicht erwehren konnte und der für die Frauen des Kaiserhauses die Möglichkeit zur Machtausübung bedeutete. Für die weitere Charakterisierung des Timesitheus bedient sich die Historia Augusta eines fiktiven Briefwechsels, der das gute Einvernehmen und die Kooperation der beiden anschaulich darstellt. Trotz aller gestalterischer Freiheit, die sich der Autor ohne Zweifel erlaubte, bleibt die Frage bestehen, inwieweit die Vorwürfe gegenüber Timesitheus, er sei machtbesessen gewesen, haltbar sind. Ein gewisser Wille zur Macht ist dem Prätorianerpräfekten nicht abzusprechen, da er sonst das ihm dargebotene Amt nicht angenommen hätte. Doch darüber hinaus ist der Grund dieser Beziehung in der Person Gordians zu suchen. Wenn man bedenkt, dass dieser 13-jährig, also am Beginn der Pubertät und wahrscheinlich ganz ohne Familie und deren Unterstützung zum Augustus erhoben wurde, ist es nicht abwegig zu konstatieren, dass er sich nach Vertrauenspersonen in seinem Umfeld sehnte.[5] Es ist in

---

1 Lehmann (1911), S. 65.

2 Cf. Lehmann (1911), S. 67.

3 Cf. HA Gord. 23,6.

4 Cf. HA Gord. 23,7.

5 Cf. Zos. 1,17,2, der nicht ganz abwegig vermutet, dass Gordian mit der Ernennung seines Schwiegervaters zum Prätorianerpräfekten eine Lücke schließen wollte, welche er wegen seines jugendlichen Alters nicht ausfüllen konnte.

der Entwicklungspsychologie[1] schon lange bekannt, dass Kinder in diesem Alter, in einer entscheidenden Phase ihrer Entwicklung, sich Vorbilder suchen. Nicht nur die Eltern, sondern „auch Peers, Lehrer und andere Erwachsene [beeinflussen] die Normen und Werte von Kindern auf dem Weg des sozialen Lernens. Dabei variiert „die Menge des sozialen Lernens mit der Qualität der Beziehung zwischen dem Kind und einer anderen Person. Kinder imitieren häufig das Verhalten von Erwachsenen, mit denen sie eine positive Beziehung unterhalten, als das Verhalten anderer Erwachsener“.[2] Es ist vor diesem gedanklichen Hintergrund nicht unwahrscheinlich, dass Gordian sich vom Senat abwandte, um in seinen Augen „kompetentere“ und für ihn geeignetere Unterstützung zu finden. Dabei mag die Historia Augusta dann sogar Recht behalten, wenn sie behauptet, dass die Wahl des jungen Kaisers auf Timesitheus *causa eloquentiae*[3] gefallen war. Diese Möglichkeit zieht auch KOLB in Betracht, wenn er von einer „vaterähnlichen politischen Vormundschaft“[4] spricht. Nicht zuletzt die bewusste Verfremdung des Namens Timesitheus zu Misitheus macht deutlich, dass der in der Historia Augusta dargestellte eine rein fiktive Figur ist.[5] Dennoch gibt diese Gestalt ein weiteres Rätsel auf, wenn man aus der Historia Augusta erfährt, dass Timesitheus nach seinem Tod das römische Volk als Erben einsetzte.[6] Doch auch hier entlarvt KOLB dies völlig richtig als Kniff des Autors, um den verstorbenen Prätorianerpräfekten auch posthum als würdigen Vertreter

---

1 Die Ergebnisse der modernen Entwicklungspsychologie auf die antiken römischen Strukturen anzuwenden, ist in der Sache nicht unvereinbar, wenn man diese grundsätzlich als „Ausfaltung eines schon keimhaft und detailliert Angelegten zu seiner Endgestalt“ (Thomae (1958), S. 3) versteht. Außerdem entsprang diese Richtung der Psychologie ursprünglich einer „historischen Denk- und Betrachtungsweise“ (Engelmayer (1966), S. 13) der Wirklichkeit. Der gemeinsame Gedanke beider Disziplinen ist die Vorstellung einer Entwicklung in Stufen, die auch das Kinder- und Jugendalter betrifft (Engelmayer (1966), S. 20-25).

2 Siegler/DeLoache/Eisenberg (2005), S. 829.

3 HA Gord. 23,6; Zos. 1,17,2.

4 Cf. Kolb (1987), S. 84.

5 Cf. Kolb (1987), S. 69.

6 Cf. HA Gord. 28,1.

seines Amtes darzustellen.[1] Interessant ist allerdings, dass Timesitheus hier gleichsam als Kaiser zum Wohl seiner *plebs Romana* agierte, indem er das Volk selber zum Erben seines Vermögens einsetzte.

Abgesehen von der blumigen Gestaltung seiner Figur durch den Biographen ist die historische Gestalt des Timesitheus schwer zu fassen.[2] In bisher nur insgesamt drei bekannten Inschriften sind die Karriere und Ämter des Prätorianerpräfekten überliefert.[3] Aus CIL XIII 1807, die in Lyon gefunden wurde, erhält man Kenntnis von der Laufbahn des Timesitheus: Nach zahlreichen Procuraturen war er beim Perserfeldzug des Severus Alexander für den Nachschub verantwortlich.[4] Diese Position dürfte den historischen Timesitheus für den Posten des Prätorianerpräfekten qualifiziert haben. Die Heirat zwischen seiner Tochter Tranquillina und Gordian III. war die Besiegelung eines machtpolitischen Bündnisses, aus dem beide ihre Vorteile ziehen konnten. Welche das waren und inwieweit Timesitheus tatsächlich Ratgeber für Gordian war,[5] kann auf Grund der Quellenlage nicht beantwortet werden. Auch der dem Prätorianerpräfekten zur Last gelegte Vorwurf einer Säuberungswelle erhärtet sich auf dieser Quellenbasis nicht.[6] Wie sehr der Autor der Historia Augusta das Motiv der Beziehung zwischen Prätorianerpräfekt und Kaiser liebt, zeigt die Vita des Carus, Carinus und Numerianus, wo der junge Numerianus, der ebenfalls mit der Tochter eines Prätorianerpräfekten, Aper, verheiratet war, von diesem ermordet wurde.[7]

---

1 Cf. Kolb (1987), S. 88-98.

2 Neben der Historia Augusta ist Zosimus die einzige literarische Quelle, in der er überhaupt Erwähnung findet. Selbst die relativ zeitnahen Breviarien des 4. Jhs. schweigen sich über diese Figur aus.

3 Cf. CIL VI 1611; XIII 1807 und GLIC Mar 7. Dazu Dietz (1980), S. 294.

4 Die Fähigkeit des Timesitheus in diesem Amt bestätigt auch die Historia Augusta, deren Überlieferung an dieser Stelle zu vertrauen ist: HA Gord. 29,2.

5 So sieht Timesitheus vor allem die Historia Augusta in Gord. 31,1.

6 Cf. Kolb (1987), S. 72.

7 Cf. HA Car. 12,1. Dazu Kolb (1987), S. 60.

3.1.4 Zusammenfassung

Bereits der semantisch dünne Bereich des Lateinischen zeigt, dass die Römer einen Jugendlichen, der sich im Alter zwischen 14 und 18-20 Jahren befand, nur ungenügend bezeichnen konnten. In Anwendung auf die römischen Kaiser von Nero bis Severus Alexander, die sich in diesem Alter befanden, als sie *Augusti* wurden, hat die Untersuchung ergeben, dass deren Alter semantisch eine Grauzone gewesen war und die Bewertung ihrer Herrschaft im Hinblick auf ihr Alter nicht ausdrücklich wurde. Zwei Punkte haben sich bei allen vier Kaisern übereinstimmend gezeigt: Erstens die Liebe des Volkes, die zumindest am Beginn der Herrschaft diese auch trug und zweitens die Familienbande, die dem Herrschenden zur Verfügung standen, bis er sich emanzipiert hatte. Auch wenn im Falle Gordians die Quellen zu diesem zweiten Punkt nicht zuverlässig sind, so kann doch mit großer Wahrscheinlichkeit davon ausgegangen werden, dass auch er von Anfang an auf die Unterstützung von „Erwachsenen" zurückgreifen konnte. In allen Fällen fungiert das Volk als ideelle Basis der Macht und nach dem Tod eines Kaisers wird es in den literarischen Quellen zum Sprachrohr für die Bewertung der Leistungen dessen. Deutlich gezeigt hat sich aber auch, dass die Sicherung der Macht von anderen, meist senatorischen Stützen ausging. Brachen diese weg, endete auch die Herrschaft des betreffenden Kindkaisers – meist gewaltsam.

Was die Zuneigung des Volkes betrifft, so ist diese bei Gordian im Vergleich zu seinen Vorgängern mehr als deutlich den literarischen Quellen zu entnehmen. In dieser Hinsicht erweist er sich besonders gegenüber den anderen „Kindkaisern" als „echter" Kaiser der *plebs Romana* und als Kandidat des Senats gleichermaßen.

Diese Ergebnisse führen nun zu der Frage, inwiefern die von der Historia Augusta in der Gordian- und Tacitusvita geführte Debatte um die Eignung eines „Kindes" als Kaiser sich tatsächlich auf Gordian beziehen kann. Es wurde gezeigt, dass der Autor der Historia Augusta Gordian als Beispiel gewählt hatte, um ein Szenario für die Entstehungszeit der Vitensammlung zu entwerfen. In diesem Kontext sind auch die anderen Viten als „Lerneinheiten" der Kaiser des 4./5. Jhs. zu sehen. Die Figur des Timesitheus, die große Teile der Vita dominiert, ist in ihren wesentlichen Bestandteilen und Handlungen reine Fiktion des Autors der Historia Augusta. Eine direkte Einmischung des Timesitheus auf die Politik Gordians III. kann auf Grund der vorhandenen Quellenlage nicht rekonstruiert werden. Von einer effizienter arbeitenden Kanzlei unter der neuen Regierung zeugt die im Folgenden zu diskutierende Rechtsprechung.

3.2 Die Rechtsprechung

Der Regierungszeit Gordians werden im *Codex Iustinianus* 271 Reskripte zugeordnet,[1] was diese schriftliche Quellengattung zu der umfangreichsten für die Zeit des jungen Kaisers macht. Bedingt ist diese Anzahl durch die Vorgänger des Kaisers. Denn bereits unter Severus Alexander nahm die Anzahl der Antwortschreiben ab und für die Regierung des Maximinus Thrax finden sich im Codex nur vier Reskripte.[2] Wahrscheinlich war durch die jahrelange Kriegsführung und die kurze Regierungsdauer der Vorgänger Gordians einiges an Arbeit für die kaiserliche Kanzlei „liegen geblieben“, das nun aufgearbeitet werden musste. Dafür spricht auch, dass die Mehrzahl der Reskripte in die Jahre 239 und 240 datiert werden.[3] Neben der Menge der erhaltenen Rechtsbescheide ist auch die exakte Datierung heute nicht unproblematisch, da die Kompilatoren Justinians große Freiheiten bei der Zusammenstellung des Codex hatten.[4] Eine weitere Frage wirft die Nennung von Amtsträgern auf, die außer im *Codex Iustinianus* nicht belegt sind. So finden sich unter den Gesetzen Gordians potentielle Prätorianerpräfekten, die jedoch in keiner anderen Quelle erwähnt werden: Herodotus[5] und Ammonius[6]. Durch die Datierung der jeweiligen Reskripte käme man im Falle des

---

1 Cf. Kröner (2002), S. 160; Johne (2008), S. 633. Grundsätzlich zum römischen Privatrecht Kaser/Knütel (2003); Honsell (1997), Bretone (1992), Hausmaninger/Selb (1987) und Liebs (1975).

2 Cf. Johne (2008), S. 633. Zur Funktion und den Abläufen des Reskriptsystems cf. Honoré (1981), S. 24-53.

3 Für das Jahr 239 zählt die Verfasserin 40 Reskripte, 240 sind es 63 (!), 241/42 mit 21 und 28 Gesetzen bereits deutlich weniger und für die Jahre 243/44 jeweils nur noch 12 Gesetze.

4 Cf. Johne (2008), S. 633; Liebs (1975), S. 96-97; Bretone (1992), S. 251-252. Allgemein zur Entstehungsgeschichte und Bedeutung des *Codex Iustinianus* Schnebelt (1974), S. 17-22 und Leppin (2006).

5 Cod Iust. 5,11,2.

6 Cod. Iust. 6,45,2.

Herodotus auf eine Amtszeit um den 20. September 239 und bei Ammonius auf die Zeit um den 27. August 240. Mit Blick auf die bisherigen Prätorianerpräfekten[1] aus der Zeit Gordians sind zeitlich sowohl Herodotus als auch Ammonius denkbar. Für das Jahr 239 ist bisher kein Amtsinhaber bekannt, so dass nichts gegen Herodotus als Prätorianerpräfekt sprechen würde – auch wenn das oben zitierte Gesetz aus dem *Codex Iustinianus* der einzige Beleg ist. Neben Ammonius hat JOHNE für das Jahr 240 bereits einen gewissen Domitius identifiziert, der durch zwei Reskripte aus dem Codex auf den 21. Mai und den 3. November zu datieren ist.[2] Ammonius dagegen ist nur für den 27. August 240 greifbar. Dass er zwischenzeitlich Prätorianerpräfekt gewesen sein soll und dann wieder von Domitius abgelöst wurde, ist theoretisch denkbar, jedoch nicht sehr wahrscheinlich.[3]

Von den Adressaten der Reskripte lassen sich nur wenige als Personen bestimmen. Da die Masse der Antragsteller nur mit ihren jeweiligen Praenomina angesprochen wird, werden hier stellvertretend die weiblichen Empfänger und die Soldaten untersucht, da diese sich durch die Bezeichnung *miles* bzw. eines weiblichen Praenomens jeweils als Gruppe zusammenfassen lassen.[4] Ansonsten werden typische Felder des römischen Privatrechts betrachtet, wie das Erb-, Schuld- oder Vormundschaftsrecht, da sich daran zeigen lässt, inwieweit Gordian sich den Belangen der verschiedenen Berufs- und Bevölkerungsschichten im Römischen Reich angenommen hat. Dabei war es jedoch nicht nötig (und zeitlich nicht möglich), alle 271 Gesetze zu untersuchen, da die einschlägige Monographie von NICOLETTI (1981) vorliegt. Der Aufsatz von STERNBERG (1987) zur Rechtsprechung Gordians bietet ebenfalls eine Untersuchung einiger Reskripte auf soziologischer Basis.

—

1 Cf. Johne (2008), S. 1071-1072 mit den Quellen und der Literatur.

2 Cf. Johne (2008), S. 1071, der sich zu Recht auf Cod. Iust. 1,50,1 beruft.

3 Cf. Nicoletti (1981), S. 30 glaubt an die Authentizität der Datierung und damit an die Existenz eines Prätorianerpräfekten Ammonius. Eine ergänzte Liste der Prätorianerpräfekten unter Gordian III. findet sich im Anhang S. 173-174.

4 Ähnlich auch Sternberg (1989), der ebenfalls keine weiteren „Gruppen“ identifiziert.

3.2.1 Reskripte an Frauen

Die Anfragen, die weibliche Absender an die kaiserliche Kanzlei gerichtet haben, beinhalten neben Vormundschaftsfragen[1] v. a. Probleme des Eherechts und diverser finanzieller Ansuchen.[2] Schließt man die Reskripte mit finanziellem Hintergrund aus, dann bleiben tatsächlich nur noch vier, die sich mit zwischenmenschlichen Beziehungen und deren Rechtmäßigkeit befassen. Ein eindrucksvolles Beispiel ist Cod. Iust. 2, 11, 15:

> *Idem A. Sulpiciae. Decreto amplissimi ordinis luctu feminarum deminuto tristior habitus ceteraque hoc genus insignia mulieribus remittuntur, non etiam intra tempus, quo lugere maritum moris est, matrimonium contrahere permittitur, cum etiam, si nuptias alias intra hoc tempus secuta est, tam ea quam is, qui sciens eam duxit uxorem, etiam si miles sit, perpetuo edicto labem pudoris contrahit. PP. XVII IUL. GORDIANO A. ET AVIOLA CONSS.*
> Derselbe (Gordian) Antonius an Sulpicia. Den Frauen werden die Trauerkleidung und andere Zeichen dieser Art erlassen, nachdem durch eine Verordnung des hohen Senats die Trauerzeit für die Frauen verringert wurde. Es wird ihnen aber nicht gestattet, innerhalb dieser Zeit, nachdem sie der Sitte nach ihren Ehemann zu betrauern haben, wieder zu heiraten. Ferner wird auch, wenn (eine Frau) eine Ehe innerhalb dieser Zeit geschlossen hat, sowohl sie, als auch derjenige, der sie wissentlich zur Frau genommen hat, auch wenn es ein Soldat sein sollte, sich die Ehre nach dem allgemeingültigen Edikt beflecken. 15. Juni 239.[3]

Demnach hatte der Senat die offizielle Trauerzeit für Witwen verkürzt, es dennoch nach wie vor verboten, sich während dieser wieder zu verheiraten. Bei einer Zuwiderhandlung drohten Strafen und zwar beiden Ehepartnern, auch wenn der Mann ein Soldat war. Am Ende des Schreibens ist auf ein *edictum perpetuum* verwiesen. Diese in hadrianischer Zeit installierte Verschriftlichung der magistratischen Jurisdiktion hatte ur-

---

1 Dazu Kapitel 3.2.3.

2 Cf. Sternberg (1989), S. 173, der argumentiert, dass in der Regierungszeit Gordians im Vergleich zu seinen Vorgängern die Anzahl der Rechtsbescheide, in denen finanzielle Angelegenheiten innerhalb einer Familie zu einem Problem wurden, anstiegen.

3 Cod. Iust. 2,11,15 (Übersetzung nach Härtel/Kaufmann (1991), S. 55).

sprünglich nur eine zeitlich begrenzte Gültigkeit, doch im 3. Jh. waren diese längst eine Ergänzung zu den vorhandenen Gesetzestexten geworden, so dass sie neben einem *senatus consultum* zitiert werden konnten.[1] Die Zitation zweier juristischer Autoritäten in einem Reskript zeigt, dass es, bedingt durch die zahlreichen kriegerischen Auseinandersetzungen, ein Bedürfnis der Frauen gab, sich schnell wieder zu verheiraten, denn sonst hätte der Senat die Trauerzeit kaum verkürzt. Wahrscheinlich betraf dies besonders die ländliche Bevölkerung, wo die Hand eines (Ehe-)Mannes für die Bewirtschaftung eines Gutes notwendig war; außerdem befanden sich die meisten Legionslager und damit potentielle Ehemänner auf dem Land. Dass dies durchaus vorgekommen ist, obwohl Soldaten das Eingehen einer Ehe während ihrer Dienstzeit verboten war, zeigt die Wendung *etiam si miles sit* am Ende des Reskriptes.[2] Die Zuwiderhandlung in diesem eherechtlichen Punkt scheint in der Zeit Gordians so eklatant geworden zu sein, dass es eines erneuten und expliziten Verbots bedurfte. Doch offensichtlich unterlagen nicht nur Witwen und Soldaten bestimmten Regelungen, sondern auch die Beamten einer Provinz. In einem Antwortschreiben wird deutlich, dass eine Ehe zwischen einer Frau und einem Beamten, die *contra mandata principum* geschlossen wurde, erst dann gültig war, wenn dieser sein Amt niederlegte.[3] Bei diesem Gesetz handelt es sich nicht um ein „neues" aus der Kanzlei des Gordian, sondern von Iulius Paulus,[4] einem römischen Juristen und Prätorianerpräfekten unter Severus Alexander. Allerdings ist für dessen Regierungszeit kein vergleichbarer Fall im *Codex Iustinianus* überliefert.[5] Dennoch zeigt das Reskript, dass den Eheleuten an einem *conubium* gelegen war. Ein zweiter Punkt ist, dass es ein solches formalrechtliches Problem seit der *Constitutio Antoniniana* eigentlich nicht mehr hätte geben dürfen, doch „(...) die Abhängigkeit der Kolonen schuf ein der Sklavenehe ähnliches Problem. Unter Mißbrauch des Amtes in der Provinz hatten ferner manche Magistrate reiche Landestöchter geheiratet, das

—

[1] Zur Entwicklung des *edictum perpetuum* cf. Watson (1970), S. 105-119. Allgemein zu dieser Art der Rechtsprechung Bretone (1992), S. 102-110.

[2] Cf. Hausmaninger/Selb (1987), S. 144.

[3] Cod. Iust. 5,4,6. Dazu Schnebelt (1974), S. 196.

[4] Cf. PIR² I 0453-0454.

[5] Dazu Sternberg (1985).

wird nun (…) nicht mehr zugelassen".[1] Auch hier werden, wie im ersten Fall, rein zweckdienliche Ehen verhindert.

Ein sehr interessantes familienrechtliches Antwortschreiben betrifft zwar eine Frau, ist aber an einen Mann gerichtet: Es geht darin um eine Mutter, die den Tod (wahrscheinlich Mord) ihres Sohnes rächen möchte, dies aber erst darf, nachdem sie dem zuständigen Richter bewiesen hat, dass sie tatsächlich die Mutter des Toten ist.[2] Bereits im Zwölftafelgesetz wurde geregelt, dass Richter lediglich die Schuld eines des Mordes oder Totschlags Beschuldigten feststellen mussten, dann eine Bestrafung aber den Familienangehörigen oblag.[3] Dieses Reskript ist ein berechtigter Hinweis darauf, dass sich diese rechtliche Regelung bis ins 3. Jh. hinein wohl nicht wesentlich geändert hat, und vielleicht auch darauf, dass in diesem Zusammenhang Selbstjustiz verübt wurde, ohne dass eine familiäre Verbindung nachzuweisen war.

Im Falle finanzieller Fragen war die Stellung der Frau teilweise rechtlich davor geschützt, von ihrem Mann bewusst oder unbewusst finanziell übervorteilt zu werden. So musste die Ehefrau bei einem Verkauf von Teilen ihres Besitzes ausdrücklich zustimmen. Die Basis für diesen Schutz bietet das *SC Velleianum* aus dem Jahr 46 n. Chr.; darin werden die Gerichte angewiesen, keine Ansprüche gegen Frauen zuzulassen, die bereit sind, für die Schulden ihres Mannes einzutreten.[4] Mit dem Verbot einer *intercessio* beabsichtigte man, Frauen aus der Position eines Schuldners oder Bürgen herauszuhalten, da dies nach römischem Verständnis eine Obliegenheit der Männer war.[5] Auch in der Zeit Gordians wurde dieser Senatsbeschluss nur in seltenen Fällen außer Kraft gesetzt.[6] Dies lässt aber nicht den Zirkelschluss zu, dass Frauen in geschäftlichen Dingen eine Ausnahmestellung innehatten. Im Gegenteil sind für die Zeit Gordians drei Reskripte überliefert, die zeigen, dass Frauen auch schlechte Geschäfte tätigten und sich dabei ebenfalls verschuldeten.[7] In

---

[1] Hausmaninger/Selb (1987), S. 143-144.

[2] Cod. Iust. 9,1,9.

[3] Cf. XII tab. 8,2. Dazu Bretone (1992), S. 78, bes. Anm. 125; Liebs (1975), S. 260-263.

[4] Cf. Meder (2008), S. 75; Liebs (1975), S. 42-43.

[5] Cf. Liebs (1975), S. 43.

[6] Cf. Cod. Iust. 4,19,7; 4,51,2.

[7] Cf. Cod. Iust. 7,46,4; 8,34,2 und 8,41,17.

diesen Fällen wurden sie behandelt wie ein männlicher Bürger. Auch bei rechtmäßig abgeschlossenen Geschäften konnten solche nicht ohne weiteres rückgängig gemacht werden.[1] In diesen Zusammenhang gehören auch rechtliche Fragen die *dos* betreffend. An diesen Regelungen kann man erkennen, dass auch in diesem Bereich nicht alle Rechte oder finanziellen Anteile der Ehefrau oder deren Eltern automatisch auf den Ehemann übergingen. So mussten z. B. die Hochzeitsfeierlichkeiten vollständig abgeschlossen sein, damit der zukünftige Ehemann überhaupt pekuniäre Ansprüche gegenüber seinen Schwiegereltern geltend machen konnte.[2] Andererseits geht im Falle des Todes des Ehemannes das Verfügungsrecht über die Aussteuer nicht automatisch auf die Ehefrau über oder an deren Eltern zurück, sondern in Teilen auch an die Kinder;[3] stirbt hingegen der Vater der Braut, muss der Bruder für die Aussteuer aufkommen, denn solange eine Ehe besteht, hat der Ehemann einen Anspruch auf die Auszahlung der Aussteuer.[4] In solchen Fällen, in denen die Aussteuer der Schwiegereltern durch Schulden vorbelastet ist, werden zuerst die Forderungen des Staates bedient.[5] In den ehegüterlichen Entscheidungen geht es besonders um die *dos*, die in den strittigen Fällen hier immer dem Mann zugesprochen wird. Diese tendenziöse Rechtsprechung lässt vermuten, dass der römische Staat im 3. Jh. versuchte, die Stellung des Ehemanns zu stärken, vielleicht auch mit Hinblick auf einen bevorstehenden Kriegsdienst.[6]

Zusammenfassend kann man festhalten, dass in finanziellen Belangen zwischen weiblichen und männlichen Bürgern eine Art Ausgeglichenheit bestand. Zwar kann der Mann nicht unerlaubt über privates Vermögen der Frau verfügen, doch die bei der Hochzeit zu zahlende *dos* steht ihm

—

[1] Cf. Cod. Iust. 4,64,1. Dazu Schnebelt (1974), S. 49.

[2] So wird in Cod. Iust. 5,12,8 auf eine Anfrage reagiert, in der eine Mutter sich nach der Rückzahlung ihrer Aussteuer erkundigte, weil ihre Tochter während der Hochzeitsfeierlichkeiten verstarb. Die Kanzlei Gordians billigte ihr in diesem Fall die vollen Rechte an ihrem Besitz zu, welcher auch nötigen Falls einzuklagen wäre.

[3] Cf. Cod. Iust. 5,14,3.

[4] Cf. Cod. Iust. 6,20,5.

[5] Cf. Cod. Iust. 5,16,12.

[6] Zum Ehegüterrecht und der damit verbundenen Stellung der Frau s. Hausmaninger/Selb (1985), S. 151-155.

alleine zu. Tätigen Römerinnen mit ihrem eigenen Geld Geschäfte, sind sie dabei rechtlich den Römern gleichgestellt. Die deutliche Anzahl solcher Reskripte aus der Zeit Gordians zeigt, dass für die Behandlung dieser Problematik ein Bedarf bestand, dem sich die Kanzlei des Kaisers angenommen hat.

3.2.2 Reskripte an Soldaten

Während die Antwortschreiben der kaiserlichen Kanzlei in Falle der weiblichen Adressaten einen Querschnitt vieler Themen der Reskripte darstellen, sind die einzelnen Fälle, die für Soldaten entschieden wurden, deutlicher als solche zu erkennen. Die Rechtsbescheide stammen in der Mehrheit aus dem zweiten Buch des *Codex Iustianianus* und beinhalten v. a. Geld- und Schuldenregelungen. Das erste Reskript behandelt eine *stipulatio*, die nicht nach den offiziellen Bestimmungen geschlossen wurde und deren Einhaltung der Schuldner nun verweigerte.[1] Wahrscheinlich war die Vereinbarung nur mündlich geschlossen worden, aber in dem Antwortschreiben wird dem Soldaten Caecilius die Rechtmäßigkeit seines Abkommens bescheinigt und ihm sogar die juristische Unterstützung des Staates zugesichert, aber verbunden mit der Aufforderung, den juristisch richtigen Weg zu beschreiten;[2] dies ist wohl so zu deuten, dass es ihm nicht erlaubt war, das Geld auf eigene Faust einzutreiben. Über den Hintergrund des Schreibens an die kaiserliche Kanzlei ist nichts bekannt, aber vermutlich befand sich der Soldat einige Zeit nicht zu Hause, so dass sein Schuldner auf den Zeitfaktor vertraute. Für diese Annahme spricht, dass aus der Zeit Gordians noch mehr Fälle im *Codex Iustinianus* überliefert sind, bei denen die Abwesenheit eines Soldaten für diesen zum Nachteil zu werden drohte. So wird einem Soldaten beispielsweise das Recht zugesprochen, auch noch später als die gesetzlich vorgegebene Frist von fünf Jahren[3] nach dem Erwerb eines Gutes vom Kauf zurück-

---

1 Cf. Cod. Iust. 2,3,14. Zum Verfahren einer *stipultatio* Liebs (1975), S. 193-195.

2 Cod. Iust. 2,3,14: (…) *vel poenam stipulatione comprehensam more iudiciorum exiges. Nam bona adversarii tui in te transferri citra sollemnem ordinem frustra deprecaris.*

3 Zu dieser Frist s. Kaser/Knütel (2003), S. 262-273.

zutreten, da er sich ja im Staatsdienst befunden hätte.[1] Auch der Anspruch eines Soldaten auf komplette Wiedereinsetzung in seine alten Bestimmungen war, obwohl bereits davor gesetzlich verankert, explizit vom Kaiser verlangt worden:

> *Idem A. Muciano militi. Si intra annos, quibus in integrum restitutionis auxilium indulgetur, constitutus es vel eo tempore nomen militiae dedisti et expeditione occupatus es, continuatum beneficium restitutionis per usucapionem, licet ante militiam suppleta sit, non patitur te dispendio rei familiaris adfligi. D. VIIII K. NOV. PIO ET PONTIANO CONSS.*
> Derselbe (Gordian) Antonius an den Soldaten Mucianus. Wenn während der Jahre, in denen Hilfe zu deiner vollständigen Wiedereinsetzung gewährt wurde und du untertänig warst oder in dieser Zeit deinen Namen dem Kriegsdienst gegeben hast und warst an einem Feldzug beteiligt, wird die Vergünstigung der Wiedereinsetzungn durch die Usucapio fortgesetzt. Mag sie auch vor dem Kriegsdienst vervollständigt worden sein, wird es nicht zugelassen, dass du durch einen Verlust des Familienbesitzes unterdrückt wirst. 24. November 238.[2]

Dieses Reskript, das in die Konsulate von Pius und Pontianus, also ins Jahr 238 datiert wird, zeigt drei Aspekte: Erstens das *in integrum restitutio*-Verfahren stellte eine übliche zivilrechtliche Vorgehensweise dar, um den Besitz und den rechtlichen Status eines Soldaten in der Zeit seiner Abwesenheit zu schützen.[3] Dass dieser Sachverhalt hier am Beginn des Antwortschreibens noch einmal betont wird, zeigt, dass darüber nicht diskutiert werden musste, sondern dass es in einem zweiten Punkt vielmehr auch um den Umstand der Usucapio, d. h. der rechtmäßigen Ersitzung einer Sache geht. Offensichtlich hatte der Antragsteller nicht nur um die Einsetzung in seine früheren Rechte gebeten, sondern auch um die Anerkennung der Usucapio einer Sache; diese wird ebenfalls gewährt, da ihm keinerlei Nachteile durch mögliche Verluste entstehen sollten. Drittens ist an diesem Gesetz auffällig, dass trotz einer juristischen Tradition des *in integrum restitutio*-Verfahrens dieses in der Zeit Gordians wohl ins Wanken geraten sein muss. Dafür spricht, dass der

---

[1] Cf. Cod. Iust. 2,50,5.

[2] Cod. Iust. 2,52,3

[3] Cf. Bretone (1992), S. 106.

Absatz 52 des zweiten Buches des Codex erst in dessen Regierung eingeführt worden ist.[1] Auch in Cod. Iust. 2, 49, 1 geht es um die Forderung nach einer vollständigen *restitutio*. Allerdings ist diese Gesetzesstelle nicht so eindeutig wie die oben zitierte. Während im oben besprochenen Reskript[2] das *in integrum restitutio*-Verfahren als Selbstverständlichkeit aufgefasst werden kann, ist an dieser Stelle für den Soldaten Secundinus Abwarten bis zum offiziellen Abschluss des Untersuchungsverfahrens geboten:

> *Imp. Gordianus A. Secundino militi. Postulata in integrum restitutione omnia in suo statu esse debere, donec res finiatur, perspicui iuris est, idque curabit is, ad cuius partes es res pertinet. PP. XII K. IUL. GORDIANO A. ET AVIOLA CONSS.*
> Vom Kaiser Gordianus Antonius an den Soldaten Secundinus. Nachdem eine vollständige Wiedereinsetzung gefordert wurde, muss alles in seinem Zustand bleiben, solange bis die Sache beendet ist. Das ist klares Gesetz und der dafür Sorge trägt, zu dessen Teilen gelangt diese Sache. 20. Juli 239.[3]

Eine mögliche Erklärung für den Rechtsbescheid bietet die Datierung. Im Unterschied zu dem oben zitierten ist dieses Gesetz ein Jahr später unter dem ersten Konsulat des Gordian erlassen worden. Wahrscheinlich waren im Laufe dieses ersten Jahres zahlreiche Forderungen nach einem *in integrum restitutio*-Verfahren laut geworden, so dass die Kanzlei die endgültigen Entscheidungen entweder verschärfte oder zusätzliche Untersuchungen notwendig wurden. STERNBERG vermutet in diesem Zusammenhang auch zunehmende Fälle von Betrug, was ebenfalls eine Erklärung für die Gründlichkeit der Kanzlei wäre.[4]

Wie die *in integrum restitutio*-Regelungen gezeigt haben, war dem römischen Staat daran gelegen, dass den Soldaten aus ihrem Militärdienst kein Nachteil und insbesondere kein finanzieller entstand. Eine ähnliche

---

1 Auch Cod. Iust. 2,52,1 und 2,52,2 behandeln *restitutio*-Bestimmungen, die zwar auch jeweils einer Eingabe von Soldaten folgen, die allerdings vor dem Gesetz noch als minderjährig galten und daher erst im Absatz 3.2.3 behandelt werden.

2 Cf. Cod. Iust. 2, 52, 3.

3 Cod. Iust. 2,49,1.

4 Cf. Sternberg (1989), S. 171 mit besonderem Bezug auf Cod. Iust. 2,27,1.

Regelung findet sich in den Erbschaftsangelegenheiten für Soldaten und speziell für solche, die formell noch der *patria potestas* unterstanden. Dabei handelt es sich auch um Reskripte des oben zitierten 52. Absatzes, so dass wohl auch diese Fälle erst unter der Regierung Gordians vermehrt aufgetreten sind. Im ersten Reskript wird einem jungen Verletzten die volle monetäre Entschädigung für die Teilnahme an einem Feldzug zugesagt, obwohl er diesen nicht beenden konnte.[1] Ob dieser überhaupt wieder als Soldat wird dienen können und wie dann die weitere Vorgehensweise des Staates ausgesehen hätte, geht aus dem Bescheid nicht hervor. In einem ähnlichen Antwortschreiben bekommt der Adressat, der auch noch als Minderjähriger galt, zugesichert, dass er in vollem Umfang als Erbe seines auf einem Feldzug verstorbenen Vaters eingesetzt wird.[2] Gleichzeitig aber gab es auch im 3. Jh. Gesetze, die sicherstellten, dass die Soldaten während ihres Dienstes nicht durch rechtliche Dinge abgelenkt werden sollten. So war es für die Zeit des Militärdienstes nicht erlaubt, als Kläger für andere aufzutreten,[3] dafür durften sie aber einen potentiellen Erben nur für gewisse Zeitabschnitte einsetzen[4] und generell öffentliche Anklage erheben.[5] Interessant ist in diesem Zusammenhang noch das letzte Reskript, das aus der Zeit Gordians an einen Soldaten überliefert wurde: Wenn ein Soldat, der noch im Dienst stand, seine Frau des Ehebruchs überführt hatte, konnte dieses Vergehen weder in der Provinz, in der der Soldat stationiert war, noch außerhalb von dieser strafrechtlich verfolgt werden. Grundsätzlich hatte ein Soldat kein Recht, irgendetwas zu unternehmen: *(...) nec enim tempus, quo muneribus militaribus occuparis, vindictam tibi, quam martali dolore persussus resposcis, debet auferre.*[6] Diese Regelung verwundert zwar auf den ersten Blick etwas, doch wahrscheinlich wiederholte sich das Vergehen des Ehebruchs in den vielen Jahres des Krieges zu häufig und führte dazu, dass Soldaten

---

1 Cf. Cod. Iust. 2,52,1. Dazu Nicoletti (1981), S. 55-56.
2 Cf. Cod. Iust. 2,52,2.
3 Cf. Cod. Iust. 2,12,13.
4 Cf. Cod. Iust. 6,21,8.
5 Cf. Cod. Iust. 9,1,8. Dazu Schnebelt (1974), S. 50, der auf die *actio venditi* in diesem Reskript verweist.
6 Cod. Iust. 9,9,15.

mit den zivilrechtlichen Verfolgungen ihrer Ehefrauen beschäftigt waren, was sich wiederum negativ auf ihre Kampfmoral auswirkte.

3.2.3 Vormundschaftsfragen

Einen ebenfalls nicht unbeträchtlichen Teil der Reskripte nehmen Vormundschaftsfragen jedweder Art ein. Dabei handelt es sich nicht nur um Regelungen bezüglich der *patria potestas*, sondern auch der *tutela* und *cura*. Besonders im Falle der Minderjährigkeit des Hauskindes,[1] wo die Zuständigkeiten eigentlich rechtlich geregelt sein sollten, wurde immer wieder die kaiserliche Kanzlei um Unterstützung gebeten. So war einem Adressaten die Wiederaufnahme eines Prozesses verweigert worden, weil dessen Widersacher rechtlich noch minderjährig war.[2] Anders sah es jedoch in finanziellen Dingen aus. So konnte man mit Erlaubnis des Vaters als Bürge fungieren, sogar für den eigenen Vater,[3] doch musste dieser zustimmen, sonst war ein getätigtes Geschäft nicht rechtskräftig.[4] Zu diesen pekuniären Angelegenheiten wurden auch Sklaven gerechnet. Sollten diese durch ein Mitglied des Haushaltes – auch wenn jenes noch der *patria potestas* unterstand – rechtskräftig freigelassen werden, war die Handlung rechtskräftig.[5] Im Falle einer dringenden Loslösung von der *patria potestas* oblag diese Entscheidung dem *proconsul* und in zweiter Instanz beurteilte der Statthalter den Fall und entschied über die väterliche Gewalt.[6]

Ein großer Teil der Gruppe „Vormundschaftsfragen“ aus der Zeit Gordians beschäftigen sich mit den Rechten und Pflichten von *tutores* und *curatores*. Gleich drei Gesetze widmen sich der finanziellen Erfordernis, die an einen *tutor* gestellt wurde. So wurde im ersten ein Vertreter

---

1 Gemeint sind dabei die noch nicht 25-jährigen (cf. Kaser/Knütel (2003), S. 104).

2 Cf. Cod. Iust. 2,12,14. Wäre jedoch der Kläger und nicht der Beklagte minderjährig gewesen, wäre das Urteil nichtig gewesen (Cod. Iust. 3,6,1).

3 Cf. Cod. Iust. 2,22,1.

4 Cf. Cod Iust. 2,22,3. Sollte ein Minderjähriger bei einem Geschäft übervorteilt werden, ist dieses auch ohne die Einmischung des Vaters nicht gültig. Cf. Cod. Iust. 2,37,2; 2,39,1.

5 Cod. Iust. 2,30,2. Dazu Nicoletti (1981), S. 58-59.

6 Cod. Iust. 2,26,2.

dazu aufgefordert, seinen falsch vor Gericht beratenen Schützling dafür zu entschädigen,[1] während im zweiten Reskript ein offensichtlich weiblicher Vormund, der herausgefunden hatte, dass ihre Vorgänger ihr Mündel finanziell übervorteilt hatten, um Rat bat.[2] Im dritten Schreiben dieses Artikels schließlich erbat ein Tutor von der Kanzlei eine Art Generalvollmacht, um die Interessen seines Schutzbefohlenen in allen Belangen vertreten zu können.[3] Interessant ist dabei das Vokabular, dessen sich die Kanzlei bedient: Im ersten und dritten Reskript verwendet die Kanzlei explizit nur den Begriff des *tutor*, erweitert diesen jedoch im zweiten auf die Formulierung *administrationis a tutore gesta vel neglegenter acta a curatoribus.*[4] Juristisch machte dies im römischen Recht einen Unterschied. Ein *tutor* wurde nach der Rechtsordnung eingesetzt, um sämtliche Interessen, vor allem die Vermögensverwaltung zu übernehmen.[5] Einen *curator* dagegen stellte man Personen im Geschäftsleben an die Seite, wenn die Gefahr bestand, dass diese dort übervorteilt würden. In der Regel verstand man darunter Minderjährige, aber auch Abwesende oder Ungeborene.[6] Die Vollmachten eines *tutor* waren also umfassender und wurden bei einer Nichteinhaltung der Vorgaben oder bei einer Hintergehung des Schutzbefohlenen härter sanktioniert als die eines *curator*. Dennoch kann man die oben zitierte Stelle gleichzeitig als Warnung verstehen;[7] zwar wird der Adressatin Octaviana juristisch Recht gegeben, doch die umfangreiche Formulierung schließt eine Ermahnung für die Zukunft ein. Ebenso wurde die finanzielle Ausnutzung des Mündels geahndet, denn gerade davor sollte eine Vormundschaft schützen.[8]

Bei dem Verdacht der Veruntreuung gegen seinen *curator* oder *tutor* war die Rechtslage nicht ganz so eindeutig. Bei Cod. Iust. 5,43,6 handelt es sich um die Eingabe eines Onkels namens Felix, der die offiziell bestellten Vormünder seiner Nichten und Neffen im Verdacht hatte, ihre Aufgaben rechtlich nicht korrekt zu erfüllen. Die Kanzlei bot drei Mög-

---

1 Cod. Iust. 5,37,11.
2 Cf. Cod. Iust. 5,37,12.
3 Cf. Cod. Iust. 5,37,13.
4 Cod. Iust. 5,37,12.
5 Cf. Hausmaninger/Selb (1987), S. 161.
6 Cf. Hausmaninger/Selb (1987), S. 166.
7 Cf. Cod. Iust. 5,37,12.
8 Cf. Cod. Iust. 5,39,3.

lichkeiten an: Erstens war es möglich, nach dem Beweis der Schuld neue Vormünder zu bestellen; zweitens, wenn ihnen keine Absicht nachgewiesen werden konnte, diese bestellten Vertreter das Eigentum der Kinder aber nicht gut verwalteten, konnte der Statthalter entscheiden, ob ein weiterer neutraler Vormund eingesetzt werden konnte. Drittens konnte grundsätzlich von jedem ein Gesuch nach Entlassung der bisherigen Verwalter gestellt werden. Es wird deutlich, dass die kaiserliche Kanzlei Gordians nicht bereit war, sich hier definitiv festzulegen. Eine tatsächliche Entscheidung hat der Antragsteller Felix also nicht erhalten, sondern nur Vorschläge für weitere mögliche Verfahrensweisen.

Auch im nächsten Reskript ist die kaiserliche Reaktion sehr zurückhaltend:

> *Idem A. Gorginiae. Eum, quem ut suspectum tutorem vel curatorem accusas, pendente causa cognitionis abstinere ab administratione rerum tuarum, donec causa finiatur, praeses provinciae iubebit. Alius tamen interea in locum eius in administratione rerum ordinandus est. PP. VII K. MART. SABINO II ET VENUSTO CONSS.*
> Derselbe (Gordian) Antonius an Gorginia. Der Provinstatthalter soll befehlen, dass dieser, den du anklagst, ein verdächtiger Vormund oder Verwalter zu sein, durch den schwebenden Fall der Untersuchung von der Verwaltung deiner Dinge Abstand nehmen soll, solange bis der Fall beendet wird. Inzwischen soll dennoch ein anderer anstelle dessen in der Verwaltung bestimmt werden. 23. März 240.[1]

Die Adressatin ist in diesem Fall eine Frau, Gorginia. Sie fordert die Entlassung ihres Vormundes. Welche Position dieser genau innehatte, wird nicht deutlich, da auch hier die Formulierung *tutorem vel curatorem* gewählt wurde. Aber eine sofortige Reaktion, wie Gorginia sie sich offensichtlich gewünscht hatte, erfolgte nicht. Zuerst wurde der Fall verhandelt und solange der *suspectus* nicht überführt wurde, wurde er nicht seines Amtes enthoben, sondern der Statthalter stellte ihm für diese Zeit einen Stellvertreter zur Seite. An dem vorsichtigen Agieren in den beiden Fällen sieht man, dass zumindest in der Zeit Gordians die Einsetzung eines *tutor* oder *curator* sehr ernst genommen wurde. Verstanden als offizielle Person konnte dessen Tätigkeit nicht einfach auf Wunsch des Mün-

---

1 Cod. Iust. 5,43,7.

dels oder eines Angehörigen beendet werden. Nicht auszuschließen ist in diesem Zusammenhang, dass es gerade bei dem Bemühen eines Verwandten – wie des Onkels Felix – um die Vormundschaft nicht immer lautere Hintergründe dafür gab. Dafür spricht der erste Absatz eines Reskriptes, das eigentlich in einen anderen Kontext gehört. Offensichtlich bestach ein Verwandter (wieder ein Onkel!) die zuständigen Beamten, damit diese ihm die Vormundschaft übertrugen. Die Antragstellerin, die offensichtlich das Mündel war, entdeckte dies. Als Konsequenz forderte die Kanzlei den zuständigen Statthalter dazu auf, die schuldigen Beamten hart zu bestrafen.[1] Generell wurden die jeweiligen Magistrate bei der Wahl eines falschen, d. h. in der Regel insolventen Vormundes zur Rechenschaft gezogen.[2] Auch die tatsächliche Ablösung eines Vormundes war keine übereilte Angelegenheit, sondern ein sehr sorgsames Vorgehen: Der Statthalter musste dafür sorgen, dass derselbe Richter, der den früheren Vertreter eingesetzt hatte, nun wieder entschied.[3] Dass die Ämter des *tutor* oder *curator* nicht ohne finanziellen Anspruch auskamen, zeigt ein Fall, der zum ersten Mal unter der Regierung Gordians aufgetreten ist: Ein Mann klagte seine Vormundschaft ein, nachdem diese, die er sich offensichtlich mit anderen teilte und zeitlich befristet war, ausgelaufen war. Seine Kollegen hatten sich in dieser Zeit wohl Dinge zu Schulden kommen lassen, die Unschuld des Antragstellers wurde aber bewiesen, weshalb ihm auch Recht beschieden wurde und er weiter als Vormund bestellt werden musste.[4]

Dennoch war das Amt eines *tutor* oder *curator* nicht jedem willkommen, wie folgende Eingaben zeigen: So waren in der Zeit Gordians diejenigen von der Verpflichtung ausgenommen, die im öffentlichen Dienst oder beim Militär waren; bei Freigelassenen galt eine Ausnahme nur, wenn jemand nachweisen konnte, dass er für die Erledigung der Geschäfte seines Patrons unabkömmlich war.[5] Veteranen dagegen war es gestat-

---

1 Cf. Cod. Iust. 5,62,14. Um Minderjährige in geschäftlichen Belangen zusätzlich abzusichern, gab es für den Verkauf oder die Verschuldung von deren Besitz ebenfalls genaue Gesetze, die nur mit einem *decretum* außer Kraft gesetzt werden konnten: Cod. Iust. 5,71,2; 5,73,1; 5,73,2.

2 Cf. Cod. Iust. 5,75,3; 5,75,4.

3 Cf. Cod. Iust. 5,51,5.

4 Cf. Cod. Iust. 5,52,1.

5 Cf. Cod. Iust. 5,62,13.

tet, das Amt innerhalb einer bestimmten Frist abzulehnen.[1] Sollte eine selbstständig vorgebrachte Verweigerung nicht akzeptiert werden, sich der Prozess aber dennoch so lange hingezogen haben, dass die Betroffenen nun keines Schutzes mehr bedurften, sprich geschäftsfähig waren, war dennoch mit Konsequenzen zu rechnen.[2]

Zwei spezielle Formen der Vormundschaft stellten die Regelungen für einen geistig Verwirrten und die Adoption dar. Die Entscheidung bezüglich eines *furiosus* oder *prodigus* von der Kanzlei Gordians geht auf ein Reskript des Kaisers Caracalla zurück, in dem festgesetzt wird, dass oben genannten Personen auch nach dem Erreichen der Volljährigkeit ein *curator* an die Seite zu stellen ist.[3] In dem Gordianischen Rechtsschreiben geht es um einen Sohn, der um Rat wegen seines offensichtlich geistig verwirrten Vaters bittet. Die Antwort lautet, dass dieser sich um einen *curator* bemühen solle, der gegebenenfalls auch Geschäfte, die der nicht zurechnungsfähige Vater getätigt hat, revidiert.[4] Auffällig ist in beiden Reskripten, dass ausdrücklich nur von einem *curator* und nicht wie in den oben behandelten Fällen von *tutor vel curator* die Rede ist. Offensichtlich gab es in diesem Fall nur eine mögliche Rechtsform der Vormundschaft. Die ausdrückliche Regelung des zweiten Falls erscheint zunächst sehr überraschend, da diese spezielle Form, ein Kindschaftsverhältnis herzustellen, bereits seit republikanischer Zeit praktiziert worden war und dementsprechend ein erprobtes „Rechtsgeschäft" darstellte.[5] Daher handelt es sich in der nachfolgenden Gesetzespassage vermutlich um den Wunsch einer gewissen Marcia, einen Sklaven oder eine Sklavin zu adoptieren, was wohl mit Problemen verbunden war:

> *Imp. Gordianus A. Marciae. Hi, qui in aliena sunt potestate, iuxta ius civile non nisi apud eum, apud quem plena legis actio est, adoptari possunt. PP. K. IUN. GORDIANO A. ET AVIOLA CONSS.*

---

[1] Cf. Cod. Iust. 5,65,2. Dazu Sternberg (1989), S. 172.

[2] Cf. Cod. Iust. 5,62,15.

[3] Cf. Cod. Iust. 5,70,1.

[4] Cod. Iust. 5,70,3.

[5] Cf. Honsell (1997), S. 170; Hausmaninger/Selb (1987), S. 159.

> Der Kaiser Gordianus Antonius an Marcia. Diese, die unter fremder Vollmacht stehen, können unter dem Zivilrecht nicht adoptiert werden außer vor einem, bei dem die gesamte Gesetzesausführung liegt. 1. Juni 239.[1]

In diesem Fall wäre eine Adoption also nur möglich, wenn ein Magistrat mit kompletter Jurisdiktion zustimmen würde; auf der Basis des bestehenden *ius civile* ist dieser Fall nicht zu entscheiden und die Kanzlei möchte dies auch nicht, vielleicht auch weil dieser Titel erst in der Zeit Gordians eingeführt wurde und es noch keinen vergleichbaren Präzedenzfall gab.

Wie aktuell die Regelungen einer Vormundschaft unter der Regierung Gordians gewesen sein muss, zeigt der Titel LXIV *SI TUTOR REI PUBLICAE CAUSA ABERIT* des fünften Buches, der nur für diese Zeit belegt ist. In zwei Reskripten werden Fälle diskutiert, in denen ein *tutor* oder *curator* wegen staatlicher Belange nicht seiner Verpflichtung nachkommen kann. Geschah dies mit der Kenntnis der römischen Verwaltung, konnte der Vormund wegen Unregelmäßigkeiten in seiner Abwesenheit kein Vorwurf gemacht werden, sondern nur dessen Vertreter.[2] Der Betreuung eines Mündels wurde sogar so viel Bedeutung beigemessen, dass, wenn ein *curator* oder *tutor* wegen einer staatlichen Verpflichtung abwesend sein musste, dieser für das ganze darauf folgende Jahr freigestellt wurde.[3]

3.2.4 Erbschaftsangelegenheiten

Erbfolge und -rechtsbelangen wird in Gordianischer Zeit fast eben so viel Aufmerksamkeit gewidmet wie den Vormundschaftsregelungen. Das bereits im Zwölftafelgesetz installierte Intestaterbrecht ist dabei die älteste Form des Erbens oder Vererbens bei den Römern.[4] Dass diese Regelungen noch im 3. Jh. Gültigkeit hatten, zeigt ein Reskript, in dem der Sohn eines Verstorbenen einen Erbschleicher entlarvte, der sich als Sohn des Verstorbenen ausgegeben hatte und zuerst als Erbe eingesetzt wurde.

---

1 Cod. Iust. 8,47,1.
2 Cf. Cod. Iust. 5,64,1.
3 Cf. Cod. Iust. 5,64,2.
4 Cf. XII tab. 5,4: *Si intestato moritur, cui suus heres nec escit, adgnatus proximus familiam habeto.* Zu den Problemen des Instestaterbrechts s. Hausmaninger/Selb (1987), S. 395.

Kraft des Rechtsbescheides wurde er nun nachträglich enterbt.[1] Ebenso ist es gleichgültig, ob eine Ehefrau im Testament als *uxor* oder nur als *adfinis* bezeichnet wurde; sie musste als Erbin berücksichtigt werden.[2] Das heißt, dass nach der alten Erbfolge grundsätzlich die nächsten Verwandten berücksichtigt werden mussten. Wie umfangreich mögliche Ausnahmeregelungen im römischen Erbrecht waren, zeigt der nächste Fall: Zwei Brüder, von denen der eine noch unter der *patria potestas* des Vaters stand, wurde auch dieser als Erbe eingesetzt, der andere ging leer aus. In diesem Fall handelt es sich um eine *substitutio pupillaris*, bei der der Erblasser einen Unmündigen zum Erben einsetzt und „für diesen (der noch nicht testierfähig ist) kraft *patria potestas* einen Nacherben für den Fall bestellt, dass der *pupillus* zwar den Erblasser überlebt und beerbt, aber als Unmündiger stirbt".[3] Aus irgendwelchen Gründen wollte der Vater nicht, dass sein anderer Sohn etwas erbt und gemäß dem Reskript wird das auch so geschehen. Allerdings fügt die Kanzlei noch einen zweiten Absatz erklärend hinzu: Wenn der erbende Bruder bereits *sui iuris* gewesen wäre, dann wäre laut dem Intestaterbrecht der klagende Bruder völlig im Recht und als Erbe zugelassen.[4] Bei einer tatsächlichen Anfechtung eines Testamentes unterscheidet man auch, ob der Kläger die Anklage bis zum Urteil aufrechterhalten hatte und dann den Prozess verloren hat oder ob er die Anschuldigungen fallen ließ. Im zweiten Fall hat der Ankläger sein potentielles Anrecht auf seinen Erbteil nicht verloren, im ersten hingegen schon.[5]

Auch die tatsächliche Einhaltung testamentarischer Bestimmungen war im römischen Erbrecht von zentraler Bedeutung. So ist in Cod. Iust. 6, 40, 1 ein Fall überliefert, in dem eine Frau ihr Erbe zu verlieren droht, sollte sie dem Testament ihres verstorbenen Gatten zuwider handeln und nochmals heiraten. Auch hier scheint ein solcher Fall das erste Mal in Gordians Zeit vorzuliegen, denn das Reskript ist der erste Absatz unter dem Artikel.

---

1 Cf. Cod. Iust. 6,24,4.
2 Cf. Cod. Iust. 6,24,5.
3 Hausmaninger/Selb (1987), S. 409-410; hier bezogen auf Cod. Iust. 6,30,3.
4 Cf. Cod. Iust. 6,30,3.
5 Cf. Cod. Iust. 6,35,8.

Ein besonderer Bestandteil eines Testamentes war der Fideikommiss. Diese „formlosen Verfügungen von Todes wegen, *fidei commissa,* (...) waren ursprünglich nicht rechtsverbindlich, sondern, wie der Name sagt, der Pietät des damit Betrauten anheimgegeben“.[1] Dass sich diese Tradition im Laufe der Jahrhunderte jedoch weiter entwickelt hat, zeigt die Anzahl der Reskripte, die unter Gordian dazu verfasst wurden. Denn mit insgesamt drei ist das für einen Titel im Codex relativ umfangreich. Im ersten geht es allgemein um Personen, die mit einem Fideikommiss beauftragt werden können: „Derjenige, der weder ein Vermächtnis noch eine Erbschaft oder Schenkung von Todes wegen empfangen hat, kann mit keinem Fideikommiss beauftragt werden.“[2] Das darauf folgende Rechtsschreiben spezifiziert dann, dass der Ausdruck *volo* genügt, um den darauf folgenden Text als Fideikommiss zu verstehen.[3] Und letztlich wird in einem dritten Text klargestellt, dass eine solche Verfügung auch an mehrere Personen gleichzeitig gehen kann und wenn einer aus dieser Gruppe dieses Recht an die anderen oder einen anderen überträgt, muss das akzeptiert werden.[4] Dass mit einem Fideikommiss durchaus die Verwaltung eines Vermögens gemeint sein kann, zeigt Cod. Iust., 6,47,4, wo Auskunft über die Ausschüttung gegeben wird.

Interessant ist auch ein Reskript über die testamentarische Freilassung. Wenn das Vermögen eines Verstorbenen verschuldet ist, dieser aber einem Sklaven die Freilassung versprochen hat, hat dieser die Möglichkeit, sich frei zu kaufen. Bei diesem Gesetz bezieht sich die Kanzlei auf ein *constitutum* des Kaisers Marc Aurel, der schon einen entsprechenden Präzedenzfall geschaffen hatte.[5]

3.2.5 Zum Obligationsrecht unter Gordian III.

Bei diesem Rechtsverhältnis geht es nicht nur um pekuniäre Forderungen, sondern um Leistungen jedweder Art, zu der die Kläger oder Be-

---

1 Liebs (1975), S. 75.
2 Cod. Iust. 6,42,9 (Übersetzung Härtel/Fuhrmann).
3 Cf. Cod. Iust. 6,42,10.
4 Cf. Cod. Iust. 6,42,11.
5 Cf. Cod. Iust. 7,2,6.

klagten sich verpflichtet hatten.[1] In den Reskripten Gordians sind diese in ebenso zahlreicher wie variantenreicher Form vorhanden, so dass auch hier nur ein Querschnitt der zentralen Entscheidungen gegeben werden soll.

Grundsätzlich war es Amtspersonen – besonders in den Provinzen – nicht gestattet, Obligationen einzugehen.[2] Der Grund dafür liegt wohl in einer gewissen Abhängigkeit, in die sie sich, und sei es nur als *creditor*, begaben. Denn der römische Staat hatte seine eigenen Mittel, um Schuldner zur Begleichung ihrer Verpflichtung zu zwingen.[3]

Insbesondere im Todesfall waren Schulden damit keinesfalls beglichen, sondern gingen auf die Erben über.[4] Eine Ausnahme bestand nur darin, wenn ein Gläubiger ohne jeden Erben starb.[5] Bei den Inhalten der Schuldenrückzahlung legte der römische Staat großen Wert auf die Vermeidung von Wucher. Die Begründung dafür bietet Cod. Iust. 4,32,15, wo festgesetzt wird, dass es unrechtmäßig ist, wenn das Vierfache des verliehenen Betrages zurückgefordert wird, da im Falle einer Nichtzahlung die anzusetzende Strafe zu hoch ausfallen würde. Auch wenn anstatt mit Geld die Obligation durch ein anderes Gut zurückerstattet wird, muss die Verhältnismäßigkeit gewährt bleiben.[6] Gelang es einem Schuldner nicht, seine Schulden auf einmal zurück zu zahlen, musste auch mit den Anzahlungen gerecht verfahren und der neue Zins entsprechend berechnet werden.[7] Wenn ein Bürger mit seiner eigenen Person für seine Schulden haftete, muss dies nach der Rückzahlung sofort eingestellt werden, um eine eventuell daraus resultierende Schuldknechtschaft zu verhindern.[8] Trotzdem ist es überraschend, dass das „vielumstrittene altrömische“ *nexum* überhaupt noch praktiziert worden ist.[9]

---

1 Kaser/Knütel (2003), S. 197.
2 Cf. Cod. Iust. 4,2,3.
3 Cf. Cod. Iust. 4,15,3.
4 Cf. Cod. Iust. 4,18,1; ein Sonderfall ist Cod. Iust. 4,16,1.
5 Cf. Cod. Iust. 4,10,1. Dazu Schnebelt (1974), S. 165-166.
6 Cf. Cod. Iust. 4,32,16.
7 Cf. Cod. Iust. 4,34,2; 4,34,3; 4,34,4.
8 Cf. Cod. Iust. 4,35,6; 4,35,7.
9 Cf. Kaser/Knütel (2003), S. 243.

3.2.6 Verwaltungsrechtliche Angelegenheiten

Dieser Bereich umfasst alle möglichen Entscheidungen, die neben den privatrechtlichen Verfügungen für ein Leben im Römischen Reich ebenfalls von Nöten waren. Die meisten von ihnen sind im zehnten Buch des *Codex Iustinianus* zusammengefasst. Der erste Absatz befasst sich mit *de iure fisci* und bestätigt das Recht eines *procurators*, der für das Steuerwesen verantwortlich war. Nur wenn dieser eine selbstständig erstellte Steuerkalkulation auch abzeichnete, galt jene als offiziell.[1] In dessen Geltungsbereich fiel auch der Umgang mit Eigentum, das an die Staatskasse verpfändet war. Dieses konnte durchaus veräußert werden, aber bei der absichtlichen oder unabsichtlichen Erzielung eines nicht angebrachten Preises musste der zuständige *procurator* den Handel rückgängig machen und der Verkäufer den geprellten Betrag zusätzlich bezahlen.[2] Im nächsten Titel geht es um Schuldner beim Staat, die darum bitten, dass erst diejenigen von der Staatskasse verfolgt würden, die höhere Schulden hätten als sie; diesem Antrag gibt die Kanzlei statt.[3] Können die Schulden beim Staat trotzdem nicht beglichen werden, wird das Eigentum verkauft; dabei war es nicht nötig, dass dies in einer Auktion geschah, denn wie der verschuldete Besitz veräußert wurde, entschied die Staatskasse.[4] Diese Rechtsbescheide verdeutlichen einen Punkt: Bei aller Umsicht mit den römischen Bürgern, wenn es um finanzielle Belange ging, die auch den Staat betrafen, dann fand die liberale Rechtsprechung, die wir im privatrechtlichen Bereich gesehen haben, ein Ende. Wie die Nummerierung der Titel und Absätze zeigt, scheinen die meisten Probleme in dieser Form erst in der Zeit Gordians zum ersten Mal oder verstärkt aufgetreten zu sein.

Im Bezug auf die Freilassung eines Sklaven gab es für ihn und seiner Provinz- und Ortszugehörigkeit nach dessen *manumissio* genaue Vorschriften. Er musste sich dort melden, wo auch sein Patron gemeldet war und durfte sich seinen neuen Aufenthaltsort nicht selbstständig wählen.[5]

---

1 Cf. Cod. Iust. 10,1,2.
2 Cf. Cod. Iust. 10,1,3.
3 Cf. Cos. Iust. 10,2,1.
4 Cf. Cod. Iust. 10,3,2.
5 Cf. Cod. Iust. 10,38,2.

Auch die Wahrnehmung öffentlicher Ämter war einer bestimmten Jurisdiktion unterworfen. So durfte man erst nach Ablauf von fünf Jahren wieder ein öffentliches Amt bekleiden, handelte es sich um ein anderes, dann betrug das zeitliche Intervall drei Jahre, und als Gesandter mussten zwei Jahre bis zur nächsten Gesandtschaft verstreichen.[1] Von der Ausübung eines öffentlichen Amtes gänzlich entlastet werden, konnten nur die Personen, die durch Gesetz,[2] Senatsbeschluss oder kaiserlichen Erlass davon explizit befreit worden waren; in allen anderen Fällen musste der zuständige Statthalter entscheiden.[3]

Im Bezug auf militärische Belange zeigte sich der römische Staat teilweise milde. So erhielt ein begnadigter Deserteur nach Abzug der Zeit, in der er desertiert war, wieder seine vollen Bezüge.[4] Auch die Bezahlung eines Centurios wurde nach dessen Ausscheiden fortgesetzt, nach dessen Tod sogar an seine Erben.[5]

Für den Umgang der Gordianischen Regierung mit Petitionen von römischen Kommunen existiert eines der wichtigsten verwaltungsrechtlichen Zeugnisse aus der Zeit. Die besondere Bedeutung der sogenannten Inschrift von Skaptopara[6] liegt darin, dass sie nicht nur den gesamten Text einer Petition an den Kaiser wiedergibt, sondern auch die *subscriptio* des Kaisers mit dem Aufstellungsort in Rom und einen Teil einer Rede, die vor dem Statthalter von Thrakien gehalten wurde.[7] Der Bedeuutng der Inschrift entspricht die Menge der Literatur, die bisher

---

1 Cf. Cod. Iust. 10,40,2.

2 So z.B. Cod. Iust. 10,69,1, wo ein Vater von fünf Söhnen von der Übernahme eines städtischen Amtes befreit wurde.

3 Cf. Cod. Iust. 10,45,1. Ein solcher Fall ist in z. B. in 10,51,1 gegeben, wo ein früherer Amtsträger auf Grund von Blindheit seit Amt nicht mehr ausüben kann.

4 Cf. Cod. Iust. 12,36,5.

5 Cf. Cod. Iust. 12,43,1.

6 Publiziert als CIL III 12236 = IGBulg IV 2236. Die Inschrift ist im Original nicht mehr erhalten, sondern nur aus der Kopie des Griechen Konstantinos Kapellas und einem Teilabklatsch rekonstruierbar. Die genaue Fundgeschichte mit einem „Stemma“ der Kopien hat Hallof (1994), S. 405-413 dargelegt.

7 Cf. Hauken (1998), S. 97. Allerdings fehlt die Antwort des Statthalters komplett (Haloff (1994), S. 423).

darüber verfasst wurde. Bereits 1891 und 1892 hat sich MOMMSEN damit auseinandergesetzt; diesen anzweifelnd hat sich DESSAU (1927) ebenfalls der Inschrift angenommen; in der modernen Forschung beschäftigten sich vornehmlich WILLIAMS (1974), HERRMANN (1990), HALLOT (1994) und PAUNOV/DIMITROV (1996) mit den epigraphischen Überresten von Skaptopara. Die aktuellste Studie stammt von HAUKEN (1998), der zusätzlich eine komplette Bibliographie und eine Auflistung aller abweichenden Lesarten und Übersetzungen bietet. Allerdings lag bei diesen Beiträgen der Fokus der Diskussion auf der Subscriptio, in der die Vorgehensweise bei einer Eingabe und der Umgang mit den kaiserlichen Antwortschreiben skizziert wird.[1] Inhaltlich geht es um die Bitte der Bürger von Skaptopara, diese von der Verpflichtung zu befreien, verschiedenen vorbeiziehenden Gruppen unbezahlte Unterkunft und Verpflegung stellen zu müssen, zumal die meisten von ihnen keinen Anspruch darauf hätten.[2] Wie dringend diese Eingabe wirklich war, lässt sich nur schwer beurteilen, da die genaue geographische Lage des antiken Skaptopara heute nur bedingt zu lokalisieren ist und daher die wirt-

---

[1] In CIL III 12336 ist dieser Teil irrtümlich der eigentlichen Anfrage der Bürger von Skaptopara vorangestellt und stellt somit den Beginn der Inschrift dar: *Bona fortuna. Fulvio Pio et [P]o[n]tio Proculo cons. XVII Kal Ian descriptum [e]t reco[g]nitum factum [e]x [li]bro [li]bellorum rescript[o]rum a domino n(ostro) imp Ca[e]s M Antonio Gordiano pio felice Aug [e]t propo[s]itorum [R]oma[e] i(nfra) s(cripta) s(unt); dat(um) per Aur Purrum mil. Coh X pr [p f G]ordiana[e –] proculi con[vi]canu[m] et con[p]ossess[o]rem.* Der Überbringer der Petition, Aurelius Pyrrus, war als Prätorianer in Rom stationiert. Die Frage ist nun, ob er auch die Antwort entgegennahm oder eine beglaubigte Abschrift, die er unter Umständen sogar selber anfertigte. Die wahrscheinlichste Lösung des Problems bot dafür bereits Dessau, der argumentierte, dass keine der beiden Lösungen auszuschließen sind: „Der Umstand, daß die Skaptoparener sich für ihre Inschrift auf eine Abschrift des kaiserlichen Bescheids berufen, berechtigt nicht zu dem Schluss, daß sie keine Ausfertigung des Bescheids erhalten hatten, noch weniger zu dem, daß sie keine erhalten sollten oder gar zu dem, daß gewohnheitsmäßig damals oder schon seit langer Zeit direkte Bescheide nicth mehr erteilt worden sind“ (Dessau (1927), S. 213). Ihm folgend Williams (1974), S. 100 und Hauken (1998), S. 101.

[2] Cf. Z. 30-49; dazu Hauken (1998), S. 98; Dessau (1927), S. 205-206; Millar (2001), S. 543; Nicoletti (1981), S. 31-33.

schaftliche Situation und die Dringlichkeit des Anliegens des Ortes nicht zu bestimmen ist.[1] Vielleicht erklärt sich so auch die Reaktion Gordians. Anstatt, wie sich das die Skaptoparaner gewünscht hätten, durchzugreifen, verweist er diese auf den Statthalter ihrer Provinz mit dem Hinweis, dass diese Angelegenheit in dessen Zuständigkeitsbereich fallen würde. Betrachtet man sich einige Gesetze Gordians im *Codex Iustianianus*, dann überrascht diese Antwort allerdings keineswegs, denn auch an anderer Stelle wird in den Reskripten den Antragstellern nahegelegt, sich erst an den jeweiligen Provinzstatthalter zu wenden.[2] Dabei handelte es sich jedoch nicht um eine Ignorierung der Belange des Ortes Skaptopara, sondern wohl vielmehr um ein Bestehen auf die Einhaltung von Amtswegen. Die Behandlung bestimmter Belange fiel in den Zuständigkeitsbereich des römischen Statthalters, der zuerst angehalten war, eine Lösung zu finden. Erst wenn dessen Bemühungen nicht erfolgreich waren, stand es den Betroffenen frei, sich an Rom zu wenden. Damit grenzte man auch die Masse der Eingaben an die kaiserliche Kanzlei ein.[3]

3.2.7 Zusammenfassung

In seiner Rechtsprechung hat sich Gordian als Kaiser aller Schichten des Römischen Reiches gezeigt, die jedoch v. a. die Bürger schützt, die durch die kriegerischen Auseinandersetzungen der letzten Jahre in einen Nachteil geraten waren oder zu geraten drohten.

---

1 Aus der Inschrift (Z. 22-25) erfährt man, dass der Ort in Thrakien und nahe bei Militärlagern lag; in der Nähe waren außerdem heiße Quellen, die eine gewisse Attraktion ausübten. Einen Vorschlag zur Lokalisierung von Skaptopara haben Paunov/Dimitrov gemacht. Im Rahmen der Ausgrabungen in der Gegend, in der wahrscheinlich auch die diskutierte Inschrift gefunden wurde, wurde ein Siegelring mit der Inschrift Αὐρ(ηλίου) Πύρρου entdeckt, den Paunov/Dimitrov dem Aurelius Pyrrus zuordnen, der die Petition der Skaptoparaner in Rom an die *a libellis* „Behörde" übergab (cf. Paunov/Dimitrov (1996), S. 188). Stimmt diese Annahme, dann lässt sich der antike Ort mit dem heutigen Čeprašlăko, das nördlich von Blagoevgrad im südwestlichen Bulgarien liegt, gleichsetzen.

2 So z. B. in Cod. Iust. 2,26,2; 3,3,1; 3,6,1; 3,32,5; 3,36,7; 7,72,3; 8,13,9; 8,30,4; 8,41,14 und 8,45,12.

3 Zur Provinzverwaltung im 3. Jh. s. Johne (2008), S. 641-672.

Besonders deutlich wird dies in den Reskripten, die rechtlichen Schutz vor unrechtmäßiger Verschuldung bieten. Dies betrifft Frauen und Soldaten sowie Minderjährige, die noch nicht geschäftsfähig sind. Insbesondere der Fall, dass der Ehemann unzulässige Geschäfte mit Geldern seiner Frau unternimmt, ist juristisch verboten; eine Ausnahme stellt dabei nur die *dos* nach einer rechtmäßigen Eheschließung dar. Dass jedoch die wahrscheinliche Situation im Römischen Reich Frauen und Männer bzw. Soldaten dazu brachte, Ehen einzugehen, die vor dem Gesetz nicht als *conubium* galten, lässt Rückschlüsse auf die wirtschaftlichen Verhältnisse zu. Dennoch hat in dieser Hinsicht der Staat keine Ausnahmeregelungen erlaubt und blieb in seiner Rechtsprechung konservativ.

Die pekuniären Interessen von Soldaten waren während ihres Militärdienstes ebenfalls umfassend geschützt, so dass diesen durch ihre Abwesenheit kein Nachteil entstehen konnte. Gleichzeitig waren die Gesetze jedoch so formuliert, dass es Soldaten im Dienst nicht möglich war, umfassend juristisch tätig zu werden, insbesondere nicht in Vertretung für Zweite.

Bei den strengen Vormundschaftsregelungen steht ebenfalls der finanzielle Schutz der Minderjährigen und damit deren Zukunft im Mittelpunkt. Entsprechend schnell griffen Regelungen von Vormündern, die ihre Pflicht verletzten, und ähnlich schwer war es, sich aus einem solchen Bund wieder zu lösen, da er in aller Regel offiziell von römischen Magistraten geschlossen wurde. In einem vergleichbaren Kontext sind auch die Erbrechts- und Obligationsregelungen zu sehen; auch hier steht der Schutz des römischen Bürgers im Vordergrund.

Im Bezug auf die Interessen des Ortes Skaptopara kann man auch nicht davon sprechen, dass unter Gordian die provinzialrömische Bevölkerung vernachlässigt wurde; vielmehr kam es verwaltungsrechtlich darauf an, den „Dienstweg" einzuhalten. Über eine mögliche spätere Intervention des Kaisers in dieser Angelegenheit gibt es keine Zeugnisse.

NICOLETTI und STERNBERG haben in den Reskripten Gordians eine Sonderstellung der römischen Rechtsprechung sehen wollen,[1] jedoch handelt es sich hier um eine sehr zielgerichtete Politik, die die Versäumnisse der letzten Jahre aufholen musste: Auf der einen Seite wird den rö-

---

1 Cf. Nicoletti (1981); Sternberg (1989), S. 176.

mischen Bürgern wieder eine juristische Sicherheit gewährleistet und auf der anderen Seite werden durch die Rechtsprechung Gordians die Grundlagen für einen Staat gelegt, der sich nach den Thronwirren der ersten Jahre auch weiterhin im Krieg befinden wird. Damit passt sich der junge Kaiser den Gegebenheiten seiner Zeit an.

3.3 Die Religionspolitik

Das Verhältnis der römischen Kaiser zu ihren Staatsreligionen und -kulten im 3. Jh. wird gern als „wide-spread desire of purity“[1] definiert. Inwieweit dieses Urteil gerechtfertigt ist oder nur wegen der teilweise spärlichen Quellenlage gefällt wurde, muss an dieser Stelle unbeantwortet bleiben. Aber auch auf die Regierungszeit Gordians III. trifft es zu, dass seine heute noch nachvollziehbaren religiösen Handlungen spärlich bezeugt sind. Daher unterliegt die Analyse seiner Religionspolitik besonders der Notwendigkeit, alle verfügbaren Quellengattungen zu analysieren, um mögliche Zusammenhänge zu rekonstruieren. Die Frage ist, wie sich diese „Reinheit“ im Falle Gordians konkret gezeigt hat, und was sie für seine Stellung als römischer Kaiser eventuell bedeutete. Wenn die Einzelbetrachtungen dieses Kapitels unter dem Terminus „Religionspolitik“ subsumiert werden, dann um aufzuweisen, dass auch Gordian im Sinne augusteischen Handelns mit seinen religiösen Handlungen ein Ziel verfolgte.

3.3.1 Der Agon Minervae

Das wohl bedeutendste religionspolitische Ereignis der Herrschaft Gordians war der *Agon Minervae*.[2] Aurelius Victor berichtet vom Stattfinden dieses Wettkampfes wohl im Jahr 242:

---

1 Duthoy (1969), S. 127. Johne (2008), S. 927, bes. Anm. 1 bezeichnet diese Veränderungen in Anlehnung an Spengler als „zweite Religiosität“ im Sinne einer demonstrativen Rückwendung zu den traditionellen römischen Kulten.

2 Gerade weil dieser durch die Quellen so gut greifbar ist, ist er in der Forschung schon behandelt worden. Grundlegend ist dabei jedoch noch immer die Arbeit von Caldelli (1993). Zusätzlich zu den Capitolia sind von Bedeutung: Hardie (2003), Rieger (1999), Teja/Langenfeld (1998), Wallner (2002) und speziell zum *Agon Minervae* Gordians Wallner (2004).

Eoque anno lustri certamine, quod Nero Romam induxerat, aucto firmatoque (...).
Nachdem dieser den 5-Jahres-Wettkampf, den Nero in Rom eingeführt hatte, erweitert und bestätigt hatte (...).[1]

In der Tat hat Nero im Jahr 60 als Erster griechische Spiele innerhalb Roms abgehalten, die *Neronia*.[2] Allerdings geht der Agon im 3. Jh. auf Domitian zurück, da sich Neros Wettkampf wegen dessen *damnatio memoriae* nicht halten konnte.[3] Tatsächlich waren die Capitolia, die 86 n. Chr. Domitian eingeführt hatte, die einzigen Spiele, die bis zur Regierung Gordians innerhalb Roms stattfanden.[4] Die Gründe für eine, wie Aurelius Victor es formuliert, erweiterte und bestätigte Austragung des *Agon Minervae* unter Gordian sind oft und in überzeugender Wiese diskutiert worden. So gilt es inzwischen als *communis opinio*, dass die Einführung der Spiele im politisch-propagandistischen, aber auch religiösen Zusammenhang mit dem Aufbruch in den Perserfeldzug zu sehen ist und diese damit auch in das Frühjahr (wohl Juni) des Jahres 242 zu datieren sind.[5] Dass der Agon der Göttin Minerva gewidmet wurde, begründet WALLNER folgendermaßen: „Dieselbe Göttin, die Jahrhunderte zuvor den Griechen gegen die Perser zum Sieg verholfen hatte, sollte nun die Römer über denselben Feind triumphieren lassen. Mit diesem gezielten Rückgriff wurde die *expeditio orientalis* bereits im Vorfeld in die großen Auseinandersetzungen zwischen einer westlichen und einer östlichen Großmacht eingereiht und somit wohl auch das Bild eines Rache-

---

1 Aur. Vict. 27,7. Bestätigt wird das Ereignis durch den Chronographen des Jahres 354. Dazu Wallner (2004), S. 226.

2 Cf. Wallner (2004), S. 224. Offenbar war die Einführung dieser Spiele nicht ohne Proteste seitens der Römer vonstatten gegangen (Tac. ann. 14, 20-21 und dazu Wallner (2002), S. 20.

3 Cf. Wallner (2004), S. 224; ihm widerspricht Rieger, die einzig Domitian als Initiator dieser Spiele verstanden wissen will.

4 Cf. Wallner (1997), S. 79.

5 Cf. Wallner (2004), S. 227-228 mit Berufung auf Roberts (1970), S. 6-27, der diese Verbindung zuerst äußerte.

feldzuges evoziert bzw. propagiert."[1] So zutreffend diese Überlegungen auch sein mögen, ist die Dedikation des Agon an Minerva noch aus einem weiteren Grund geschehen: Die Agone, welche in der Stadt Rom abgehalten wurden, waren in der Regel eng mit der Capitolinischen Trias verbunden. Der Wettbewerb des Domitian war dem höchsten Gott, dem Iuppiter Optimus Maximus gewidmet,[2] für welchen Gott Nero seine Spiele abhielt, ist nicht geklärt. Dennoch ist die Widmung der Wettkämpfe von 242 auch vor diesem Hintergrund zu sehen. Ein Blick auf die stadtrömische Münzprägung Gordians zeigt, dass in vier der insgesamt fünf Emissionen der Gott Jupiter eine zentrale Rolle einnimmt;[3] Minerva hingegen erscheint nicht. Auf den Reversen der ersten drei Emissionen ist die Rolle des Gottes noch die eines Bewahrenden.[4] Die Legende lautet *Iovi Conservatori* und dargestellt wird Jupiter nur selten mit seinem Blitz,[5] dafür öfter mit Adler.[6] Dies ändert sich ab dem Jahr 241 und der herannahenden konkreten Kriegssituation. In der vierten Emission (nach RIC wohl 241-243) wird der höchste Gott auf den Reversen zu einem *Iupiter Stator* (*Iovi Statori*), also zu einem, der „die Feinde zum Stehen bringt".[7] Auch die Abbildungen der Reverse zeigen Jupiter nun nur noch mit Zepter und/oder Blitz. Das Besondere an diesen Prägungen ist, dass sie in dieser Form erst in der Zeit Gordians vermehrt geprägt worden sind. Zwar bilden Münzen Domitians auf dem Revers den Tempel des Jupiter Stator ab; allerdings ohne Legende[8] – und unter Antoninus Pius

---

1 Wallner (2004), S. 227-228. M. E. sind jedoch die weiteren Schlussfolgerungen, die Wallner an dieser Stelle aus dem Datum des *Agon Minervae* konstruiert, nämlich, dass dies auch der *dies imperii* Gordians gewesen sei, nicht haltbar.

2 Cf. Suet. Dom. 4,4, dazu Rieger (1999), S. 171-173.

3 RIC 145-147; 162 und 167a lassen vermuten, dass – bedingt durch die Kriegssituation – Mars die Rolle Jupiters eingenommen hatte.

4 Im RIC werden diese nach der *tribunicia potestas* auf die Jahre 238 – 239, 239 bzw. 240 datiert.

5 So nur auf dem Revers von RIC 2.

6 Cf. RIC 27, 50. RIC 16 zeigt auf dem Revers Jupiter und Gordian zusammen.

7 Cf. RIC 84, 85, 99, 100, 112, 118; nur RIC 136 bringt wieder *IOVI CONSERVATORI*, allerdings auch hier zusammen mit Zepter und Blitz.

8 RIC 381.

gibt es vereinzelt Prägungen mit der Legende *Iovi Statori*,[1] doch in dieser gezielten Häufigkeit sind diese Jupiter-Prägungen zum ersten Mal in den Emissionen Gordians zu finden. Die Bedeutung des Gottes für den jungen Kaiser wird dadurch akzentuiert, dass sich seine Darstellungen ausschließlich auf höheren Nominalien wie *Antoniniani* und *Aurei* finden.[2] Schlussendlich schließt dieser Befund die Begründung WALLNERS für die Widmung von Gordians Agon an Minerva nicht aus, aber es ist ebenso möglich, dass der Kaiser nur auf Minerva auswich, weil der eigentliche Gott, den er hätte wählen wollen, schon der „Schirmherr" von Domitians Spielen gewesen war. An einer simplen Nachahmung des Agon war dem jungen Kaiser offensichtlich nicht gelegen. Außerdem will WALLNER in diesem konkreten Fall Minerva mit Athena Promachos identifiziert wissen, also auch als eine Göttin, die wie *Iuppiter Stator* aktiv auf die Feinde einwirkt.[3] Diese ikonographische Verbindung kann schwerlich ein Zufall sein. Neben dem Zeitraum des Agon sind auch Ablauf und nochmalige Veranstaltungen des *Agon Minervae* in den letzten Jahren gut bearbeitet worden. So konnte WALLNER die bekannten Sieger, den Ablauf und die weiteren Wettkämpfe im Verlauf des 3. Jhs. rekonstruieren.[4]

3.3.2 Die fratres Arvales[5]

Die Akten der Arvalbrüder sind inschriftlich belegt und führen den Nachweis für ihre Zeremonien und Mitglieder von 21 bis 304 n. Chr., also fast 300 Jahre lang.[6] Für die ansonsten unbekannte Göttin der Gemeinschaft,

---

1 RIC 607.

2 Lediglich bei RIC 112 handelt es sich um einen Denar und bei RIC 118 um einen Quinarius.

3 Cf. Wallner (2004), S. 227. Zu Athena Promachos Villing (1998).

4 Cf. Wallner (2004), S. 229-235 mit der Quellenbeschreibung und Auswertung. Überraschend ist, dass sich die Wettkämpfe wohl seit Nero nicht gravierend verändert haben.

5 Zentral für das Verständnis der Arvalbrüder ist das Werk von Scheid (1990).

6 Cf. Scheid (1990), S. 42-72, bes. 42 Anm. 5, der die Zeugnisse und deren Bearbeitungsgeschichte bespricht. Die wichtigsten sind dabei: CIL VI 2023-2119; CIL VI 32338-32398.

Dea Dia, wurde üblicherweise im Mai ein dreitägiges Fest veranstaltet. Daneben gab es über das Jahr verteilt spezielle Opferzeremonien für das Wohl des Kaisers und seiner Familie.[1]

> *[...] / VI Idu[s Mai(as) in Capitolio an]/te cellam Iunonis R[eginae vota annua suscepta] / in III Non(as) Ian(uarias) quae [proximae p(opulo) R(omano) Q(uiritibus) erunt] / item decennalia sus[cepta pro salute] / et incolumitate Imp(eratoris) [Caes(aris) M(arci) Antoni] / Gordiani Pii Felicis A[ug(usti) fratres Arvales] / convenerunt per M(arcum) S[aenium Donatum (pro)mag(istrum)*
>
> Am 6. Tag vor den Iden des Mai (10. Mai) kamen die Arvalbrüder durch den Promagister Marcus Saenius Donatus auf dem Kapitol vor dem Tempel der Iuno Regina zusammen, um die Zehnjahresgelübde auszuführen. Am 3. Tag vor den Nonen des Januar (3. Januar), die dem römischen Volk, den Quiriten, die nächstgelegenen waren, wurden ebenso die zehnjährigen Vota für das Heil und die Unversehrtheit des Imperators Caesar Marcus Antonius Gordianus Pius Felix.[2]

Die Inschrift CIL VI 2113 ist ein Ausschnitt aus dem Protokoll der *fratres Arvales*, dem jedoch die Konsulatsangabe fehlt, so dass das Jahr nicht zu bestimmen ist. Durch die Erwähnung Gordians ist sie allerdings zweifellos in dessen Regierungszeit zu datieren und gibt uns Aufschluss über ein paar der im Laufe des Jahres abgehaltenen Zeremonien. Demnach wurde am 6. Tag vor den Iden des Mai, also am 10. Mai, ein jährliches Gelübde auf dem Kapitol vor der *cella* der Iuno Regina abgehalten. Dabei handelte es sich wohl um die oben erwähnte Hauptzeremonie für die Göttin Dea Dia. Dass dieses Ritual vor dem Tempel der Göttin Juno stattfand, schließt sich dabei nicht aus, denn die Kapitolinische Trias spielte im kultischen Kontext der Arvalbrüder eine zentrale Rolle.[3] Die Bedeutung des Rituals zeigt sich auch in der Reihenfolge auf der Inschrift. Zwar ist der Anfang nicht erhalten, doch die nächste zeitliche Angabe, die erhalten ist, steht hinter der des Mai, ist aber zeitlich früher anzusetzen: *III Non(as) Ian(uarias)*. Dabei handelt es sich um den 3. Janu-

---

1 Cf. Beard/North/Price (2000), S. 195-196.

2 CIL VI 2113.

3 Cf. Beard/North/Price (2000), S. 195-196. Scheid (1990), S. 624 und Latte (1992), S. 105-105 weisen sogar auf eine namentliche Verbindung zwischen Iuno und Dea Dia als *Iuno deae Diae* in den Arvalakten hin.

ar. Das unter diesem Datum erwähnte Ereignis bezeichnet ein abgelegtes Gelübde der Arvalbrüder, welches schon fast formelhaft *decennalia suscepta pro salute et incolumitate Imperatoris* genannt wird. Dieses *votum* preist im Voraus die zehnjährige Regierungszeit des Kaisers, hier die des Gordian. Da solche *vota* in der Regel am Beginn der Herrschaft abgelegt wurden, Gordian III. aber keine zehn Jahre an der Macht war, könnte man daraus einen möglichen *terminus post quem* für die Entstehungszeit der Inschrift rekonstruieren: Da der dritte Gordian im Januar des Jahres 238 noch nicht regiert hat, ist es sehr wahrscheinlich, dass die Arvalbrüder ihr Gelübde im darauffolgenden Jahr abgelegt haben. Demnach wäre die Inschrift in das Jahr 239 zu datieren. Eine Inschrift der Arvalbrüder aus dem folgenden Jahr 240, enthält ebenfalls Gelübde für das Wohl des Kaisers und des ganzen Kaiserhauses, jedoch sind diese anders formuliert:

> *[Imp(eratore) M(arco) Antonio Gordiano Pio Felice Aug(usto) Manio Acilio Aviola co(n)s(ulibus)] / [III No]n(as) Ian(uarias) / [fratres Arvales in Capitolio] ante cellam Iunonis Reginae conven[erunt ad] / [vota annua item decen]nalia nuncupanda pro salute Imp(eratoris) Caes(aris) M(arci) A[ntoni Gor]/[diani Pii Felicis Aug(usti) po]ntif(icis) max(imi) trib(unicia) pot(estate) II co(n)s(ulis) p(atris) p(atriae) totiq(ue) domus di[vinae] / [eius hoc die vice do]m(ini) n(ostri) M(arci) Antoni Gordiani Aug(usti) mag(istri) primi* (…)
>
> Unter dem Konsulat des Imperator Marcus Antonius Gordianus Pius Felix Augustus und des Manius Acilius Aviola am 3. Tag vor den Nonen des Januar (3. Januar) kamen die Arvalbrüder auf dem Kapitol vor dem Tempel der Juno Regina zusammen zur Ausführung der jährlichen und ebenda der zehnjährigen Gelübde für das Heil des Imperator Caesar Marcus Antonius Gordianus Pius Felix Augustus, des Pontifex Maximus, der die tribunizische Amtsgewalt zum zweiten Mal hat, dem Consul, dem Vater des Vaterlandes und seines gesamten göttlichen Kaiserhauses. Durch diesen göttlichen Wechsel unseres Herren Marcus Antonius Gordianus Augustus, des magister primus.[1]

Im Gegensatz zu der zuerst zitierten Inschrift der Arvalbruderschaft unterscheidet sich hier die Beschreibung der geleisteten *vota* deutlich. Es ist die Rede von *vota annua item decennalia nuncupanda*, also von einem traditionellen jährlichen Gelübde, welches von der Bruderschaft für das

—

1 CIL VI 37165.

Wohlergehen des Kaisers und seines Hauses am Beginn des Jahres geleistet wird. Aber entgegen dem Ritus aus dem Jahr 239 wird in diesem Jahr das *votum* für die *decennalia* nur „feierlich genannt", d. h. aufgefrischt. Die Nennung von Gordians Namen im Genitiv verbunden mit der Bezeichnung als *magister primus* am Schluss des wiedergegeben Abschnitts, legt eine persönliche Verbundenheit Gordians mit dem Priesterkolleg nahe. Eine weitere Inschrift aus demselben Jahr bestätigt die Mitgliedschaft des Kaisers in der Arvalbruderschaft:

> *Imp(eratori) Caes(ari) M(arco) Antonio / Gordiano / Pio Felici Aug(usto) / pontif(ici) max(imo) trib(unicia) / pot(estate) co(n)s(uli) II p(atri) p(atriae) / fratri Arvali*
> Dem Imperator Caesar Marcus Antonius Gordianus Pius Felix Augustus, dem Pontifex Maximus, der die tribunizische Amtsgewalt hat, zum zweiten Mal Consul, dem Vater des Vaterlandes und dem Arvalbruder.[1]

Diese Widmung ist in die Zeit des zweiten Konsulats Gordians zu datieren, das er im Jahr 240 innehatte. Die erhaltenen Worte der Inschrift stehen im Dativ, was auf eine Weihe- oder Widmungsinschrift schließen lässt. Der Gegenstand, der geweiht wurde, oder der Grund der Widmung ist aus diesem Fragment nicht mehr nachvollziehbar, aber dafür die Person: „Dem Imperator Caesar Marcus Antonius Gordianus Pius Felix Augustus Pontifex Maximus, mit der tribunizischen Amtsgewalt, Konsul zum zweiten Mal, dem Vater des Vaterlandes, dem Arvalbruder." Allein dieser Dativ lässt vermuten, dass Gordian III. selbst Mitglied der *frates Arvales* war. Eine zweite Möglichkeit wäre, dass der Dativ *fratri Arvali* nur vorangestellt ist und danach ein zweiter Name folgt und dem Kaiser mit dieser Person zusammen die Inschrift gewidmet wurde. Doch ein Vergleich mit anderen Inschriften der Bruderschaft zeigt, dass sonst nur das Kollektiv bezeichnet wird und die einzeln Mitglieder nur dann, wenn diese Führungsmitglieder der Bruderschaft sind, d. h. *magister, promagister* und *proflamen*[2] hervorgehoben werden; auch dabei steht der Name vor der religiösen Bezeichnung, wie der Beginn der zitierten Inschrift CIL VI 37165 deutlich macht. Man kann also daraus schließen, dass Gor-

---

1 CIL VI 1093.

2 Cf. Scheid (1990), S. 220-228, wo sich auch eine Liste dieser Priester findet, die sich auch auf die Zeit Gordians erstreckt.

dian III. als Kaiser selbst nicht nur ein Mitglied dieser Bruderschaft, sondern deren oberster Priester war. Eine Antwort auf die Frage, warum er sich so zu dieser Priesterschaft bekannte, bieten die Inschriften nicht. Einen Lösungsansatz bieten BEARD/NORTH/PRICE: „Senators continued to serve in the four major priestly colleges until well into the fourth century A.D. and (…) there was often competition for the emperor's favour – on which priestly appointment now depended."[1] Nicht nur Senatoren, sondern auch nachweislich Kaiser waren verschiedenen Priesterkollegien verbunden. Gordian III. war daher auch im Falle der Arvalbruderschaft kein Einzelfall. Vor ihm gehörten diesem Kolleg bereits Augustus, Hadrian, Antoninus Pius, Marc Aurel, Lucius Verus, Septimius Severus und Caracalla an.[2] Unter Berücksichtigung dieser Liste stellte der *„frater Arvalis* Gordian" keine Einzelerscheinung dar, sondern man muss vielmehr davon ausgehen, dass er bei der namhaften Liste an Vorgängern seine Mitgliedschaft bewusst gewählt hatte, um die Tradition dieses Priesterkollegs zu erhalten. Allerdings bedeutete für das Priesterkolleg die Mitgliedschaft des Kaisers im 3. Jh. auch die Aufgabe der Unabhängigkeit in der Wahl seiner Mitglieder. Denn diese wurden dann nur noch *ex litteris*, d. h. auf Empfehlung des Herrschers per Akklamation bestimmt. Das Vorschlagsrecht lag allein beim Kaiser.[3]

3.3.3 Die Taurobolia[4]

Diese rituelle Stieropferung wurde in der Regel „for the wellbeing of the emperor"[5] abgehalten. Auch die Belege für diese Zeremonie sind ausschließlich inschriftlich und in der Regierungszeit Gordians nur für die

---

1 Beard/North/Price (2000), S. 229.

2 Cf. Scheid (1990), S. 42 und 187-195 mit den inschriftlichen Belegen.

3 Cf. Scheid (1990), S. 201-206; Millar (2001), S. 356, der argumentiert, „that the Emperor did not always put forward a candidate". Allerdings beziehen sich Millars inschriftliche Analysen schwerpunktmäßig auf das 2. Jh.

4 Noch immer grundlegend ist Duthoy (1969).

5 Beard/North/Price (2000), S. 280. Das Ritual in Rom wurde auf Geheiß des Kaisers gehalten (Cf. ILS 4131; Beard/North/Price (2000), S. 338. Allerdings sind kaum Inschriften erhalten, die sich auf das Ritual in Rom beziehen).

Provinz Aquitania erhalten.[1] Insgesamt sind es neun Inschriften, die den Vollzug des Opfers in zwei Varianten bezeugen:

[S(acrum) M(atri) D(eum)] / pro salute Imp(eratoris) M(arci) / Antoni Gordiani / Pii Fel(icis) Aug(usti) et Sa/biniae Tranquil/linae Aug(ustae) toti/usq(ue) domus divi/nae proq(ue) statu / civitat(is) Lactor(atium) / tauropolium(!) fe/cit ordo Lact(oratium) / d(omino) n(ostro) Gordiano / Aug(usto) II et Pompeiano co(n)s(ulibus) / VI Idus Dec(embres) curantib(us) / M(arco) Erotio Festo et M(arco) / Carinio Caro sacerd(ote) / Traianio Nundinio

Geweiht der Göttermutter. Für das Heil des Imperators Marcus Antonius Gordianus Pius Felix Augustus, der Sabinia Tranquillina Augusta, dem ganzen göttlichen Kaiserhaus und für den Bestand des Ortes Lactora hat der Stand der Bewohner von Lactora ein Tauropolium abgehalten. Unter dem zweiten Konsulat unseres Herrn Gordianus Augustus und Pompeianus am 6. Tag vor den Iden des Dezember (8. Dezember). Die Sorgetragenden waren Marcus Erotius Festus, der Priester Marcus Carinius Carus und Traianius Nundinius.[2]

Die Inschrift beschreibt die Ausführung eines Stieropfers zum Wohl des Kaisers, seiner Frau und des ganzen Herrscherhauses. Datiert ist sie genau auf den 8. Dezember 241 und schließt außerdem den Wunsch *pro statu* der Gemeinde Lactora ein. Die zweite Variante stammt aus demselben Jahr, verzichtet jedoch darauf, die Begünstigten des Opfers zu nennen:

S(acrum) M(atri) Deum / G(aius!) Iul(ius) Secun/dus tauropo/lium(!) accepit / hosti(i)s suis / sacerd(ote) Tra/ianio Nun/dinio d(omino) n(ostro) / Gordiano II / et Pom(pe)iano / co(n)s(ulibus) VI Id(us) Dec(embres)

Geweiht der Göttermutter. Gaius Iulius Secundus hat durch seine Opfertiere ein Tauropolium empfangen durch den Priester Traianius Nundinius im zweiten Konsulat unseres Herrn Gordianus und des Pompeianus am 7. Dezember.[3]

---

[1] Diese sind für die Zeit Gordian CIL XIII 512-519; in CIL XIII 510 fehlt zwar der Begriff *tauropolium*, aber auf Grund des Aufbaus der Inschrift kann man darauf schließen, dass diese auch in die Reihe der Taurobolia-Inschriften gehört.

[2] CIL XIII 511.

[3] CIL XIII 512. So aufgebaut sind auch CIL XIII 513-519.

Zwar hat DUTHOY argumentiert, dass das Fehlen eines *pro salute* nichts über die Absicht des Rituals aussagt,[1] jedoch besteht für die Zeit Gordians doch ein Zusammenhang zwischen den unterschiedlich formulierten Tauroboliainschriften. Nach der Historia Augusta wurden im ganzen Reich wegen eines schweren Erdbebens zahlreiche Opfer dargebracht; erst danach – so die Historia Augusta – habe die Erde aufgehört zu beben.[2] Es ist möglich, dass der inschriftliche Befund hier die Aussage aus der Vita Gordians bestätigt, besonders, wenn man den ausdrücklichen Wunsch *pro statu civitatis Lactoratium* aus CIL XIII 511 in Rechnung stellt und den Bericht in der Historia Augusta weiter verfolgt:

> *Sedato terrae motu Praetextato et Attico conss. Gordianus aperto Iano gemino, quod signum erat indicti belli, profectus est contra Persas cum exercitu ingenti et tanto auro, ut vel vexiliis vel militibus facile Persas evinceret.*
> Nachdem sich, unter dem Konsulat des Praetextatus und des Atticus, die Erschütterung der Erde gelegt hatte und nachdem Gordian den Ianusbogen geöffnet hatte, was ein Zeichen für einen erklärten Krieg war, brach er mit einem gewaltigen Heer und so viel Gold gegen die Perser auf, dass er die Perser entweder durch Hilfstruppen oder durch Soldaten leicht besiegen konnte.[3]

Die Erdbeben müssen nach dieser Textstelle so schwer gewesen sein, dass sie die Vorbereitungen des Kriegszugs gegen die Sassaniden maßgeblich behindert haben. Denn erst nachdem die Beben aufgehört hatten, wurde offiziell das Janustor geöffnet und der Feldzug begonnen. Dazu passt auch die Datierung der Inschriften. Alle sind auf *VI Id(us) Dec(embres)* des Jahres 241 datiert, also kurz vor den Beginn des Feldzuges.

---

1 Cf. Duthoy (1969), S. 87-91.

2 Cf. HA Gord. 26, 1-2: *Fuit terrae motus eo usque gravis imperante Gordiano, ut civitates etiam terrae hiatu cum populis deperirent. Ob quae sacrificia per totam urbem totumque orbem terrarum ingentia celebrata sunt. Et Cordus quidem dicit inspectis libris Sibyllinis celebratisque omnibus, quae illic iussa videbantur, mundanum malum esse sedatum.*

3 HA Gord. 26,3.

3.3.4 Die Öffnung der Tore des Ianus-Tempels

Weil in den schriftlichen Quellen wenig über die Religionspolitik Gordians berichtet wird, ist es umso überraschender, dass ausgerechnet die Öffnung des Ianustores immer wieder betont wird.[1] Der letzte Kaiser, der das Tor nachweislich geschlossen hatte, war im Jahr 71 Vespasian gewesen.[2] Zwar behauptet Aurelius Victor, dass der Doppelbogen auch unter Marc Aurel geschlossen worden sei und erst von Gordian wieder geöffnet wurde, doch für diese Angabe gibt es keine weiteren Quellen, die dies belegen würden.[3] Damit würden zwischen der Schließung und erneuten Öffnung im 3. Jh. rund 170 Jahre liegen; diese Zeitspanne macht den Akt zu einem besonderes symbolträchtigen Ereignis und erklärt seine explizite Erwähnung. Überraschend ausführlich ist die Behandlung in der Historia Augusta: *Gordianus aperto Iano gemino, quod signum erat indicti belli* (…).[4] Der Autor der Biographie begnügt sich an dieser Stelle nicht wie die anderen Quellen damit, die Öffnung zu erwähnen, sondern erklärt auch, was diese bedeutete, nämlich eine klare Kriegserklärung. Nur an einer weiteren Stelle erwähnt die Historia Augusta die Existenz des Ianusbogens, nämlich in der Reihe der schlechten Vorzeichen für die Herrschaft des Commodus. Dort wird angeführt, dass sich der Doppelbogen von alleine geöffnet habe[5] und damit die Regierung unter kriegerischen Zeichen stünde. Allerdings verzichtet der Autor, wie bei allen Aufzählungen von Omina, auf eine Erläuterung.[6] Umso prognostischer ist der Hinweis in der Gordianvita, dass es nach der demonstrativen Öffnung des Tores durch Gordian ein solches Ritual wohl nicht mehr gegeben hatte und dass daher der Autor der Historia Augusta diese Erläuterung für seine Leser hinzufügte, bei denen er das Wissen um die Bedeutung dieser Öffnung nicht mehr voraussetzte.

---

1 Cf. HA Gord. 26,3; Eutr. 9,2; Aur. Vict. Caes. 27,7.

2 Cf. Pfeiffer (2009), S. 19-20.

3 Cf. Aurel. Vict. Caes. 27,7: *(...) in Persas profectus est, cum prius Iani aedas, quas Marcus clauserat, patentes more veterum fecisset.*

4 HA Gord. 26,3.

5 Cf. HA Comm. 16,4.

6 Cf. z. B. HA Hadr. 26,6-10; HA Pius 3; HA MA 4,3-4 oder Pert. 14,1-3.

3.3.5 Zusammenfassung

Die Religionspolitik Gordians ist wegen der Quellenlage nur teilweise zu rekonstruieren. Dennoch lassen sich zwei Punkte festhalten: Die am Anfang des Kapitels skizzierte Tendenz zur Reinheit und Klarheit in der römischen Religion des 3. Jhs. wird auch in der Zeit Gordians fortgeführt. Denn sowohl die in seiner Regierungszeit bedeutungsvollen Arvalbrüder als auch der initiierte Agon, der der Göttin Minerva gewidmet war, lassen eine Konzentration auf die wichtigsten römischen Gottheiten, die Capitolinische Trias erkennen. Diese Tendenz machte Gordian zu einem Bewahrer der traditionellen Religionen, die auch dem römischen Volk vertraut waren und durch ihre langen Traditionen gleichzeitig die Bedürfnisse alter (senatorischer) Familien bedienten. Auf der anderen Seite jedoch haben besonders die Untersuchung der Taurobolia und die Öffnung des Ianustores gezeigt, dass die Religionspolitik des jungen Kaisers im Schatten des bevorstehenden Perserfeldzuges zu sehen ist.

4. Gordians Sassaniden-Feldzug und Tod

4.1 Der Feldzug

Mit dem Heereszug gegen die Sassaniden veränderte sich die Rolle Gordians. Haben seine Bemühungen in den ersten Jahren darauf abgezielt, die inneren Strukturen von Rom aus zu festigen, verlässt der Kaiser nun erstmals Rom für längere Zeit. Ein Reskript aus dem Jahr 239 lässt jedoch an einem ununterbrochenen Aufenthalt in Rom Zweifel aufkommen, da in der Subscriptio der Lokativ *Antiochiae* steht.[1] Daraus hat LORIOT geschlossen, dass Gordian III. bereits 239 in Antiochia gewesen sein muss.[2] Doch die Überlieferung dieses Gesetzes ist zu unsicher, um es als historisch ansehen zu können. HÄNEL selbst gibt als Beleg *Ex P. Pithoei Bibl. Par. F. 6* an,[3] was bedeutet, dass der Text, auf dem LORIOT seine Argumentation aufbaut, nicht aus einer die üblichen Codices nutzenden Edition stammt, sondern aus der von François Pithou im 16. Jh. publizierten *Epitome Iuliani*. Dass es sich bei der Lesart eventuell nur um einen Transkriptionsfehler handelt – besonders da dies das einzige Ge-

---

1 Cf. Hänel (1857), S. 166: *Imp. Gordianus A. rationalibus. Manifestum est, nuptiis contra mandata contractis dotem, quae data illo tempore, quum traducta est, fuerat, iuxta sententiam D. Severi fieri caducam, nec si consensus postea coepisse videatur matrimonium, in praeteritum commisso vitio potuit mederi.* Dieses Gesetz findet sich nicht im *Codex Iustinianus*, sondern im *corpus legum* von Gustav Hänel, der alle Gesetze sammelte, die im Codex fehlen. Oft war der Grund für eine Nichtaufnahme das Duplikat eines Gesetzes oder der überarbeiteten Variante eines späteren Kaisers wurde der Vorzug gegeben.

2 Cf. Loriot (1971), S. 21: „Il aurait quitté Rome au début du printemps 239." Als Beleg wird an dieser Stelle zusätzlich CIL VI 37165 angeführt. Dabei handelt es sich jedoch um ein Protokoll der Arvalbrüder, das zu dem oben zitierten Reskript in keinem Zusammenhang steht und aus dem kein Aufbruch aus Rom ersichtlich ist (Kap. 3.3.2).

3 Hänel (1857), S. 166.

setz mit einem Lokativ wäre –, ist wahrscheinlich.[1] Ebenso denkbar wäre eine antike Fälschung. Bereits Plinius berichtete Trajan von Edikten, die ihm vorgelegt worden waren und dessen Echtheit er bezweifelte und sie deshalb nach Rom zur Überprüfung schickte;[2] die Streuung von falschen Gesetzen – namentlich in den Provinzen – war demnach nichts Ungewöhnliches. Grundsätzlich wäre es von Gordian III. auch leichtsinnig gewesen, Rom so kurz nach seinem Regierungsantritt zu verlassen, denn es ist kaum anzunehmen, nach der raschen Kaiserfolge von 238 hätten sich bereits wieder alle Gemüter beruhigt.[3]

Dass sich mit dem Feldzug aber der politische Kurs Gordians III. änderte, zeigte sich schon daran, dass mit Aufbruch in den Osten die *Liberalitas*-Prägungen in Rom aufhörten.[4]

Gordian III. war nicht der erste römische Kaiser, der eine militärische Auseinandersetzung mit den Sassaniden zu bewältigen hatte. Allerdings wird der Krieg des Severus Alexander – im Vergleich zu den anderen Auseinandersetzungen der Römer mit den Sassaniden – in der Forschung etwas vernachlässigt,[5] obwohl er für das Verständnis und das Vorgehen Gordians im Osten von zentraler Bedeutung ist, da sein Schwiegervater

---

1 Dafür spricht auch das Ergebnis, zu dem Kaiser (2007) in seiner Arbeit gekommen ist; darin bearbeitet er drei frühmittelalterliche Handschriften, die spätantike Rechtstexte überliefern, jedoch nicht im *Codex Iustinianus* enthalten sind. Zwar ist das oben besprochene Reskript Gordians nicht Teil dieser Untersuchung, doch sind drei der Novellen, die Kaiser behandelt, nur durch die Anhänge der Edition der *Epitome Iuliani* von Pithou aus dem Jahr 1576 überliefert. Eventuell benutzte Handschriften gibt der französische Editor meist nicht an (Kaiser (2007), S. 21-30).

2 Cf. Plin. epist. 10,65. In epist. 10,66 antwortet Trajan seinem Statthalter.

3 Dass die Lage in Rom auch im Jahr 240 noch kritisch gewesen sein muss, könnte erklären, weshalb Gordian der misenischen Flotte durch den Ausbau der *castra Misenatium* neues Potential gegeben hat. Kienast, der diesen Vorgang beschreibt, vermutet zu Recht, dass es dabei wahrscheinlich um den Aufbau eines Gegengewichts zu den Prätorianern ging (Kienast (1966), S. 78-79).

4 Cf. RIC 36; 42; 45; 53; 58; 66-67; 136; in der fünften stadtrömischen Emission der Jahre 243-244 finden sich dagegen keine *Liberalitas*-Prägungen mehr.

5 So z. B. Kettenhofen (1982), der seine Arbeit über die römisch-persischen Kriege auf dem Tatenbericht der *Res gestae* Schapurs I. aufbaut.

und Prätorianerpräfekt Timesitheus bereits bei dem Zug des letzten Severers eine wichtige Rolle spielte.[1]

4.1.1 Die Vorgeschichte

Im Sommer des Jahres 232 brach Alexander Severus nach Osten zu einem Feldzug gegen die Sassaniden auf.[2] Er war damit der erste römische Kaiser, der gegen diese neue persische Dynastie Krieg führte.[3] Die Entscheidung für diesen Feldzug fiel gegen den Willen Alexanders, der laut Herodian lieber in Rom geblieben wäre.[4] Doch die Briefe der Statthalter

---

1 Cf. Kap. 3.1.3.3.

2 Cf. RIC 193-215. Fast die gesamte zweite Emission, die in die Jahre 228-231 datiert wird, thematisiert auf den Reverslegenden den bevorstehenden Feldzug. Zu der Literatur siehe Cleve (1982), Rösger (1978a), Bleckmann (2002). Insgesamt ist bisher nicht nur der Perserkrieg Severus Alexanders, sondern auch allgemein dessen Leben in der Forschung stiefmütterlich behandelt worden. Die einzige vollständige Biographie ist von Hopkins (1907).

3 Für die Hintergründe cf. Herodian. 6,2,1 und Cass. Dio 80,4(1): Der Sassanidenkönig Artaxerxes besiegte die Parther und machte sich das Gebiet tributpflichtig. Außerdem bedrohte er die römischen Provinzen Syrien und Mesopotamien. Zu den Anfängen der sassanidischen Westpolitik cf. Wiesehöfer (1982). Grundlegend für die Geschichte der Sassaniden Schippmann (1990) und besonders Wiesehöfer (2005). Die Dynastie der Sassaniden ist v. a. in den letzten Jahren zunehmend in den Fokus der Forschung geraten, wie die aktuellen Publikationen zeigen: Zu den Besonderheiten des sassanidischen Königtums s. Huyse (2006) und Börm (2008a). Die kulturellen Einflüsse und Entwicklungen dieser persischen Dynastie wurden untersucht von Wiesehöfer (2006). Zum Kriegszug des Severus Alexander Handy (2009), S. 92-99.

4 Cf. Herodian. 6,3,1. Cleve (1982), S. 287-288 hat wohl zu Recht angenommen, dass auch Julia Mamaea kein Interesse daran hatte, Rom zu verlassen, da sie im Feld nicht in der Lage war, dieselbe Macht und denselben Einfluss auszuüben wie in der Hauptstadt des Reiches. Deswegen forcierte sie vor allem die diplomatischen Bemühungen zwischen den Römern und Persern, allerdings erfolglos. Zu dem großen Einfluss der Julia Mamaea auch Bleckmann (2002), S. 291. Auch Handy (2009), S. 98 spricht sich dafür aus, dass der Feldzug keinen expansiven Charakter hatte.

aus den betroffenen Provinzen berichteten über die immer weiter ausgreifenden Unternehmungen des Artaxerxes und die Forderungen nach einem militärischem Eingreifen Alexanders Severus im Osten wie die der anderen römischen Kaiser davor, häuften sich.[1] Bevor dieser auszog, hat er laut Historia Augusta zwei Monate vorher den Aufbruch zusammen mit einer Liste der Verpflegung und der geplanten Unterkünfte bekannt gegeben; Details blieben allerdings geheim.[2] Der Autor bietet auch die Erklärung für dieses Vorgehen: Um den Soldaten den Marsch zu erleichtern, sollten diese vor Ort verpflegt werden, damit sie ihren Proviant nicht tragen mussten.[3] Daher wurden die betroffenen Orte rechtzeitig informiert, damit diese sich auf den Aufenthalt des Heeres einstellen konnten. Außerdem wurden im Vorfeld die Straßen und Brücken, die auf dem Weg des Zuges lagen, repariert.[4] Zusätzlich erhielten die Soldaten vor dem Auszug ein Donativ.[5] Severus Alexander tat also alles, um diese für den bevorstehenden Feldzug gegen die Perser milde zu stimmen.

Die genaue Route von Alexanders Heereszug lässt sich nicht bestimmen.[6] Herodian behauptet, dass diese durch Illyrien führte, wo der Kaiser weitere Streitkräfte aufnahm, um dann in Antiochia sein Lager aufzuschlagen.[7] Sofort nach der Ankunft in Syrien mussten sich die Truppen einem militärischen Training unterziehen,[8] da diese entweder längere Zeit an einem Ort stationiert gewesen waren oder in neuen Zusammensetzungen gemeinsam üben sollten. Bei dem Zusammenkommen einiger syrischer und ägyptischer Truppenteile versuchten diese, den Kaiser zu stürzen.[9] Die Historia Augusta, die neben Herodian ebenfalls von diesem Aufstand berichtet, nennt dabei als Rädelsführer einen gewissen Ovinius Camillus,[10] der für sein Komplott jedoch nicht bestraft wurde, sondern sogar für kurze Zeit sogar zum Mitregenten ernannt wurde. Allerdings

1 Cf. Herodian. 6,2,3-6.
2 Cf. HA Alex. 42,2.
3 Cf. HA Alex. 47,1.
4 Cf. Cleve (1982), S. 289.
5 Cf. Herodian. 6,4,1. Dazu Cleve (1982), S. 291.
6 Cf. Cleve (1982), S. 292.
7 Cf. Herodian. 6,4,3.
8 Cf. Cleve (1982), S. 292.
9 Cf. Herodian. 6,4,7.
10 Cf. HA Alex. 48,1.

handelt es sich dabei um eine rein fiktive Gestalt, die der Autor der Historia Augusta einbaut, um Severus Alexander in ein gutes Licht zu stellen.[1] Auch der Name Camillus ist nicht zufällig gewählt, da der antike und moderne Leser an M. Furius Camillus erinnert wird, der bei Livius als *parens patriae conditorque alter urbis*[2] gefeiert wird. Diese Reminiszenz ist wohl gewollt, besonders, da in anderen Viten der Historia Augusta die Politik der jeweiligen Kaiser mit der des Camillus nur verglichen wird.[3] Bei dem Feldzug des Severus Alexander nun tritt er selber in Erscheinung, um den Kaiser zu unterstützen, wie der Autor den Anlass dieses Aufstandes verstanden wissen will: (…) *ei que gratias egit, quod curam rei p., quae recusantibus bonis inponere[n]tur, sponte reciperet*;[4] dadurch wird der panegyrische Charakter der Vita indirekt herausgestellt, denn der Autor muss nicht ausdrücklich sagen, wie umsichtig der Kaiser auch im Feld war, sondern er tut es durch die Figur des Camillus. Herodian nennt bei der Beschreibung des Aufstandes keinen Namen und trotzdem konstatiert CLEVE, „it is not unreasonable to infer that the soldiers candidate for emperor was none other than Uranius Antoninus."[5] Uranius Antoninus ist jedoch 20 Jahre später anzusetzen, denn erst für die Zeit um 253/54 existieren Münzen, auf denen dieser sich als Souverän im Osten propagiert; allerdings verfolgte er dabei wohl nicht den Anspruch, dem regierenden römischen Kaiser ernsthaft die Stirn zu bieten.[6] Für den Fall des Alexander Severus kann man nicht feststellen, wer genau hinter dem Aufstand der syrischen und ägyptischen Truppenverbände stand. Währenddessen liefen nach wie vor die diplomatischen

1 Der panegyrische Charakter dieser Vita ist oft betont worden (z. B. Bleckmann (2002), S. 294). Für die Stellung des Feldzuges innerhalb der Vita cf. Rösger (1978a); Bleckmann (2002), S. 294.

2 Liv. 7,1,10. Allgemein zur Person des Camillus Walter (2000), S. 58-68.

3 Cf. HA Sept. Sev. 21,1; Pesc. 12,1.

4 HA Alex. 48,1.

5 Cleve (1982), S. 294, allerdings ohne Beleg, so dass man von einer reinen Spekulation des Autors ausgehen muss. Wahrscheinlich bezieht er sich wie Eadie (1996), S. 142, der Uranius und seine Rebellion ebenfalls in die Zeit von Alexander Severus' Feldzug datiert, auf eine Stelle bei Zos. 1,12,1-2; diese basiert jeoch auf der Historia Augusta. Grundlegend zur Person des Uranius Antoninus ist Baldus (1971).

6 Cf. Johne (2008), S. 221.

Bemühungen mit den Sassaniden weiter, blieben jedoch ergebnislos.[1]

Nach Abschluss der Vorbereitungen teilte Severus Alexander das Heer in drei Sektionen auf. Der erste Teil sollte Richtung Norden durch Armenien und Medien marschieren, der zweite Richtung Osten bis zum Zusammenfluss von Euphrat und Tigris und die dritte Abteilung unter der Führung des Severus Alexanders selbst durch die Mitte kommen.[2] Ziel war wahrscheinlich die alte und neue Hauptstadt Ktesiphon[3], auch wenn es dafür keine stichhaltigen Beweise gibt, da der Angriffsplan des Severus letztlich nicht aufgegangen ist.[4] Der Darstellung Herodians zufolge hatte der Heeresteil im Norden Probleme mit der Bodenbeschaffenheit und kam deshalb nicht so zügig voran, wie vorher vereinbart. Die Soldaten unter dem Kaiser fielen erst gar nicht in das Feindesland ein, weil angeblich Julia Mamaea Angst um das Leben ihres Sohnes hatte und dies verhinderte.[5] Über die Truppen, deren Aufgabe es war, sich Richtung Euphrat und Tigris zu wenden, erfahren wir aus den Quellen nichts.[6] Das Ergebnis war ein Abwehrkampf, nach dem sich die Römer

---

1 Cf. Herodian. 6,4,4-6. Tatsächlich provozierten die jeweiligen Gesandtschaften sich nur gegenseitig. Während der persische Großkönig die römischen Gebiete bis Ionien und Karien forderte, nahm Severus Alexander im Gegenzug die sassanidische Gesandtschaft gefangen, so dass der letzte diplomatische Schlichtungsversuch die Fronten noch mehr verhärtete. Dazu Cleve (1982), S. 294-295.

2 Cf. Herodian. 6,5,1-2; HA Alex. 55,1. Cleve (1982), S. 295 behauptet in diesem Zusammenhang mit Bezug auf Cass. Dio 75,2,3, „the plan is strikingly similar to, and was probably inspired by, the successful strategy employed by Septimius Severus during his invasion of Parthia in 195". Obwohl ein solches Vorgehen logisch wäre, kann diese Behauptung m. E. nicht aufrechterhalten werden, da weder Cassius Dio, noch die moderne Forschung von einer solchen Übereinstimmung berichten. Cf. Birley (1999), S. 129-134 ; Spielvogel (2006), S. 110-114.

3 Cf. Wiesehöfer (2005), S. 217.

4 Cf. Herodian. 6,5,3-4, der an dieser Stelle genau erläutert, weshalb der Plan hätte gelingen müssen.

5 Cf. Herodian. 6,5,8; Bleckmann (2002), S. 293.

6 Cf. Herodian. 6,5,5-8.

wieder nach Antiochia zurückzogen,[1] wo sich Severus Alexander und Teile seines Heeres von einer Krankheit erholt haben, die sie sich wegen des ungewohnten Klimas zugezogen hatten.[2] Allerdings begannen im syrischen Lager bereits die Vorbereitungen für einen weiteren Feldzug gegen die Sassaniden, der jedoch nicht stattfand, weil erstens die Perser ebenfalls geschwächt worden waren und daher ihre territorialen Ansprüche vorerst aufgaben[3] und zweitens die Germanen an der Westgrenze des Reiches eine viel größere Gefahr darstellten.[4] Daher kehrte Severus Alexander nach Rom zurück, wo er wahrscheinlich im Herbst 233 einen Triumph feierte,[5] obgleich nicht einmal ein Friedensvertrag existierte. Der Kaiser hatte damit ein bestenfalls als Remis zu bewertendes Ergebnis im Feld als großartigen Sieg in Rom verkauft, vermutlich unter dem Gesichtspunkt, dass der Germanenkrieg ja bereits vor der Tür stand.

Obwohl vorerst der *status quo* im Osten wieder hergestellt war, bedeutete das keine dauerhafte Ruhe für das Römische Reich. Wahrscheinlich bereits unter der Regierung des Maximinus Thrax fielen die Sassaniden erneut in die römischen Provinzen ein und eroberten Nisibis und Karrhai.[6] Maximinus war allerdings an der Westgrenze des Reiches gebunden und hatte daher keine Möglichkeit, auf diesen wiederholten Vor-

---

1 Cf. Herodian. 6,5,10. Ein anderes Bild zeichnet die Historia Augusta von dieser aus römischer Sicht missglückten Schlacht. In der Vita des Alexander Severus verzeichnet dieser einen glorreichen Sieg, der nicht zuletzt deshalb zustande gekommen war, weil der Kaiser durch seinen eigenen Einsatz die Soldaten ermunterte (cf. HA Alex. 55,1-3). Rösger (1978a), S. 174 hat in diesem Zusammenhang zeigen können, dass es dem Autor des Historia Augusta nicht um eine historisch richtige Darstellung ging, sondern um die Beschreibung eines Kriegshelden. Insbesondere die Beschreibung der Schlacht erinnert sehr an bekannte Schilderungen von Cäsar und Alexander dem Großen (cf. Rösger (1978a), S. 172). Krauss (1903), S. 629 behauptet, dass sich weder Severus Alexander noch Timesitheus an irgendwelchen Kämpfen beteiligt hätten.

2 Cf. Herodian. 6,61-2.

3 Cf. Herodian. 6,6,5-6.

4 Cf. Herodian. 6,7,1-2.

5 Cf. RIC 211-219; Cleve (1982), S. 299. Überraschend ist, dass spätere Quellen den Feldzug des Severus Alexander als Sieg verewigen: Cf. Oros. 7,18,7; Eutr. 8,23; Aurel. Vict. Caes. 24,2; Festus 22,1.

6 Cf. dazu den zentralen Aufsatz von Kettenhofen (1995).

stoß zu reagieren.[1] Wie dringend die Lage dann wohl geworden war, zeigt sich daran, dass unter den Senatskaisern ein Feldzug gegen die Sassaniden geplant, aber wegen der kurzen Regierungszeit nicht ausgeführt wurde.[2] Wenn man bedenkt, dass Gordian III. noch einmal vier Jahre wartete, bis er aufbrach, kann man ersehen, dass dieses Unterfangen nun unaufschiebbar geworden war.

4.1.2 Die militärischen Vorbereitungen

Doch diese vier Jahre nutzte der junge Herrscher auch für umfangreiche Vorbereitungen.[3] Die Historia Augusta berichtet von einem *exercitu ingenti*[4], mit dem sich Gordian III. Richtung Osten aufmachte. Und tatsächlich lassen sich nicht weniger als elf Legionen unter dem Kaiser inschriftlich nachweisen: *legio II Parthica Gordiana Pia Felix Fidelis Aeterna,*[5] *legio XIII Gemina Gordiana,*[6] *legio XI Claudia,*[7] *legio IV Flavia Gordiana,*[8] *legio XXX Ulpia Victrix,*[9] *legio I Minervia Gordiana,*[10] *legio XXII Primigenia Pia Fidelis Gordiana,*[11] *legio IV Victrix,*[12]

---

1 Zur Außenpolitik des Maximinus Thrax cf. Haegemans (2010), S. 47-78.

2 Cf. Kap. 2.3.

3 Cf. Potter (2004), S. 229, der die Meinung vertritt, dass Gordian III. zu lange gezögert hätte, bis er in den Krieg aufgebrochen ist. M. E. jedoch hatte Gordian III. berechtigte Gründe: Das Heer war, wenn nicht durch die bürgerkriegsähnlichen Auseinandersetzungen verwirrt oder dezimiert, teilweise noch immer in den westlichen und nördlichen Gegenden stationiert. Cf. Mosig-Walburg (2009), S. 33, die auch von einer sorgfältigen Planung des Feldzuges ausgeht.

4 HA Gord. 26,3.

5 AE (1981) 134 = AE (1989) 62.

6 CIL III 1017. Unter Severus Alexander trug diese Legion noch den Beinamen *Antoniniana* (CIL III 12565 und Stoll (2001), S. 257).

7 CIL III 3021 = CIL III 10058.

8 CIL VI 1092.

9 CIL XIII 6763.

10 CIL XIII 6763; CIL XIII 7996.

11 CIL XIII 6763.

12 RIB 1, 583 = AE (1947) 132.

legio I Adiutrix,[1] *legio II Adiutrix Pia Fidelis Gordiana*[2] und die *legio IV Flavia Felix Gordiana*[3]. Wahrscheinlich ist allerdings, dass Gordian tatsächlich nur die Legionen mit sich nahm, die das Epitheton *Gordiana* trugen, wie die Inschrift CIL IX 1609 nahe legt.[4] Diese ist in das Jahr 240 zu datieren und nennt die Legion XXII *Primigenia* und IV *Gemina* ohne den kaiserlichen Beinamen; die oben zitierten Belege beziehen sich auf die Jahre 241/42. Eine besondere Rolle spielte in bei der Aushebung der Truppen die *legio II Parthica Gordiana Pia Felix Fidelis Aeterna*. Als ursprünglich von Septimius Severus ausgehobene Legion[5] stellte sie sich im Jahr 238 erst auf die Seite des Maximinus Thrax, bis sie von diesem auf dem Weg nach Rom abfiel. Dennoch gelangte sie in die Nähe von Rom,[6] wo sie in der Zeit Gordians umstrukturiert wurde:

> *(...) milites leg(ionis) II Parth(icae) Gordianae P(iae) F(elicis) F(idelis) Aeternae / qui militare coeperunt Sabino II et Anullio co(n)s(ulibus) / (…).*
> (…) die Soldaten der 2. Legion Parthica Gordiana Pia Felix Aeterna, die unter dem zweiten Konsulat des Sabinus und unter dem ersten des Anullius begonnen haben, Kriegsdienst zu leisten (…)[7]

Diese zahlreichen Ehrenbezeichnungen testieren auch, dass diese Legion wohl zu der Paradelegion Gordians wurde. Die Wahl fiel auch nicht zuletzt auf diese Soldaten, weil sie neben Septimius Severus auch Caracalla und Severus Alexander auf deren Zügen in den Osten begleitet hatten.[8] Diese Anzahl an Legionen erklärt auch, weshalb sich die Vorbereitungen

---

1 RIU 4, 966 = AE (1974) 522. Stoll (2001), S. 113 vermutet, dass diese Legion „ursprünglich aus Schiffsmannschaften zusammengestellt worden war".

2 CIL III 3520.

3 CIL III 8154.

4 Andererseits ist für die *legio I Adiutrix* eine Teilnahme am Partherkrieg Caracallas nachweisbar (cf. Stoll (2001), S. 141, Anm. 247).

5 Zur *legio II Parthica* unter Septimius Severus cf. Benario (1972).

6 Die unten zitierte Inschrift ist dort auch gefunden worden. Allerdings war nach dem epigraphischen Befund auch die *legio IV Flavia Gordiana* (CIL VI 423) dort stationiert.

7 AE (1981) 134 = AE (1989) 62.

8 Cf. Stoll (2001), S. 13.

für den Feldzug fast vier Jahre lang hinzogen, denn für so viele Soldaten musste Sold und Verpflegung gewährleistet werden.[1]

Ebenfalls gibt es inschriftliche Zeugnisse über die Setzung von Meilensteinen[2] und der Erneuerung von Brücken und Wegen.[3] Diese geben allerdings wenig Aufschluss über konkrete Tätigkeiten im Osten, die als Vorbereitungen gewertet werden könnten, da insbesondere in der Zeit Gordians für fast alle Provinzen *miliaria* nachweisbar sind.[4]

4.1.2.1 Die Hochzeit mit Furia Sabina Tranquillina

Bei der Behandlung der Kaiserinnen des dritten Jahrhunderts sind zwei Punkte zentral: Als Frau an der Seite des jeweils Regierenden waren diese eines der Mittel, „mit denen die Kaiser und ihre Umgebung Akzeptanz zu gewinnen suchten".[5] Gerade wegen dieser Rolle sind die Quellen v. a. auf die inschriftlichen Zeugnisse und die Münzen beschränkt.[6] Nur in wenigen Fällen – wie bei Tranquillina – gibt es auch literarische Quellen.

Im Vorfeld des Zuges gegen die Perser heiratete Gordian III. Furia Sabina Tranquillina, die Tochter seines Prätorianerpräfekten Timesitheus. Datierbar ist diese Hochzeit in den Sommer des Jahres 241, weil speziell

[1] Völlig unhaltbar ist in diesem Zusammenhang die Behauptung von Krauss (1903), S. 631, dass sowohl Severus Alexander, als auch Gordian III. und Julian mit einem jeweils 100.000 Mann starken Heer aufgebrochen wären. Zum generellen Problem der Kosten eines Heeres und seiner Verpflegung cf. Herz (2007) und Kehne (2007).

[2] Cf. CIL III 10623; CIL VIII 10452; CIL VIII 10460; CIL VIII 22396; AE (1956) 127a; AE (1969/70) 522; AE (1912) 175.

[3] Cf. CIL III 7606a.

[4] So gibt es neben den oben zitierten Inschriften ebenso viele, in denen für das Längenmaß der in den nördlichen Provinzen typische Begriff *leugae* verwendet wird. Für die Provinz Aquitania sind dies CIL XIII 8911 = CIL XVII 354, CIL XVII 356, CIL XVII 429, für die Provinz Belgica CIL XVII 521 und für Germania superior XVII 631, CIL XVII 639 und CIL XVII 648.

[5] Bleckmann (2002), S. 199.

[6] Cf. Bleckmann (2002), S. 300-301.

für dieses Ereignis Münzen geprägt worden sind.[1] Die Reverslegenden beschwören die *Pietas Augustorum*,[2] die *Salus Augustorum*,[3] die *Securitas Publica*[4] und die *Felicitas Publica*[5]. Die anderen Reverse bilden schriftlich und figurativ *Diana Lucifera*[6] und *Venus Victrix*[7] ab, die beide nicht als „Friedensgöttinnen" gelten können. Die Münzprägung im Namen Tranquillinas ist äußerst klein.[8] Einer der Typen zeigt sie auf dem Avers als Kaiserin Roms mit der Legende *Sabina Tranquillina Aug(usta)* und auf dem Revers wird die *Concordia Augustorum* propagiert; insgesamt eine typische Prägung für eine solche Gelegenheit. Interessant ist allerdings, dass die beiden Stücke nur für die Münzstätte in Antiochia nachgewiesen sind, was nur mit einer Teilnahme Tranquillinas am Perserfeldzug ihres Mannes zu erklären ist. Dies betont auch eine Reihe von Inschriften.[9] Bei den meisten handelt es sich um Weihinschriften, die von Soldaten unterschiedlichster Dienstgrade für Gordian III. und seine Gattin gestiftet wurden. Allerdings deutet nichts darauf hin, dass, wie KLEIN es verstanden wissen will, „Tranquillina vom Heer geehrt wurde (...), weil sie nicht nur Augusta, sondern die Tochter des Prätorianerpräfekten Timesitheus war (...)"[10]. Vielmehr war es erstens wohl für die römische Kaiserin zu gefährlich, alleine in Rom zu blieben, und zweitens war sie im Osten für die Agitation als *Diana Lucifera* von größerem Nutzen. Tatsächlich ist Tranquillina auf den Münzen im Osten

[1] Cf. HA Gord. 23,4. Dazu Klein (2000), S. 87-92. Ausführlicher ist Tranquillina in der Dissertation von Klein (1998) bearbeitet. Dort wird ein mögliches Datum für die Hochzeit diskutiert und Klein entscheidet sich zu Recht für den 21. Oktober 241 als *terminus ante quem* (cf. Klein (1998), S. 12, basierend auf CIL VI 130).

[2] RIC 122; 129.

[3] RIC 123; 129A.

[4] RIC 124; 130.

[5] RIC 128.

[6] RIC 121; 127.

[7] RIC 125; 131.

[8] Cf. RIC 245-250.

[9] Cf. z. B. AE (1981) 134; CIL III 132; CIL III 585; CIL III 14211; CIL V 6972; CIL VI 130; CIL VI 1092; CIL VI 1095; CIL VI 1096; CIL VIII 4218.

[10] Klein (2000), S. 90.

mit Mondsichel dargestellt, was nicht nur ein Symbol für die *aeternitas imperii* und der *domus divina* war,[1] sondern auch die Tradition der stadtrömischen Prägung fortsetzte. Generell ist die Kaiserin im Osten jedoch anders präsentiert worden als in Rom; da Gordian III. bald nach der Hochzeit Rom verließ, hat eine richtige Inszenierung erst auf dem Feldzug gegen die Perser stattgefunden.[2] KLEIN hat daraus richtig geschlossen, dass die Aufgabe der Tranquillina die der Repräsentation war und nicht darüber hinausging.[3]

4.1.2.2 ...wieder ein Aufstand in der Provinz Africa proconsularis

Mitten in die Vorbereitungen fiel der Aufstand des Sabinianus in der Provinz *Africa proconsularis*. Die Hauptquelle zu dieser Usurpation ist die Historia Augusta, die an dieser Stelle im Vergleich zu anderen Ereignissen aus der Zeit Gordians ungewöhnlich ausführlich und detailgetreu ist:

> *Venusto et Sabino conss. inita est factio in Africa contra Gordianum tertium duce Sabiniano; quem Gordianus per praesidem Mauretaniae obsessis coniuratis ita oppressit, ut ad eum tradendum Carthaginem omnes venirent et crimina confidentes et veniam sceleribus postulantes.*
>
> Unter dem Konsulat des Venustus und Sabinus entstand in Afrika unter der Führung des Sabinianus ein Klüngel gegen Gordian III. Diesen hat Gordian durch den Statthalter Mauretaniens, nachdem dieser die Verschwörer belagert hatte, so unter Druck gesetzt, dass um sich diesem zu übergeben, alle nach Karthago kamen und die Verbrechen gestanden und Verzeihung für die Verbrechen forderten.[4]

Durch die Konsulatsangabe kann die Erhebung des Sabinianus[5] nach dieser Stelle in der Historia Augusta in das Jahr 240 datiert werden; unter

---

1 Cf. Klein (1998), S. 17.

2 Beispiele für Prägungen mit Mondsichel sind SNG von Aulock 5109-5111; 5185-5186.

3 Cf. Klein (1998), S. 68.

4 HA Gord. 23,4.

5 Zur Person des Sabinianus cf. Johne (2008), S. 1090-1091 mit weiteren Literaturangaben.

der Führung des Statthalters von Mauretanien wurde diese niedergeschlagen. Dieser Angabe steht allerdings eine Inschrift gegenüber, die ebenfalls in den Kontext passen würde:

> *[Imp(erator) Caes(ar) M(arcus) Antonius Gordia]nus Piu[s Fel(ix) Aug(ustus)] / [pontif(ex) maximus trib(uniciae) potestatis] V co(n)s(ul) II pr[oc]o(n)s(ul) [p(ater) p(atriae)] / [defectores et rebelles vir]tute sua o[m]n[es] / [domuit per T(itum) Iulium Antiocum] leg(atum) Au[g(usti) p]r(o) [pr(aetore)]*
>
> Imperator Caesar Marcus Antonius Gordianus Pius Felix Augustus, Pontifex Maximus, der die tribunizische Amtsgewalt zum 5. Mal inne hat, in seinem 2. Konsulat, Proconsul, Vater des Vaterlandes, hat die Abtrünnigen und die Aufständischen durch seine Tapferkeit alle bezwungen durch Titus Iulius Antiocus, den Statthalter.[1]

Titus Iulius Antiocus[2] war Statthalter der Provinz Numidien, d. h. der Provinz westlich von Africa, und laut der Inschrift hatte ebenfalls Aufständische unterworfen und zwar im zweiten Konsulat des Gordian, also 241. In weiteren Inschriften des Antiocus, die ebenso in dieses Jahr zu datieren sind, ist die Rede von neu geordneten Grenzen und *gentes*,[3] frisch angelegten Limites und Gräben sowie wieder aufgerichteten Lagern.[4] Entweder gab es im darauffolgenden Jahr in Numidien auch einen Aufstand, den der Statthalter niedergeschlagen hat oder der Autor der Historia Augusta hat sich im Jahr geirrt, denn den Perserkrieg lässt dieser ebenfalls bereits im Jahr 241, also ein Jahr zu früh, beginnen.[5] Außerdem liegt es näher, den Statthalter der Nachbarprovinz mit der Niederschlagung des Aufstandes zu beauftragen, zumal dort noch immer eine

---

1 CIL VIII 8779b; CIL VIII 17989; AE (1923) 95.

2 Zur Person des Statthalters von Numidien cf. Birley (1950); Johne (2008), S. 1154 mit weiteren Literaturangaben. Allerdings datiert er die Statthalterschaft in das Jahr 242.

3 AE (1923) 96.

4 AE (1923) 97; CIL VIII 17988; AE (1923) 98; CIL VIII 8779a; CIL VIII 17988. Eine Inschrift aus Mauretanien, die ebenfalls in das Jahr 241 zu datieren ist, verkündet einen neuen Frieden, der geschlossen wurde (AE (1952) 43 = (1954) 156 = AE (2006) 1821).

5 Cf. HA Gord. 23,5: *Finita igitur sollicitudine in Africa Gordiano iam iterum et Pompeiano conss. bellum Persicum natum est.*

Legion stationiert war, anstatt den Mauretaniens. Insgesamt befand sich wegen der Rekrutierung der Truppen für den Perserfeldzug das gesamte römische Reich in Unruhe, so dass auch dieser Umstand für eine Datierung des Aufstandes in das Jahr 241 sprechen würde.

4.1.3 Die Stationen des Feldzuges

4.1.3.1 Von Rom an den Bosporus

Neben der Anzahl der Legionen, die Gordian III. auf seinem Zug gegen Schapur I. begleiteten, kann man aus dem Fundort der Soldaten-Inschriften auch auf den Aufenthaltsort der Soldaten vor dem Aufbruch in den Osten schließen. Dies ist bedeutsam, weil dadurch Rückschlüsse auf den geographischen Ausgangspunkt des Feldzuges gezogen werden können. So war die *legio XIII Gemina Gordiana* in Dakien stationiert.[1] Geführt wurde sie allerdings von einem gewissen Petronius Polianus, dem Dedikanten der Inschrift, in der er sich als *legatus Augusti pro praetore* der Provinz *Belgicae* bezeichnet, so dass dieser wahrscheinlich von dort aus mit einer Legion zunächst nach Dakien gezogen ist. Aus der Weihinschrift eines Aurelius Valerius, der ein Spion in der *legio XI Claudia* war, kann man rekonstruieren, dass diese in Dalmatien ihren Stützpunkt hatte.[2] Die Legionen *XXX Ulpia Victrix, I Minerva Gordiani* und *XXII Primigenia Pia Fidelis Gordiana* sind in einer Inschrift für den 1. Juli des Jahres 242 noch in Mainz belegt; es handelt sich auch hier um eine Weihinschrift, die dem Iupiter Optimus Maximus, allen anderen Gottheiten und dem Wohl des Kaiserpaares gewidmet wurde.[3] Inhalt und Datierung dieser Inschrift deuten auf eine letzte religiöse Handlung vor dem Aufbruch in den Osten hin. Durch epigraphische Belege lassen sich die *legio I Adiutrix*[4] und *legio II Adiutrix Pia Fidelis Gordiana*[5] für das Jahr 240 in Pannonia inferior nachweisen. Die *legio IV Flavia Felix Gor-*

---

1 Cf. CIL III 1017 = IDR III 5,81. Dazu Johne (2008), S. 1108.
2 Cf. CIL III 1433 = CIL III 10058.
3 Cf. CIL XIII 6763.
4 Cf. RIU IV 966 = AE (1974) 522.
5 Cf. CIL III 3520.

diana befand sich wohl in *Moesia superior*.[1] Bereits ENSSLIN hat in diesem Zusammenhang darauf hingewiesen, dass diese Legionen vor dem Aufbruch in den Perserkrieg mit der Zurückdrängung der Goten beschäftigt waren.[2] Inwieweit tatsächlich kämpferische Auseinandersetzungen stattfanden, lässt sich nur schwer beurteilen. Allerdings gibt es neben der inschriftlich nachweisbaren Truppenmassierung in den westlichen Provinzen auch numismatische Belege, die zumindest ein friedliches Leben in der Grenzregion an dieser Stelle ausschließen. LORIOT hat aus 18 Münzhorten, die in der Donauregion gefunden wurden, und aufgrund einzelner Stücke, die in die Regierungszeit Gordians III. datiert werden können, geschlossen, dass diese im Zusammenhang mit Einfällen in die Provinz Dakien zu sehen sind.[3] Das Bemerkenswerte dabei ist, dass die Datierung der Funde vom Jahr 238 bis in das Jahr 243/44 reicht;[4] dies würde bedeuten, dass selbst, wenn es vor dem Feldzug nach Osten an der Donaugrenze kriegerische Auseinandersetzungen gegeben hatte, die feindlichen Einfälle auch danach nicht abrissen. Nicht konsistent ist daher der Vorschlag von HAMACHER, dass Gordian *in persona* vor Ort gewesen sein soll, um quasi „im Vorübergehen“ die Westgrenze zu befrieden.[5] Wahrscheinlich ist wohl, dass es kriegerische Auseinandersetzungen gegeben hatte, um die einfallenden Goten und Alamannen zurückzudrängen. Welches Ausmaß diese Gefechte hatten, kann man wegen der Quellenlage heute nur schwer beurteilen.[6] Möglicherweise ist Gordian von Rom in die Donauprovinzen gereist und von dort mit seinen Legionen weiter in den Osten.

—

1 Cf. CIL III 8154.

2 Cf. Enßlin (1949), S. 16.

3 Cf. Loriot (1976), S. 113. Der Grund dafür liegt in den bereits seit der Zeit Marc Aurels verstärkten Wanderbewegungen von Volksstämmen (s. Johne (2008), S. 431). Ähnliche Münzhorte fanden sich auch in Gallien (Loriot (1974).

4 Cf. Loriot (1976), S. 114, der in einer Tabelle jeden einzelnen Hort datiert.

5 Cf. Hamacher (1983), S. 29; allerdings verweist Hamacher dabei auf einen Aufsatz von Loriot (1981). Doch auch dieser behauptet das nicht, sondern dass bei Severus Alexander die Imperatorenakklamation nicht notwendigerweise an tatsächliche Siege gebunden war (s. Loriot (1981), S. 22-232).

6 Zur Ethnogenese der Alamannen cf. Johne (2008), S. 434-439 mit der aktuellen Forschungsdiskussion.

Die einzelnen Etappen des ersten Teils des Feldzuges bis zum Bosporus lassen sich anhand der Münzprägung zumindest partiell rekonstruieren. Dabei ist die Frage, welche Prägungen sich mit dem Heereszug in Verbindung bringen lassen und welche Indikatoren darauf hinweisen. Mögliche Punkte sind dabei: ikonographische Darstellungen mit militärischem Bezug, das Neueinsetzen bzw. die Wiederaufnahme von Prägungen nach einer Pause und die geographische Verteilung der Münzstätten. Die Historia Augusta berichtet, dass der Zug von Moesien aus über Thrakien bis zur Meerenge bei Byzantium gelangte.[1] Dies deckt sich teilweise mit den numismatischen Zeugnissen. So erhielt *Moesia superior* unter Gordian erstmals eine lokale Münzprägung, deren Münzstätte in Viminacium angesiedelt war.[2] Dieser Ort wurde unter dem Kaiser zur *colonia* erhoben[3] und war seither auch der Aufbewahrungsort der *vexilla* der dort stationierten Legionen.[4] Die Bedeutung der neuen Münzstätte zeigt sich darin, dass dort nicht nur das lokale Bronzegeld, sondern auch reichsrömisches Geld, *Antoniniani*, für die gesamte Provinz geprägt wurden.[5] Die Averse der Bronzen zeigen alle Gordian mit Panzer, Mantel und entweder mit Lorbeerkranz[6] oder Strahlenkrone[7]. Auf den Reversen dagegen wird der kriegerische Kontext sehr deutlich. Auf den Rückseiten einiger Münzen ist eine weibliche Figur zwischen Stier und Löwe nach links stehend zu sehen, die in der Rechten ein Feldzeichen mit der Ziffer *VII* und in der linken Hand eines mit *IIII* hält.[8] Eine Zuweisung zu Legi-

---

1 Cf. HA Gord. 26,4.

2 Cf. Pink (1935), S. 110, der argumentiert, dass die Prägestätte für den Krieg in Moesien eingerichtet wurde. Grundlegend zur Münzprägung in Mösien Schönert-Geiß (1999), S. 11 mit vollständiger Bibliographie.

3 Cf. CIL III 1474.

4 Cf. Dušanić (1986), S. 219, bes. Anm. 130.

5 Cf. AMNG I, 1, S. 22-23. In der Einleitung (S. 1) wird explizit darauf verwiesen, dass es in der Provinz Dacien erst unter Philippus Arabs eine eigene Münzprägung gab. Wahrscheinlich war diese Provinz daher von dem Feldzug Gordians nicht betroffen, so dass es aus wirtschaftlicher Sicht auch keine Notwendigkeit gab, der Provinz dieses Recht zuzugestehen. Vielleicht auch deshalb, weil Viminacium direkt an der Grenze zu Dacien liegt.

6 Cf. AMNG I, 1, Nr. 70-76 und 79.

7 Cf. AMNG I, 1, Nr. 72, 77 und 80.

8 Cf. AMNG I, 1, Nr. 85-87.

onen ist nach den epigraphischen Zeugnissen aus der Zeit Gordians nicht möglich, aber das Münzbild ist dennoch im Zusammenhang eines denkbaren Aufenthaltes des Heeres, vielleicht sogar Gordians, zu sehen.[1] Ein weiterer Revers, der den Kaiser in Kriegstracht nach links stehend abbildet, bestätigt diese Vermutung noch; mit der rechten Hand gießt er eine Schale über dem vor ihm stehenden Altar aus und stützt sich dabei mit der linken auf einen Speer – rechts und links ist das Bild wieder je mit einem Feldzeichen flankiert.[2] Ob sich Gordian III. tatsächlich in Viminacium aufhielt, kann man anhand der Münzbildnisse nicht definitiv feststellen, aber die Darstellung des vor einem mit militärischen Attributen geschmückten Altars opfernden Kaisers verkündet den Aufbruch in den Krieg.

Der Feldzug nahm, dem Vorschlag der Historia Augusta folgend,[3] von *Moesia superior* seinen offiziellen Anfang.[4] Tatsächlich gibt es eine alte Militärstraße, die von Viminacium südlich nach Naissus führte;[5] Gordian und sein Heer könnten diese gewählt haben und von Naissus an der Grenze zwischen Thrakien und Untermoesien entlang an die Schwarzmeerküste gelangt sein. Dies bestätigten die Prägungen der Provinz *Moesia inferior*, deren Botschaft im Vergleich zu denen aus *Moesia superior* eine ganz andere ist. In Untermoesien gab es nicht nur eine zentrale Münzstätte und Stadt, die für die Prägungen zuständig war, sondern viele Städte, die zum Teil mit einer langen Prägegeschichte aufwarten konnten. Generell sind in der gesamten Provinz jedoch nur unter Gordian

---

1 Tatsächlich war in Viminacium die *legio VII Claudia* stationiert, doch ist diese unter Gordian nicht mehr nachzuweisen. Diese wurde unter Nero von Dalmatien nach Moesien transferiert, wo sie die nach Osten versetzte *IV Scythica* ersetzen sollte. Für das 1. Jh. ist ebenfalls die oben erwähnte *legio IIII* nachweisbar, ohne dass näher definiert werden kann, um welche Legion es sich genau handelte (Wilkes (2005), S. 150-151). Die *legio VII Claudia* ist noch bis in die Mitte des 2. Jhs. nachzuweisen (Wilkes (2005), S. 156).

2 Cf. AMNG I, 1, Nr. 91.

3 Cf. HA Gord. 26,4.

4 Dennoch ist ein Aufenthalt in Viminacium wahrscheinlich, da auch Philippus Arabs auf dem Rückweg aus dem Osten in dieser *colonia* einen Halt einlegte (Peachin (1991), S. 340).

5 Cf. Wilkes (2005), S. 137; Peachin (1991), S. 340.

III. größere Nominale geprägt worden.[1] Die umfangreichste Münzprägung für Gordian stammt aus Nicopolis ad Istrum.[2] Auch strategisch ist die Stadt die nächstgelegene definierbare Station des römischen Heeres, wenn man davon ausgeht, dass sich der Kaiser mit seinem Tross bei Naissus nach Osten wandte. Für einen längeren Aufenthalt gibt es keine Hinweise, da die Bildnisse auf den Münzen im Wesentlichen auf die von der Stadt verehrten Gottheiten Bezug nehmen,[3] aber ein Typus ist zumindest mit einem Vorbeizug Gordians in Verbindung zu bringen: Der Revers zeigt den Kaiser mit Strahlenkranz, Panzer, flatterndem Mantel und einem erhobenen Speer in der rechten Hand auf einem galoppierenden Pferd.[4] Auf Grund der zügigen Bewegung und der kriegerischen Ausrichtung des Speeres kann es sich nicht um eine Adventusmünze handeln, weshalb der Vorbeizug an Nicopolis als Darstellungsgegenstand in Frage kommt. Ein anderer Reverstyp zeigt Tranquillina und Gordian stehend, die sich die rechte Hand reichen.[5] Diese Münze ist wohl zu Ehren ihrer Eheschließung geprägt worden und stellte einen Glückwunsch von Nicopolis dar.[6] Noch unter der Herrschaft Gordians endete die Prägung der Stadt ohne ersichtlichen Grund.[7] Denkbar wäre, dass sich für Nicopolis nach dem Durchzug des Heeres die wirtschaftliche Lage wieder verschlechterte und unter Philipp, der auf seinem Weg nach Rom wahrscheinlich eine andere Route nahm, wirtschaftlich bedeutungslos

---

1 Cf. AMNG I, 1, S. 75. Außerdem gibt es aus Odessos, Tomis und Markianopolis sogar Medaillons mit dem Bild Gordians III.

2 In der Bearbeitung von AMNG I umfasst diese die Nummern 2040-2108.

3 Cf. z. B. ANMG I, 1, Nr. 2040-2062.

4 AMNG I, 1, Nr. 2094.

5 AMNG I, 1, Nr. 2096.

6 Generell stellte Pick bei der Untersuchung der Münzprägung von Nicopolis fest, dass „wichtige Ereignisse, die auf den Kaiser Bezug haben, hier besonders häufig auf den Münzen erscheinen. Solche Typen sind die Eheschließung des Caracalla und der Plautilla, die Concordia des Caracalla und Geta bei der Ernennung des letzteren zum Augustus und die des Gordian und der Tranquillina“ (AMNG I, 1, S. 345-346).

7 Cf. AMNG I, 1, S. 332.

wurde.[1] Die Ausnahmestellung der Prägungen aus Nicopolis bestand zudem darin, dass sie auf den meisten Reversen den amtierenden Statthalter nannten. Für die Zeit Gordians findet sich auf den Rückseiten der Münzen: ΥΠ ΣΑΒ ΜΟΔΕΣΤΟΥ ΝΙΚΟΠΟΛΕΙΤΩΝ ΠΡΟΣ ΙΣΤΡΟΝ.[2] Der ὑπατεύων ist in diesem Fall *Sab(inus) Modestus*, dessen Amtszeit mit der Prägedauer der Stadt für die Jahre 241-244 anzusetzen ist.[3] Somit passt auch die Amtszeit-Datierung zu dieser Phase des Perserkrieges: ὑπατεύοντος.

Will man nun eine denkbare Route des Heeres weiter Richtung Osten konstruieren, dann kommen zwei Möglichkeiten in Betracht: Die erste führt über Augusta Traiana direkt nach Deultum und Byzantium, von wo das Heer dann nach Kleinasien übersetzte. Der zweite mögliche Weg wäre die Strecke weiter nördlich über Markianopolis und Odessos und von dort die Küste abwärts nach Byzantium. Obwohl die erste Route die kürzere wäre, spricht gegen sie, dass zwei der auf dem Weg liegenden Städte, Augusta Traiana[4] und Bizye[5], unter Gordian III. keine Münzen prägten. Sowohl die Konstanz der städtischen Prägungen entlang der zweiten Wegvariante als auch die Menge und Motive der Münzen sprechen für diese Route. Markianopolis wäre demnach die nächste Station auf der Strecke. Die Prägung dieser Stadt ist mengenmäßig fast so gewal-

---

1 Körner verzichtet in seiner Arbeit über Philippus Arabs auf eine Rekonstruktion des Rückweges aus dem Perserreich (Körner (2002), S. 96-97) und verweist auf den bereits zitierten Aufsatz von Peachin (1991). Dieser lässt Philipp über Makedonien nach Rom zurückkehren. Theoretisch wäre Nicopolis für einen Kaiserbesuch gerüstet gewesen, denn Septimius Severus war 202 oder 203, bei der Rückkehr aus dem Partherkrieg, in der Stadt gewesen bzw. ist zumindest daran vorbei gezogen (AMNG I, 1, S. 345).

2 ANMG I, 1, Nr. 2051.

3 So auch Johne (2008), S. 1147. Zu den Statthaltern von Moesia allgemein Stein (1940).

4 Die Münzprägung von Augusta Traiana begann unter Marc Aurel und wurde, allerdings mit Unterbrechungen, bis Gallien fortgesetzt. Eine solche Prägepause stellte auch die Regierungszeit Gordians dar. Schönert-Geiss (1991), S. 7.

5 Die Münzprägung von Bizye begann unter Hadrian, in den Jahren 217-244 prägte die Stadt jedoch keine Münzen. Auch hier gibt es dafür keinen ersichtlichen Grund. Cf. Jurukova (1981), S. 9-12.

tig wie die von Nicopolis. Sie begann unter Commodus, setzte unter der Regierung des Maximinus Thrax aus, und begann wieder unter Gordian III.; dieser hat der Stadt wohl persönlich das erneute Prägerecht zugesprochen, da neben Münzen, die den Statthalternamen tragen, auch solche existieren, auf denen nur das Ethnikon ΜΑΡΚΙΑΝΟΠΟΛΕΙΤΩΝ zu finden ist.[1] Insgesamt bilden auch hier die Reversdarstellungen – ähnlich wie bei Nicopolis – fast die gesamte Bandbreite des römischen Pantheon ab, so dass man nicht eindeutig entscheiden kann, ob Gordian tatsächlich in Markianopolis Station machte. Einzig drei Medaillons des Kaisers weisen auf einen besonderen Anlass hin, da zwei dieser Typen den Kaiser zeigen, der von einer Nike bekränzt wird.[2] Auf dem anderen Bildnis reicht die Stadtgöttin Gordian über einem Altar die Hand und im Abschnitt steht OMONOIA,[3] was nach PICK auf die gute Beziehung zwischen der Stadt und dem Kaiser andeutet und mit einem Besuch dessen in Markianopolis in Verbindung gebracht werden kann. Der Typus der beiden ersten Medaillons spielt auf die vermeintlichen Siege der Gordianischen Truppen an der Donaugrenze an.[4] Unter Berücksichtigung dieser nicht alltäglichen Prägungen wird ein Besuch Gordians in Markianopolis wahrscheinlich. Deutlicher sind die Indizien für einen möglichen Aufenthalt des Kaisers allerdings im Falle der Stadt Odessos. Die Prägungen dieser Stadt begannen unter dem Kaiser Domitian und dauerten mit Unterbrechungen bis in die Regierungszeit Gordians fort, in der sie jedoch erloschen.[5] Die Münzen von Odessos lassen sich in vier Gruppen aufteilen: In der ersten finden sich Typen, die nur Gordian auf dem Avers zeigen, in der zweiten sind Gordian und die Hauptgottheit der Stadt zu se-

—

1 Cf. AMNG I, 1, S. 185-187; für das alleinstehende Ethnikon cf. Nr. 1171, 1193. Aus den Prägungen, die auch den Namen eines Statthalters tragen, ergibt sich für die Jahre 239-240 Tullius Menophilus (AMNG I, 1, Nr. 1087-1097; Johne (2008), S. 1146) und für 241-244 Prosius Tertullianus (AMNG I, 1, Nr. 1098-1100; 1172-1192; dazu Johne (2008), S. 1145). An den Datierungen der Statthalterschaften lässt sich erkennen, dass Markianopolis unmittelbar nach dem Bekanntwerden der Alleinregierung Gordians um ein neues Prägerecht gebeten haben muss.

2 Cf. AMNG I, 1, Nr. 1099 und 1100.

3 AMNG I, 1, Nr. 1098.

4 Cf. AMNG I, 1, S. 195.

5 AMNG I, S. 525.

hen, die nur als θεὸς μέγας bezeichnet wird.[1] Die dritte Gruppe zeigt auf dem Avers Gordian und Tranquillina und der letzte Typus nur Tranquillina.[2] Der Münztypus mit dem Kaiser und θεὸς μέγας auf dem Avers hat einen Rückseitentypus, der bei drei Münzen auftritt: Darauf ist neben einer Preiskrone und zwei Palmzweigen in der Mitte die Legende ΔΑΡΖΑΛΕΙΑ zu lesen.[3] Dies bezieht sich auf die Spiele zu Ehren des „großen Gottes“, der den Beinamen Derzelates trug.[4] Durch diese Prägungen sind diese Spiele nicht nur eindeutig in die Regierungszeit Gordians zu datieren, sondern durch die besonderen Averse, die den Kaiser und θεὸς μέγας einander gegenüber zeigen, ist es durchaus denkbar, dass der junge Herrscher Odessos und die Spiele besuchte.

Da Odessos an der Schwarzmeerküste liegt, könnte der Weg von dort nach Süden bis Deultum weiter geführt haben. Auch die Münzprägung dieser Stadt, die unter Trajan begann, erreichte unter Gordian III. ihren Höhepunkt, endete jedoch erst unter Philippus Arabs.[5] In der Forschung bisher unbeachtet sind die Münzbildnisse, die teils die wachsende Bedeutung des Fischfangs als wirtschaftlichen Faktor für Deultum betonen,[6] gleichzeitig jedoch auch auf die Schifffahrt verweisen. So finden sich auf dem Revers einer Münze aus der Zeit Gordians zwei sich gegenüberstehende Götter: Thalassa, die mit ihrer Hand ein Schiff mit geblähten Segeln hält, steht für die Meeresschifffahrt, wohingegen ein Flussgott, der sich an eine umgestürzte Urne lehnt, unter der ein Schiff zu sehen ist, für die Binnenschifffahrt steht.[7] Dies allein mag die folgende These noch nicht stützen, aber es gibt noch ein weiteres Rückseitenbild Gordians, auf dem nur ein Schiff mit geblähten Segeln zu sehen ist, also einzig auf die

---

1 Die ersten Typen finden sich unter AMNG I, Nr. 2314-2324 und die zweite unter Nr. 2325-2374, womit sie mengenmäßig die größte Gruppe darstellt. Zu der Interpretation des θεὸς μέγας cf. AMNG I, S. 524-525.

2 Cf. AMNG I, für den dritten Typus Nr. 2375-2404 und für den vierten 2405. Prägungen für Tranquillina sind in Markianopolis und Odessos am seltensten.

3 AMNG I, Nr. 2370-2372.

4 Cf. Leschhorn/Franke (2002), S. 84.

5 Cf. Jurukova (1973), S. 18-21.

6 Cf. Jurukova (1973), S. 3.

7 Cf. Jurukova (1973), Nr. 251 und dazu S. 5. Allgemein zur Göttin Thalassa Lesky (1943).

Meeresschifffahrt Bezug nimmt.[1] Bisher ist immer angenommen worden, dass das Heer von Perinthos und Byzantium aus nach Kleinasien übersetzte.[2] Basis dieser Argumentation ist der Revers eines goldenen Medaillons, das neben dem Bild eines Kriegsschiffes mit bewaffneten Soldaten und Feldzeichen die Legende *Traiectus Aug(usti)* trägt und damit auf das Übersetzen eines Heeres unter Gordian hinweist.[3] Tatsächlich handelt es sich dabei aber um eine stadtrömische Prägung, die den Ort des Traiectus nicht nennt. HAMACHER bezieht diese Prägung nun auf die Stadt Perinthos, bei der Gordian nach Kleinasien übergesetzt sein soll.[4] Die Hafenstadt spielt mit Blick auf ihre Münzprägung tatsächlich eine gewichtige Rolle für die Rekonstruktion des kaiserlichen Feldzuges. In Perinthos erfuhr der junge Herrscher eine besondere Verehrung. Es wurden nicht nur die Aktia[5] und die Pythia[6] unter der Regierung Gordians gefeiert, sondern auf einem Medaillon wird der Kaiser mit Sarapis in enge Verbindung gesetzt, was auf einen besonderen Schutz des Kaisers seitens der Stadt hindeutet.[7] Daneben findet sich auch eine Reversdarstellung, auf der ein Schiff mit aufgespannten Segeln und acht Ruderern nach rechts fahrend zu sehen ist; hinter dem Steuermann stehen zwei zusammengebundene Feldzeichen.[8] Obwohl HAMACHER in der Prägung der Stadt „keine direkten Hinweise“ für die Überfahrt Gordians III.[9] sehen will, ist das m. E. ein deutlicher Beleg dafür, dass nach Severus Alexander auch Gordian diesen Hafen benutzte. Begleitet wurden beide Kaiser von Timesitheus, der bei Gordians Feldzug wohl eine noch wichtigere Rolle spielte als bei dem des letzten Antoninen. Durch die Erfahrungen, die er als *praefectus annonae* bei dem Zug des Severus Alexan-

---

1 Jurukova (1973), Nr. 274.

2 So Hamacher (1983), S. 21-23.

3 Cf. RIC 132.

4 Cf. Hamacher (1983), S. 21. Tatsächlich konnte auf Grund früherer Prägungen dieser Stadt gezeigt werden, dass bereits Septimius Severus und Severus Alexander am Hafen von Perinthos in den Osten übersetzten.

5 Cf. Schönert (1965), Nr. 847-849 und dazu S. 51.

6 Cf. Schönert (1965), Nr. 807-808; 834, 841-845; 861 und dazu S. 51.

7 Cf. Schönert (1965), Nr. 860 und dazu S. 54.

8 Schönert (1965), Nr. 809.

9 Hamacher (1983), S. 21. Zur Bedeutung von Perinthos als Kriegshafen im 3. Jh. Kienast (1966), S. 109.

der gesammelt hatte, hat auch hier der Prätorianerpräfekt die Route geplant. Doch welcher Hafen kommt noch in Frage? Es ist angesichts der Größe des Heerzugs unrealistisch anzunehmen, dass alle Legionen von Perinthos aus nach Kleinasien übersetzten. HAMACHER schlägt Byzantium vor, weil sich der Stadt auf der anderen Seite des Bosporus die Heerstraße von Kalchedon nach Nikomedeia anschließt.[1] Hinzu kommt, dass SCHÖNERT-GEISS wegen eines Medaillons, das ähnlich auch unter Caracalla geprägt wurde, der nachweislich die Stadt besuchte und vermutlich auch von dort nach Osten übersetzte, einen Besuch und eine Überfahrt Gordians annimmt.[2] Ausgeschlossen ist damit Byzantium keineswegs, aber auch der Hafen von Deultum nicht, was die Reversbildnisse der Stadt nahelegen, die unter Gordian deutlich auf die Meeresschifffahrt hinweisen. Bei einem, wie oben gezeigt, großen Heer, das der junge Kaiser bei sich hatte, ist es nicht unrealistisch, dass er sich sogar dreier Häfen bediente, um möglichst schnell nach Kleinasien überzusetzen.

Insgesamt zeichnet sich ab, dass das Bild Gordians auf seinem Weg in den Osten sehr von den jeweiligen Provinzen und deren Prägestätten gezeichnet wird. Am deutlichsten wird das an den Münzen von Makedonien, obwohl der Kaiser im Gegensatz zu Severus Alexander und Philippus Arabs die Provinz nicht besuchte.[3] Dennoch wird bei den Prägungen aller drei Kaiser hervorgehoben, dass die Münzen Makedoniens den

—

1 Cf. Hamacher (1983), S. 21.

2 Cf. Schönert-Geiss (1972), Nr. 1797 und dazu S. 3.

3 Etwas verwirrend ist hier die Einschätzung in AMNG III, herausgegeben von Gaebler (1906), der die Münzen von Makedonien bearbeitet hat. In seiner Einleitung formuliert er für Gordian zwei Ergebnisse: S. 14 äußert er den durchaus nachvollziehbaren Gedanken, dass Gordian auf seinem Zug nach Syrien durch die Provinzen Moesien und Thrakien „auch die Huldigungen der Nachbarprovinz Macedonien entgegengenommen" hatte. Ein paar Seiten weiter wird jedoch aus dem Besuch einer Gesandtschaft der tatsächliche Aufenthalt Gordians in der Provinz (S. 20): „Den Adventus-Typus, der uns bereits auf Münzen Severus Alexanders und des Philippus begegnete, weisen die autonomen Parallelemissionen nicht nur unter diesen beiden Kaisern auf, sondern auch in der Zeit des Gordianus, wodurch die oben (S. 14) ausgesprochene Ansicht, dass letzterer im Jahr 242 Macedonien besuchte, eine Stütze erhält."

Kaiser- und Alexanderkult eng miteinander verknüpften.[1] Die meisten Prägungen des makedonischen Koinon sind zur Zeit Gordians pseudoautonom, d. h. sie tragen das Porträt Alexanders des Großen auf dem Avers und nur selten das Porträt des Kaisers.[2] Auf nur fünf Exemplaren ist der Avers tatsächlich dem Kaiser vorbehalten, die Reverse verweisen auf die unter Gordian stattgefundenen Spiele.[3] Die enge Verbindung von Alexander und Gordian spielt auf den erfolgreichen Zug des Makedonen nach Syrien an, an dem sich der junge Römer nun messen lassen muss.

4.1.3.2 Vom Borporus bis zur Schlacht von Rhesaina

Wahrscheinlich traf das römische Heer am Ende des Sommers 242 in Kleinasien ein.[4] Die Münzprägung der Provinz *Asia* erreichte unter Gordian III. ihren Höhepunkt, was bedeutete, dass in ausnahmslos allen Stätten für den Kaiser geprägt wurde,[5] allerdings sind kriegsbezogene Rückseitendarstellungen extrem selten.[6] Dem gegenüber steht der epigraphische Befund, der im Vergleich zu dem numismatischen sehr gering ist.[7] Eine mögliche Erklärung für diese Diskrepanz wäre ein rascher Durchzug des Heeres durch Kleinasien bis nach Antiocheia, wo dieses am Ende des Jahres 242 eintraf.[8] Die Ankunftshäfen in *Asia* waren wohl Kalchedon, welches Byzantium direkt gegenüber lag, und Nikomedeia;

---

1 Cf. AMNG III, S. 21.

2 Cf. AMNG III, Nr. 526-825.

3 Cf. AMNG III, Nr. 315-320; nur die Nr. 315 zeigt auf dem Revers einen Löwen mit offenem Rachen und darüber eine Keule. Zu den Spielen S. 13.

4 Cf. Spoerri-Butcher (2006), S. 27. Loriot (1975), S. 765 geht von Frühjahr aus.

5 Cf. Spoerri-Butcher (2006), S. 289-292.

6 Cf. Spoerri-Butcher (2006), S. 55. Insgesamt sind es nur drei Orte: Aphrodisias, Germe und Dokimeion.

7 Es sind diese: IvK Ephesos, Nr. 302-304, 2042 und 4336; IvK Prusa, Nr. 11; IvK Side, Nr. 42 und 43; IvK Zentralpisidien, Nr. 115. Wahrscheinlich ist eine Datierung in die Zeit Gordians bei dem Meilenstein aus IvK Nikaia, Nr. 1015.

8 Cf. Spoerri-Butcher (2006), S. 27.

beide Häfen galten seit dem 1. Jh. als Flottenstation[1] und ebenso wie beim Ausgangspunkt der Überquerung, genügte auch bei der Ankunft in Kleinasien auf Grund der Größe des Heeres ein Hafen nicht. Der Sammelpunkt für das Heer war wahrscheinlich Nikaia.[2] Bei dem Ort wurden zwei Meilensteine gefunden, von denen der eine ziemlich sicher für Philippus Arabs auf dessen Rückweg im Jahr 244 gesetzt wurde.[3] Bei dem zweiten Meilenstein fehlt zwar der Name des Kaisers, doch könnte es sich dabei um einen für Gordian handeln:

> _ _ _ / *[p]ius felix / Aug(ustus). a Ni/caea mili/a LXIII / ἀπὸ Νικαίας / ξδ'*
> ... Pius Felix Augustus, von Nikaia Meilen 63. Von Nikaia 64. [4]

Der Anfang der Inschrift fehlt, aber im Vergleich mit dem Meilenstein des Philippus Arabs kann man wohl annehmen, dass oben noch drei Zeilen zu ergänzen sind, die neben der Anrufung der *B(ona) F(ortuna)*, Titel und Namen des Kaisers nennen. ŞAHIN hat als Herausgeber dieses Inschriftenbandes wegen der Bezeichnung *[p]ius felix* diesen Stein Heliogabal zugeschrieben. Zwar trug auch dieser die Ehrennamen *pius* und *felix*, ist aber über einen Aufenthalt in Nikomedeia nicht hinausgekommen.[5] Wahrscheinlicher ist daher – auch auf Grund der Ähnlichkeit mit der Inschrift des Philippus –, dass der Meilenstein für Gordian III. gesetzt worden ist. Zusätzlich spricht dafür, dass es aus dem nicht weit von Nikaia entfernten Prusa ebenfalls einen Meilenstein gibt, der durch den erhaltenen Namen eindeutig Gordian zugeordnet werden kann

---

1 Cf, Kienast (1966), S. 105. Für Nikomedeia als Zielhafen sprechen darüber hinaus Homonoia-Prägungen zwischen Perinthos und der Stadt, die auf dem Avers Gordian zeigen. Dazu Hamacher (1982), S. 23. Grundlegend zu den Homonoia-Prägungen Kleinasiens Franke/Nollé (1997).

2 Zur Bedeutung Nikaias in der Kaiserzeit Merkelbach (1987).

3 Cf. IvK Nikaia, Nr. 1015.

4 IvK Nikaia, Nr. 1014. Im lateinischen Abschnitt der Streckenangabe ist *passum* ausgefallen, was im giechischen Teil im Zahlzeichen erhalten ist: *ξ* steht für 60 und *δ* für vier. Der Unterschied von einer Längeneinheit könnte dadurch zu erklären sein, dass diese Inschrift nur in einem Abklatsch erhalten ist und am Ende der vierten erhaltenen Zeile ein *I* ausgefallen ist.

5 Cf. Kienast (2004), S. 172.

und dem Formular des oben diskutierten entspricht.[1] Von Nikaia zog das Heer Richtung Süden. Ansonsten sind die kleinasiatische Küste und die Städte in ihrer unmittelbaren Nähe für die Absichten des Kaisers wohl nur zur Sicherung des Nachschubs von Bedeutung gewesen: Zentral waren dabei Ephesos[2] und Side[3]. Dies erscheint von der planerischen Herangehensweise auch nachvollziehbar, da der erste Teil des Zuges auf kleinasiatischem Boden wohl parallel zur Küste über Nakoleia in Phrygien, vorbei an Dokimeion, durch Ikonion in Lykaonien nach Seleukeia am Kalykadnos führte.[4] Bei der Münzprägung von Dokimeion und Nakoleia fällt auf, dass sie von lokalen Gottheiten bestimmt wird. Nur eine Prägung aus Dokimeion nimmt deutlichen Bezug auf den Feldzug Gordians, außerdem könnten die Homonoiaprägungen der Stadt mit Ephesos ein Hinweis auf eine Versorgungsstation des Heeres sein, auch wenn die Stadt nicht auf der direkten Strecke lag.[5] Aus Nakoleia ist dagegen ein Adventustypus erhalten, der Aufschluss über einen Aufenthalt des Kaisers gibt.[6] Ikonion ist ein wichtiger Schnittpunkt von Hauptstraßen durch die östlichen Provinzen, so dass bereits deswegen von der Berücksichtigung des Ortes auf dem Weg ins Winterlager in Antiocheia ausgegangen werden kann. Ebenso auffällig ist, dass die Stadt in der Zeit Gordians ihre Münzprägung nach 80-jähriger Unterbrechung wieder aufnahm.[7]

An diesem Punkt gehen die Meinungen in der Forschung über den weiteren Weg des Feldzuges auseinander. Während wahrscheinlich das Heer von Ikonion wieder an die Küste nach Seleukeia gezogen ist,[8] glaubt HAMACHER an eine Alternative über die kilikischen Pässe nach Tarsos, deren Straßen unter Severus Alexander wieder hergestellt wurden. Die gewaltige Münzprägung Seleukeias begründet HAMACHER mit

---

1 Cf. IvK Prusa, Nr. 11.

2 Cf. Kienast (1966), S. 95.

3 Cf. Halfmann (1986), S. 81. Kienast (1966), S. 91 geht sogar von der Stationierung einer syrischen Flotte vor Side aus.

4 So lautet der m. E. logische Vorschlag von Kettenhofen (1982) und Spoerri-Butcher (2006), S. 314.

5 Cf. Spoerri-Butcher (2006), Nr. 748, dazu S. 271-273.

6 Cf. Spoerri-Butcher (2006), Nr. 770.

7 Cf. Hamacher (1983), S. 32.

8 So auch Kettenhofen (1982) und Spoerri-Butcher (2006), S. 314.

einem starken Seeverkehr im Rahmen des Feldzuges.[1] Dieses Argument ist nicht ganz von der Hand zu weisen. Wie bereits dargestellt, war es wohl eine zentrale Aufgabe der Flotte, im Mittelmeer für den Nachschub zu sorgen, der nur schwerlich über die kilikischen Berge zum Heer kommen konnte. Deutlich einfacher ginge das über eine Stadt, die direkt am Meer liegt und zudem über einen Hafen verfügt, wie das im Falle von Seleukeia gegeben ist.[2] Das Beispiel anderer Städte jedoch zeigt, dass eine ambitionierte Münzprägung nicht gleichbedeutend mit dem Aufenthalt eines Kaisers war. Dies gilt für die karische Stadt Aphrodisias. Sie prägte bis in die Regierungszeit Valerians Münzen, die sich auf Spiele bezogen, die von einem Attalos für Gordian III. ins Leben gerufen worden waren.[3] Insgesamt gibt es zwei verschiedene Reverslegenden, von denen die eine den Namen der Spiele und ihren Begründer nennt: ΓΟΡΔΙΑΝΗΑ/ ΑΤΤΑΛΗΑ.[4] Die zweite Legende ist eine Reminiszenz an die Spiele, die Gordian vor seiner Abreise in Rom veranstaltete: ΚΑΠΕΤΩΛΙΑ/ΑΦΡΟΔΕΙΣΙΕΩΝ.[5] Attalos, der offensichtliche Stifter der Spiele, ist auch inschriftlich in Aphrodisias nachweisbar.[6] Die Inschrift benennt einen gewissen Tiberius Claudius Attalos, der seinem Bruder Diogenes eine Statue gestiftet hat. Zwar wird im Corpus der Inschriften von Aphrodisias diese Inschrift auf Grund des Schrifttypus in die Severische Zeit datiert, doch schließt das nicht aus, dass es sich dabei um eine wohlhabende Familie handelte, die auch noch in der Zeit Gordians wirkte. Generell lässt sich feststellen, dass der Kaiser wohl sehr gute Beziehungen zu der Stadt unterhielt, was auch die Einrichtung der Spiele

1 Cf. Hamacher (1983), S. 32, allerdings ohne Beleg.
2 Zur Bedeutung der Flotte für den Nachschub auch Kehne (2007), S. 328-329.
3 Cf. MacDonald (1992), Nr. 185, 189, 196, 212, 227. Dazu Leschhorn/Franke (2002), S. 62 und 80.
4 MacDonald (1992), Nr. 185.
5 MacDonald (1992), Nr. 203.
6 Cf. IAph 2007, Nr. 2, 16.

erklärt.[1] Auch wenn diese in ihrem Ursprung auf den Euergetimus des Attalos zurückzuführen sind, wurden sie doch bis in die Zeit Valerians fortgesetzt. Dennoch liegt Aphrodisias so abseitig, dass ein Besuch Gordians unwahrscheinlich ist.

Von Seleukeia wandte sich Gordian mit seinem Heer nach Tarsos. Die Stadt war wegen ihrer Lage bereits bei anderen Feldzügen ein Aufenthaltsort des Heeres gewesen,[2] so dass man davon ausgehen kann, dass auch Gordian hier Station machte. Obwohl nur die reiche Prägung der Stadt und nicht die einzelnen Münzbildnisse darauf schließen lassen,[3] bot Tarsos jedoch wieder die Möglichkeit, das Heer über das Meer mit Hilfe der Flotte zu versorgen. Nach Tarsos erreichte die römische Streitmacht wahrscheinlich am Ende des Jahres Antiocheia und ihr Winterlager,[4] allerdings hat bereits STOLL darauf aufmerksam gemacht, dass nicht das gesamte Heer in Antiocheia hatte überwintern können und durch den Nachweis einer Nekropole zeigen können, dass zumindest die *legio II Parthica* im benachbarten Apameia überwinterte.[5]

---

[1] Insgesamt sind vier Briefe Gordians III. an die Stadt Aphrodisias erhalten, wobei einer, der in das Jahr 239 datierbar ist, ein Dankschreiben an die Bewohner ist, die wohl relativ schnell nach Gordians Erhebung zum Augustus diesem ihre Treue versicherten (IAph 2007, Nr. 8.102). Die anderen Briefe sind unter Nrr. 8.100-103 publiziert. Auch Erim/Reynolds (1969), bes. S. 57-58, die das Antwortschreiben Gordians III. an einen gewissen Aurelius Epaphras zum ersten Mal publiziert haben (heute IAph 2007, Nr. 8, 100), stellten fest, dass der angeschlagene Ton sich deutlich von anderen Inschriften solcher Art – wie z. B. der von Skaptopara – unterschied. Anders dagegen Oliver (1979), S. 138, der in dieser Inschrift weniger eine enge Bindung zwischen Gordian und Aphrodisias sieht, sondern „ a fascinating testimonial to the durability of the ancient civic tradition according to which a man regarded some city-state as his true fatherland, not Greece or Italy or any other *communis patria*".

[2] Cf. Hamacher (1983), S. 40.

[3] Cf. Loriot (1975), S. 767; Kettenhofen (1982), S. 27; Hamacher (1983), S. 41. Zu den agonistischen Prägungen auch in der Zeit Gordians III. Ziegler (1985), S. 21-50.

[4] Cf. Spoerri-Butcher (2006), S. 27; Loriot (1975), S. 767; Kettenhofen (1982), S. 27, der darauf hinweist, dass die Stadt entgegen HA Gord. 26,6 nicht hat zurückerobert werden müssen.

[5] Cf. Stoll (2001), S. 13 und 44. So auch Holder (1994).

Nur numismatisch belegt ist die wahrscheinliche Neubennung einer Stadt durch Gordian. Der Revers einer Prägung aus Mopsuestia in Kilikien trägt die Legende AΔPI ΓΟΡΔΙΑΝΩΝ ΜΟΨΕΑΤΩΝ – Bürger der Stadt Gordianus.[1] Die Prägestätte liegt auf dem Weg zwischen Tarsos und Antiocheia, so dass eine tatsächliche Namensgebung durch Gordian nicht ausgeschlossen ist, da das Heer dort vorbei kam.

Der erste militärische Vorstoß gegen die Sassaniden richtete sich im Frühjahr 243 vermutlich gegen Edessa, welches das Zentrum des Reiches Osrhoene war, dessen König Abgar X. Gordian III. vermutlich 239 wieder eingesetzt hatte.[2] Die Dynastie der Abgiden war eigentlich schon unter Caracalla abgesetzt worden und Edessa zunehmend romanisiert worden,[3] was die Trianomina des neuen Königs Aelius Septimius Abgar erklärt.[4] Die Wiedereinsetzung darf man aber nicht als Installierung eines Klientelkönigtums verstehen, sondern mehr als eine Art Handel, den der mesopotamische König und Gordian III. getroffen hatten. Der Hintergrund wird dabei wohl gewesen sein, dass man in Rom um die Gefahr

---

1 SNG Levante 1353. Dazu Leschhorn/Franke (2002), S. 80.

2 Cf. Ross (2001), S. 69; Johne (2008), S. 507. Zu den ersten Königen von Osrhoene Luther (1999).

3 Hintergrund für die Absetzung des Königsgeschlechtes war die Ermordung Caracallas, die in der Nähe von Edessa stattfand. Herodian. 4,13,3 lokalisiert die Ermordung in Karrhai, die Historia Augusta zwischen Karrhai und Edessa (HA Carac. 7,1); Cass. Dio 78,4-5 dagegen spricht sich für Edessa aus, da dies das Winterlager Caracallas gewesen sein soll. Allgemein zur Errichtung der Provinz Osrhoena und Mesopotamia unter Septimus Severus Luther (2002), S. 1-2; zur militärischen Organisation in Severischer Zeit Wagner (1983).

4 Cf. Ross (2001), S. 69. Für Uneinigkeit sorgte auch lange Zeit CIL VI 1797, wobei es sich um eine Grabinschrift handelt: *D(is) M(anibus) / Abgar / Prahates / filius rex / principis / Orrhenoru(m) / Hodda / coniugi bene / merenti fec(it)*. Der Nominativ, in dem beide Personen genannt sind, hat lange Zeit Spekulationen darüber zugelassen, für wen der Grabstein gesetzt wurde und welcher Abgar hier gemeint ist (Luther (1998), S. 346-347 mit den Hauptargumenten dieser Forschungsdiskussion). Nun hat jedoch Luther überzeugend dargelegt, dass dieser inschriftlich belegte Abgar nicht in das 3. Jh. zu datieren ist (Luther (1998), S. 348-357) und damit nicht – wie ebenfalls in der Vergangenheit geschehen – in die Diskussion um Abgar X. mit einfließen kann.

wusste, die von den Persern für die östlichen Provinzen ausging. Da der Kaiser jedoch selbst für den Feldzug noch nicht gerüstet war, entschied er sich für die Einsetzung eines Vertrauten. Einen weiteren Grund für die Einsetzung des Abgariden führt SOMMER an, der darin ein Bemühen des römischen Kaisers sieht, die mobilen Stämme, die seit dem erneuten Ausbruch der Grenzstreitigkeiten „zunehmend der Kontrolle der Territorialstaaten entglitten", wieder ein Stück unter den Schirm des Römischen Reiches zu holen.[1] Die Mehrheit in der Forschung geht noch immer davon aus, dass Gordian im Jahr 239 v. a. deswegen eine Reise in den Osten unternommen hatte,[2] doch hat sich bereits unter der Herrschaft Neros gezeigt, dass die Inthronisierung eines Königs nicht direkt vom Kaiser vorgenommen werden muss.[3] Eine zweite Variante für die Wiedereinsetzung Abgars wird v. a. in der älteren Forschung verfolgt: Die persönliche Einsetzung des Königs von Osrhoene durch Gordian im Jahr 242, also bevor er zum ersten militärischen Vorstoß gegen die Sassaniden ansetzte, damit dem römischen Kaiser ein zusätzlicher militärischer Verbündeter zur Seite stand.[4] Von der Thronvergabe zeugen Münzen, die auf dem Avers Gordian allein, auf dem Revers jedoch diesen sitzend mit einem Zepter in der linken Hand und Abgar, der mit der Rechten eine Nikefigur hält. Die Reverslegende lautet: ΑΥΤΟΚ ΓΟΡΔΙΑΝΟΣ ΑΒΓΑΡΟΣ ΒΑΣΙΛΕΥΣ.[5] Wahrscheinlich um den Verbündeten zu rächen und die verlorenen Gebiete zurückzugewinnen, wandte sich Gordian III. im Frühjahr 243 zuerst Richtung Edessa. Von dort aus gelang nach der siegreichen Schlacht bei Rhesaina mit Nisibis und Singara die Wiedereroberung der gesamten Provinz Mesopotamia.[6] Über den genauen Verlauf des Eroberungszuges und der Schlacht schweigen die Quellen – dies ändert sich wieder für die Zeit nach dem Erfolg in der Schlacht bei

1 Cf. Sommer (2010), S. 242-244.

2 Für die Gründe und die Quellen, die dagegen sprechen Kap. 4.1; Johne (2008), S. 507, Anm. 52 für die Zusammenstellung der Befürworter einer Reise Gordians in den Osten.

3 Cf. Tac. ann. 14,23-26.

4 So z. B. Hill (1916), S. 161-163, aber auch Kettenhofen (1982), S. 28.

5 BMC Arabia 136-139. In den Nummern 140-165 wird dieser Typ variiert und auf dem Revers steht nur noch die Titulatur Abgars und die Gordians auf dem Avers. Zur Interpretation der Münzen Ross (2001), S. 72-73.

6 Cf. Kettenhofen (1982), S. 29; Eadie (1996), S. 144.

Rhesaina.[1]

In der Historia Augusta wird dabei der Erfolg in der Vita der drei Gordiane geschickt allein dem Timesitheus zugeschrieben. Zwar berichtet der Biograph zuerst aus der Sicht des Gordian und nimmt für den persischen Großkönig sogar an, dass dieser Angst vor dem römischen Kaiser hatte: *Rex sane Persarum tantum Gordianum principem timuit (...).*[2] Doch dies wird bereits im nächsten Absatz relativiert: *Sed haec omnia per Misetheum, socerum Gordiani eundemque praefectum, gesta sunt.*[3] Der Autor der Historia Augusta unterstellt hier also, dass Schapur I. zwar Gordian fürchtete, aber Timesitheus hatte die Schlacht für die Römer gewonnen. Wahrscheinlich ist in diesem Fall „Gordian“ als Äquivalent für die römische Streitmacht zu verstehen und bezeichnet nicht wörtlich die Macht des römischen Kaisers. Verstärkt wird dieser Eindruck durch einen fiktiven Brief, den Gordian an den Senat schreibt und der ebenfalls allein die Taten des Prätorianerpräfekten lobt.[4] Als Reaktion darauf billigt der Senat Gordian einen Triumph zu, dem Timesitheus aber einen eigens hergestellten Streitwagen mit folgender Inschrift:

> *<Ti>m<e>sitheo eminenti viro, parenti principum, {praefecto} praeto<rii>, totius orbis <tutori, resti>tutori[s] re<i> p. senatus populusque Romanus vicem reddidit.*
>
> Dem Timesitheus, dem ausgezeichneten Mann, dem Vater der Kaiser, dem Prätorianerpräfekten, dem Beschützer des gesamten Erdkreises, dem Wiederhersteller des Staates, haben Senat und Volk von Rom seinen Verdiensten gemäße Ehrungen erwiesen.[5]

Obwohl die Überlieferung dieser Textstelle verderbt ist, sind die Ehrenbezeichnungen für den Prätorianerpräfekten herausstechend. Besonders die Ehrung als *restitutor totius orbis* macht Timesitheus zum eigentlichen

—

1 Cf. Amm. 23,5,17; Zos. 1,18,2; Hier. chron. a. Abr. 298-299. Festus 22,2, Eutop. 9,2,2 und Oros. 7,19,4 berichten von mehreren erfolgreich gefochtenen Schlachten. Sehr allgemein über den Kriegsverlauf ist Aur. Vict. 27,8, der nur von einem *gesto insigniter bello* berichtet.

2 HA Gord. 27,1.

3 HA Gord. 27,2.

4 Cf. HA Gord. 27,4-8.

5 HA Gord. 27,10.

Herrscher im Römischen Reich, da ein solcher Ausdruck sonst für den regierenden Kaiser verwendet wurde.[1]

Die Inschrift ist ebenso wie der Brief Gordians nicht historisch, dennoch bringen beide die Botschaft der Vita deutlich zum Tragen: Der eigentliche Herrscher ist Timesitheus, aber weil dieser mit seinem Platz als Prätorianerpräfekt zufrieden war, nie nach mehr strebte und Gordian als Kaiser anerkannte, funktionierte diese Symbiose.[2] Gleichzeitig hat in den Augen des Autors der Historia Augusta die Karriere des Schwiegervaters Gordians mit dieser Ehreninschrift seinen Höhepunkt erreicht und das Römische Reich, das in diesem Moment von den Sassaniden befreit war, ebenfalls. Da der Spannungsbogen in der Vita Gordians an dieser Stelle seinen Höhepunkt erreicht hat, ist die logische Konsequenz, dass Timesitheus im nächsten Kapitel stirbt, damit das Schicksal Gordians ebenfalls seinen Lauf nehmen kann.[3] Tatsächlich starb der Prätorianerpräfekt wohl kurz nach dem Sieg bei Rhesaina.[4] Neben der Historia Augusta behauptet auch Zosimus, dass der Tod des Timesitheus den Truppen das Vertrauen in den Kaiser nahm.[5] Die sich daran anschließende Revolte ist auch hier eine logische Folge aus dem Tod des vertrauten Schwiegervaters. Bereits mit dem Tod des Timesitheus beginnt in der Historia Augusta die Verleumdung des Philippus Arabs, die in dem bald folgenden Tod Gordians III. ihren Höhepunkt findet.

---

1 So z. B. im Falle Aurelians.

2 Cf. Kap. 3.1.3.2.

3 Cf. HA Gord. 28,1.

4 Cf. Kettenhofen (1982), S. 29.

5 Cf. Zos. 18,2.

4.2 Der Tod Gordians – Mord oder Unglück?

Noch Keinen sah ich fröhlich enden,
Auf den mit immer vollen Händen
Die Götter ihre Gaben streun.
(Friedrich Schiller, *Der Ring des Polykrates*)

Wahrscheinlich auf dem Weiterzug Richtung Ktesiphon verstarb Gordian III. im Jahr 244 nach einer Niederlage der Römer bei Mische.[1] Da man sein genaues Geburtsdatum nicht kennt, ist es auch in diesem Fall sehr schwer, eine genaue Angabe zu machen, aber da er wohl 13-jährig Kaiser wurde, ist es nach einer Regierungszeit von sechs Jahren realistisch anzunehmen, dass er ungefähr 19 Jahre alt war.

Gleiches gilt für die Umstände und den Todeszeitpunkt des jungen Kaisers. Über diese zwei Punkte findet man in den Quellen die unterschiedlichsten Angaben. Insgesamt gibt es vier verschiedene Varianten, wie und wann Gordian III. sein Leben verloren hat. Die erste und populärste der römischen Quellen ist die, dass ihn Philippus Arabs umbrachte.[2] Eine zweite und dritte Möglichkeit gehen jeweils von einer Meuterei der Soldaten aus, wobei zwischen einer Urheberschaft von seitens Philipps und einer Aktion, die allein von den Soldaten motiviert war, unterschieden werden muss.[3] Eine vierte Variante schließlich berichtet vom Schlachtentod Gordians. Bei dieser Quelle handelt es sich um die inschriftlich überlieferten *Res Gestae Divi Saporis*.[4] Bereits KÖRNER hat hinter dieser Behauptung eine Propagandaaktion seitens des persischen Großkönigs vermutet.[5] Dabei ist es weniger die Überlieferung in der Inschrift des Sassaniden, die eine solche Annahme schlüssig erscheinen lässt, sondern die damit verbundenen bildlichen Darstellungen auf den Felsreliefs. Den Bildaufbau der fünf Reliefs hat zuletzt GÖBL (1974) un-

1 Cf. Loriot (1975), S. 770-774; Kettenhofen (1982), S. 33-36.

2 Cf. HA Gord. 30,9; Euagrius Scholasticus 41; Amm. 23,5,17;

3 Cf. Eutrop. 9,2; Aur. Vict. 27,8; Festus 22; Hier. chron. a. Abr. 299; Synk. 443,22. Eine Verschwörung ohne Beteiligung Philipps Oros. 7,19,4;

4 Diese wurden vollständig ediert und kommentiert von Back (1978), nach dessen Edition zitiert wird.

5 Cf. Körner (2002), S. 88; allerdings vertrat bereits Oost (1958), S. 106 ebenfalls diese Meinung.

tersucht.[1] Zu sehen sind von oben nach unten die drei Kaiser Valerian, Philippus Arabs und Gordian III. Dabei ist Valerian stehend, Philipp kniend und Gordian liegend dargestellt. Die liegende Position ist noch auf anderen sassanidischen Reliefs vertreten und stellt konkret einen toten Feind dar.[2] Dazu heißt es im Tatenbericht Schapurs I.: „Und an der Grenze Babyloniens bei Miðīk kam es gegeneinander zu einer großen Schlacht und der Kaiser Gordianus fand den Tod, und wir vernichteten das römische Heer".[3] Zwar bleibt bei dieser Übersetzung die Interpretationsmöglichkeit, dass Gordian auch irgendwann nach der Schlacht gestorben sein könnte, doch die Darstellung des toten Kaisers auf den Felsbildnissen lässt nur die Möglichkeit zu, dass Schapur seinen Sieg über die Römer und den Schlachtentod Gordians propagieren wollte. KÖRNER weist in seiner Arbeit auf weitere byzantinische Quellen hin, die von einem Tod des Kaisers in der Schlacht berichten. Allerdings hat seine Untersuchung der oft sehr knapp gehaltenen Chroniken gezeigt, dass diese Gordian II. und Gordian III. verwechselten, was die Glaubwürdigkeit dieses Überlieferungsstranges stark ins Wanken geraten lässt.[4]

In übereinstimmender Meinung der römischen Quellen – eine Ausnahme ist hier nur Orosius – wird die Schuld am Tod Gordians III. seinem Nachfolger Philippus Arabs zugeteilt. Insbesondere die Historia Augusta berichtet, dass dieser nach dem Tod des Timesitheus das Heer gegen den jungen Kaiser aufbrachte, indem er die von seinem Vorgänger verwalteten Vorräte den Truppen vorenthielt.[5] Außerdem soll er den Soldaten eingeredet haben, dass Gordian allein nicht im Stande sei, zu regieren und er der bessere Kaiser wäre. Dieser Forderung verlieh er Nachdruck, indem er wichtige Leute im Heer bestach, damit diese zusätzlich

---

1 Dessen Arbeit basiert auf der Untersuchung von MacDermot (1954). Dieser nennt auch die jeweiligen Fundorte. So wurden drei Reliefs in Bishapur, eines in Darabgird und das bekannteste der fünf in Naqsh-i-Rustam gefunden (MacDermot (1954), S. 76-77). Für weitere Einzelaspekte cf. Meyer (1990).

2 Cf. Göbl (1974), S. 11-12 mit der Bildbeschreibung und weiteren Beispielen für tote Gegner auf sassanidischen Reliefs.

3 ŠKZ 5/4/8-5/4/9 zitiert nach Back (1978).

4 Cf. Körner (2002), S. 84-85.

5 Cf. HA Gord. 29,2-3.

die Ernennung des Philipp zum Kaiser forderten.[1] Soweit entsprach sein Vorgehen in der Vita Gordians den Zügen einer typischen Usurpation, doch nun wird die Darstellung der Historia Augusta grotesk: Philippus Arabs wird zum Mitkaiser erhoben und Gordian erkennt, dass er damit die Macht verloren hat.[2] Und tatsächlich setzte Philipp den jungen Mann als Herrscher ab und obwohl Gordian zuerst um eine Teilung der Herrschaft, dann um Einsetzung als Caesar, schließlich um die vakante Stelle des Prätorianerpräfekten bat, erhielt er nichts vom neuen Kaiser.[3] Dennoch konnte es Philippus Arabs nicht riskieren, Gordian am Leben zu lassen und die Begründung, die die Historia Augusta dafür gibt, ist sehr bezeichnend:

> *Verum cum secum ipse cogitaret amore populi R. et senatus circa Gordianum et totius Africae ac Syriae totiusque orbis Romani, cum et nobilis esset et nepos ac filius imperatorum (...).*
> Weil er in Wahrheit selbst bei sich dachte, dass Gordian hinsichtlich der Liebe des römisches Volkes, des Senats, ganz Afrikas und Syriens und des ganzen Römischen Reiches <Kaiser wurde>, weil er von adeliger Abstammung und der Enkel und Sohn der Kaiser war (...).[4]

Die größte Gefahr, die also nach der Historia Augusta von einem lebenden Gordian ausging, war dessen Beliebtheit beim römischen Volk, dem Senat und der gesamten römischen Welt. Außerdem war er im Gegensatz zu Philippus kein Emporkömmling, sondern entstammte einer traditionsreichen römischen Familie. Erst diese Punkte sind tatsächlich ausschlaggebend für die spätere Ermordung Gordians.[5] So ausgeführt, wird das Ende des 19-jährigen Kaisers nur in der Historia Augusta, aber es ist

---

1 Cf. HA Gord. 29,4-5.

2 Cf. HA Gord. 30,1. Der Einfallsreichtum des Autors der Historia Augusta ist an dieser Stelle fast grenzenlos. Denn erst im Gespräch mit einem fiktiven Präfekten namens Maecius Gordianus, der als Verwandter und damit Vertrauter des Kaisers eingeführt wird, erkennt dieser, dass er gegen Philippus verloren hat. Anders dagegen Krauss (1903), S. 631, der an die Historizität dieses Präfekten glaubt.

3 Cf. HA Gord. 30,4-7.

4 HA Gord. 30,8.

5 Cf. HA Gord. 30,8-9.

nicht unwahrscheinlich, dass andere Autoren ähnliche Gedanken hatten, als sie Philippus Arabs des Mordes beschuldigten. Von einem natürlichen Tod spricht keine der aufgeführten Quellen, dafür berichten die meisten aber von einem gewaltsamen Vorgehen der Soldaten gegenüber Gordian. Daher ist es wahrscheinlich, dass der junge Kaiser einer Meuterei zum Opfer fiel, deren Urheberschaft man dem neuen Kaiser Philipp allerdings nicht mit letzter Gewissheit nachweisen kann. Eine gewisse Mittäterschaft kann jedoch auch nicht ausgeschlossen werden.[1]

Nach der Ermordung Gordians wurde diesem ein Grabmal errichtet.[2] Eutrop berichtet, dass dieses *vicesimo miliario a Circesio*[3] entfernt war und Ammianus Marcellinus benennt diesen Ort außerhalb von Circesium als Zaitha.[4] In der Chronik des Hieronymus erfährt man, dass am Ufer des Euphrat ein Grab errichtet wurde, die Gebeine des jungen Kaisers jedoch nach Rom überführt wurden.[5] Die Historia Augusta überliefert keinenerlei Ehrerweisungen gegenüber dem Ermordeten, was aber auch nicht in das Bild des Philippus passen würde, das schon am Schluss der Gordiansvita entworfen wird.[6] Vielmehr wird an dieser Stelle wieder die Liebe des Autors der Biographiensammlung zu Wortspielen deutlich. Der Name Philipp und die Tatsache, dass dieser einen Sohn gleichen Namens hatte, führt am Ende der Vita zu einem Vergleich mit der Ermordung Caesars und dem Vermerk, dass es den beiden *Philippi* ebenso ergangen wäre. Der Plural wird hier zum ersten Mal verwendet, was dem ansonsten vollkommen unhaltbaren Vergleich mit den Ereignissen des Jahres 44 v. Chr. einen sehr treffenden Unterton gibt.

—

1 So auch Körner (2002), S. 89 und Eadie (1996), S. 145.

2 Cf. Körner (2002), S. 92-93.

3 Eutrop. 9,2,3. So auch Festus 22,2. Oros. 7,19,4 dagegen gibt Circesium lediglich als Ort der Ermordung an.

4 Cf. Amm. 23,5,7: *Profecti exinde Zaitham venimus locum, qui olea arbor interpretatur. hic Gordiani imperatoris longe conspicuum vidimus tumulum, cuius actus a pueritia prima exercituumque felicissimos ductus et insidiosum interitum digessimus tempore conpetenti.*

5 Cf. Hier. chron. a. Abr. 299: *Gordiano milites tumulum aedificant, qui Eufrate imminent, ossibus eius Romam revectis.*

6 Die Vita des Philippus Arabs aus der Historia Augusta ist nicht erhalten.

Die Historia Augusta berichtet ebenfalls von einer Konsekration Gordians durch den Senat,[1] allerdings sind weder inschriftliche noch numismatische Zeugnisse erhalten, die dies bestätigen können.[2] Es ist auch schwer zu beurteilen, inwieweit Philippus Arabs dies vorangetrieben hätte, wenn er tatsächlich am Tod Gordians beteiligt gewesen ist.[3] Abgesehen von der Historia Augusta verstummen die anderen literarischen Quellen nach der Ermordung des jungen Kaisers. In der spätantiken Vitensammlung wird jedoch nach der Beschreibung seines Todes eine Art Rückerinnerung an Gordian angefügt, in der nochmals die Beliebtheit dieses Kaisers hervorgehoben wird: *(...) omnes milites eum filium appellasse, ab omni senatu filium dictum, omnem populum delicias suas Gordianum dixisse*.[4] Aus diesem Nachruf kann man nicht schließen, dass Gordian als Kaiser der *plebs Romana* empfunden wurde, da nicht nur das römische Volk dessen Tod betrauerte, sondern auch das Heer und der Senat. Trotzdem ist diese Stelle so formuliert, dass v. a. aus der Bezeichnung *deliciae* deutlich wird, wie sehr der Kaiser vom Volk geliebt wurde.

In der mittelalterlichen Rezeption wird die Regierungszeit Gordians in der Regel auf die Erwähnung der Regierungszeit begrenzt.[5] In ausführlicheren Darstellungen wird zusätzlich sein Perserfeldzug und der damit verbundene Tod genannt.[6] Eine Ausnahme ist eine Stelle in den His-

---

1 Cf. HA Gord. 31,3; so auch Eutrop. 9,2. Nicht eindeutig ist die Stelle bei Amm. 23,5,7. In den Fasti Philocali wird der 20. Januar genannt. Zum Inhalt und Bedeutung dieser Fasti-Stelle s. Benoist (2005), S. 179.

2 Cf. Loriot (1975), S. 775.

3 Für einen Freispruch Philipps und einen Schlachtentod Gordians spricht sich nur MacDonald (1981) aus.

4 HA Gord. 31,6: „(…) alle Soldaten nannten diesen Sohn, vom ganzen Senat wurde er Sohn genannt und das ganze Volk nannte Gordian ihr Vergnügen."

5 Cf. z. B. MGH, SS, 1: Annales et chronica aevi Carolini und MGH, SS, 18: Chronica regia Coloniensis, S. 5.

6 Cf. MGH, SS rer. Germ. N.S., 45: Ottonis episcope Frisingesis chronica sive Historia de duabus civitatibus, S. 170; MGH, SS, 17: Annales aevis Suevici, S. 115, 478; MGH, SS, 22: Historici Germaniae saec. XII, S. 23, 448; MGH, SS, 31: Annales et chronica Italica aevi Suevici, S. 299, 600. Die Beschreibung von der Ermordung Gordians und der Errichtung seines Grabes in MGH, Gesta pontificum Romanorum, Annales et Chronica aevi

torici Germaniae: *Gordianus iunior, forma pulcherrimus, legitur habuisse decretas concubinas 22; ex quibus omnibus ternos et quaternos filios dereliquit.*[1] Keine der antiken Quellen gibt auch nur ansatzweise Grund zu der Annahme, dass Gordian neben seiner Frau Tranquillina außereheliche Liebesbeziehungen hatte. Eine solche Einschätzung des römischen Kaisers kann nur durch eine Verwechslung begründet werden. Ein Autor, der zeitlich weit entfernt vom 3. Jh. war, könnte eventuell seine Quellen verwechselt oder falsch gelesen haben, denn eine solche Aussage z. B. über Heliogabal würde nicht überraschen. Insgesamt wird Gordians Wirken in der mittealterlichen Überlieferung auf seinen Perserfeldzug und den damit verbundenen Tod reduziert. Für eine eventuelle Einordnung als Kaiser der *plebs Romana* finden sich keine Belege mehr.

4.3 Zusammenfassung

Die Betrachtung des Feldzugs Gordians III. gegen die Sassaniden hat gezeigt, dass es auf Grund der Quellenlage schwer ist, die Konturen des Kaisers zu fassen. Auffällig dagegen ist die starke Präsenz Tranquillinas auf den provinzialrömischen Prägungen, die darauf hindeuten, dass diese ihren Ehemann auf dem Feldzug begleitet hat. Damit verschiebt sich das Bild Gordians insofern, als er nun nicht mehr allein als Kaiser auftritt, sondern zusammen mit seiner Frau. Zusätzlich stellen auch die einzelnen Provinzen (wie z. B. Makedonien) oder Städte Gordian auf ihren Prägungen nach ihrem Ermessen dar. Die Motive der Reverse, die sich auf den Perserkrieg oder andere Ereignisse beziehen, sind selten. Die Einrichtung eines Agon für den römischen Kaiser in Aphrodisias zeigt die Verehrung auf provizialrömischer Ebene, die gleichzeitig eine besondere Verbundenheit zwischen der Stadt und dem Herrscher verdeutlicht. Die Beziehungen zu Abgar X. dienten der zusätzlichen Sicherung vor den Sassaniden und sind daher im kriegerischen Kontext zu sehen.

Mit dem ersten militärischen Erfolg und dem Tod des jungen Kaisers setzen die literarischen Quellen wieder ein. Diese lassen keinen Zweifel daran, dass der beim Volk beliebte Kaiser von meuternden Soldaten – mit oder ohne Wissen und Willen des Philippus Arabs – ermordet und

---

Salici entspricht fast wörtlich der des Eutrop.

1 MGH, SS, 22: Historici Germaniae saec. XII.2, S. 169.

fern von Rom begraben wurde. Für eine Consecratio durch den Senat gibt es nur vage Hinweise.

Schlussbetrachtung

Typisch für die „Zeit der Soldatenkaiser" mag der Tod Gordians sein, seine Herrschaft und die Umstände, die dazu geführt haben, entsprechen dieser jedoch nicht.

Die Untersuchung des Jahres 238 hat gezeigt, dass die Erhebung Gordians zum Augustus auf Wunsch des römischen Volkes erfolgt ist. Nach Maximinus Thrax, dessen Herrschaft hauptsächlich vom Heer getragen wurde und der kurzen Regierung der beiden Senatskaiser Pupienus und Balbinus war der junge Caesar ein Kaiser, der nicht nur einer alten römischen Familie entstammte, sondern dem Volk von Rom innere Ruhe und eine Art Zufriedenheit brachte. Der Senat stimmte der Wahl Gordians zu, weil er sich erstens in einer wirklichen Krisensituation befand, wie die drei kurz aufeinander folgenden Senatssitzungen zeigten, und nach dem Tod ihrer Kandidaten mit keinen Alternativen, die auch Zustimmung beim Volk und dem Heer finden würden, aufwarten konnten. Ein zweiter Grund war wahrscheinlich auch die Hoffnung, dass ihr Gremium unter der Herrschaft eines Kindes die im Jahr 238 neu gewonnene Macht nicht wieder einbüßen würde. Dieser politische Hintergrund führt auch zu der Frage, wie die Herrschaftsaufgabe eigentlich gelöst wurde, die ein 13-jähriger Junge nicht allein bewältigen konnte. Der Vergleich mit den Vorgängern Gordians, die in einem ähnlichen Alter waren, als sie Kaiser wurden, zeigte, dass diese besonders auf Mitglieder der Familie zurückgreifen konnten. Da über die Situation in der Familie der *Antonii* außer dem Tod der beiden ersten Gordiane nichts bekannt ist, kann nur darüber spekuliert werden, wer dem Jungen am Anfang zur Seite stand. Unter diesem Gesichtspunkt ist auch die Ernennung des Timesitheus zum Prätorianerpräfekten zu sehen, der zusammen mit seiner Tochter Tranquillina, die Gordian heiratete, wohl als „Familienersatz" diente. Der Vergleich mit anderen „Kindkaisern" zeigte aber auch, dass Gordian III. der einzige von ihnen war, dessen Beliebtheit beim Volk bis zu seinem Tod reichte. In dieser Hinsicht kann er als Kaiser der *plebs Romana* gelten, der gleichzeitig die Gunst des Senats ebenfalls bis zum Tod beibehielt. Damit kann man wohl davon ausgehen, dass ihm seine Machtbasis in Rom – anders als bei z. B. Nero oder Commodus – nicht weggebrochen wäre.

Die tatsächlichen politischen Handlungen lassen sich am besten in den Reskripten erkennen. Dort tritt Gordian als Kaiser aller Schichten des römischen Volkes hervor, indem er v. a. finanziellen Schutz für rechtlich Benachteiligte wie Frauen, Minderjährige und Soldaten garantierte; zusätzlich waren diese Regelungen wohl auch im Sinne des Senats. Speziell die Gesetze mit Bezug auf die Soldaten zeigten aber auch, dass die Kriegssituation im Römischen Reich noch nicht gebannt war und dass ein erneuter Feldzug bevorstand. Vor diesem Hintergrund muss auch die Religionspolitik Gordians betrachtet werden, die durch die Fokussierung auf die Capitolinische Trias und die Arvalbruderschaft einerseits dem römischen Volk einen ihnen bekannten und traditionellen religiösen Alltag gewährte und die stadtrömischen Honoratioren durch eine Rückbesinnung auf alte Rituale in die Traditionen und damit in den religiös-kulturellen Teil Herrschaft einband. Die Öffnung der Tore des Ianus-Tempels und das Datum für das Abhalten des Agon Minervae sind jedoch andererseits wieder als gezielte Vorbereitungen auf den Perserkrieg zu sehen.

Der Aufbruch in den Krieg gegen die Sassaniden im Jahr 242 zwang den jungen Kaiser zum ersten Mal dazu, Rom zu verlassen. Sein Bild ist nun besonders auf dem Weg in den Osten von den Vorstellungen der einzelnen Provinzen und Städte geprägt, was sich in der provinzialrömischen Münzprägung zeigt, die für diesen Teil auch gleichzeitig die wichtigste Quelle darstellt. Außerdem spiegelt die Menge der geprägten Münzen im gesamten Römischen Reich den Bedarf an Zahlungsmitteln wider, der durch die militärischen Aktivitäten stark gestiegen war, was auf einen, wenn auch nur kurzzeitigen, wirtschaftlichen Aufschwung hindeutet, den die Provinzen ihrem Kaiser als Folge der Kriegsfinanzierung zuschreiben. Besonders Prägestätten, von denen lange Zeit keine Münzen mehr hergestellt worden waren, fingen wieder mit der Produktion an. Dabei traten einzelne Städte besonders hervor; so hat Aphrodisias z. B. Gordian zu Ehren einen neuen Agon eingerichtet, der auch nach seinem Tod noch bis in die Zeit Valerians abgehalten wurde. Die diplomatischen Beziehungen mit Abgar X. stellen Gordian im Licht eines taktisch denkenden Herrschers dar, wie es bisher noch nicht geschehen war. Er scheint sich in diesem Moment und nach dem Sieg in der Schlacht von Rhesaina auch beim Heer etabliert zu haben. Umso überraschender ist die Analyse der nun wieder verstärkt vorhandenen literarischen Quellen, die ergeben hat, dass Gordian möglicherweise einer Meuterei unter seinen eigenen Soldaten zum Opfer fiel. Inwieweit sein Nachfolger Philippus Arabs seine Hände im Spiel hatte, lässt sich nur schwer beurteilen. Dennoch zeigt die Beschreibung des Mordes an dem jungen Kaiser einen Aspekt sehr deutlich: Gordian III. wurde vom Volk geliebt und vom Senat geachtet. Diese Erkenntnis basiert jedoch hauptsächlich auf der Historia Augusta, so dass man in Anbetracht der Absicht des Autors dieses Zeugnis im Kontext seiner Gesamtkonzeption sehen muss.

Insgesamt kann man festhalten, dass Gordian III. unter den Umständen des Jahres 238 als Wunschkandidat der *plebs Romana*, des Senats und schließlich auch mit Zustimmung des Heeres zum Augustus erhoben wurde. Bereits dieses „Alleinstellungsmerkmal“ macht ihn nicht zu einem typischen Soldatenkaiser, sondern zu einem Kaiser einer Umbruchszeit. Die beiden Kaiser vor und nach ihm wurden vom Heer erhoben und von diesem gewaltsam zu Fall gebracht, bei Gordian stand nur die Ermordung im oströmischen Teil des Reiches und die darauf folgende Ernennung des Philippus Arabs durch die Soldaten; dass diese aber auch Schuld am Tod des jungen Kaisers waren, konnte nicht nachgewiesen werden.

Die Politik Gordians ist zum einen – wie im Falle der Rechtsprechung – eine Reaktion auf die Ereignisse seiner Zeit, die sicher mit Blick auf den Krieg bewertet werden muss; gleichermaßen räumt sie jedoch auch mit den verwalterischen Versäumnissen der vorangegangenen Jahre auf und setzt somit ein Zeichen für einen Neuanfang.

Als Abkömmling einer alten römischen Familie war sich Gordian III. seiner Tradition und religiösen Pflichten bewusst, was die religionspolitischen Unternehmungen zeigten. Zwar sind auch hier die Vorzeichen des Krieges gegen die Sassaniden nicht wegzudiskutieren, doch dürfte die Gordianische Interpretation wohl besonders den Alten gefallen haben.

Spätestens mit dem Tod Gordians III. ist jedoch die Zwischen- und Übergangszeit für die römischen Kaiser vorbei und das Heer wird noch vor dem Senat und dem Volk zur entscheidenden Basis einer Regierung.

Anhang

Tabelle zur Chronologie des Jahres 238 n. Chr.

	Beginn der Revolte	Erhebung der Gordiane zu Augusti	Gordian I. in Karthago	Erste Senatssitzung	Tod der beiden Gordiane
Townsend (1928)	19. März	k.A.	k.A	ca. 1. April	ca. 21. April
Van Sickle (1929)	März	k.A.	k.A	k.A.	k.A.
Carson (1958)	22. März	k.A .	k.A	1. April	12. April
Kildahl (1962)	21.-24. Februar	k.A	k.A	k.A.	13.-16. März
Rea (1972)	8. März			14.-21. Mai	
Loriot (1975)	25. März	k.A.	k.A.	zw. 7. April u. 13. Juni	k.A.
Peachin (1989)	Mitte bis Ende März			Ende März/ Anfang April	
Haegemans (2010)	10. Dezember 237 – 7. April 238	14. März	k.A.	21. Mai	k.a.
Herrmann (2013)	21./22. März	22./23. März	ein paar Tage später	5./7. April	ca. 27. April

	Wahl der XXviri	Ernennung der Senatskaiser, Gordian III. Kaiser	Ermordung der Senatskaiser	Dies imperii Gordians III.
Townsend (1928)	k.A.	1. Mai	ca. 7. August	ca. 7. August
Van Sickle (1929)	k.A.	2. April	9. Juli	9. Juli
Carson (1958)	k.A.	22. April	k.A.	29. Juli
Kildahl (1962)	k.A.	20.-23. März	7. oder 8. Juni	7. oder 8. Juli
Rea (1972)		Juni	um den 9. August	um den 22. August
Loriot (1975)	k.A.	k.A.	k.A.	zw. 7. April u. 13. Juni
Peachin (1989)		Ende April/ Anfang Mai	Anfang August	Anfang August
Haegemans (2010)	k.A.	9. Mai-1. Juni	8.-29. August	unvollst. Dat. CIL VI 2113
Herrmann (2013)	kurz darauf	Ende April/ Anfang Mai	Anfang August	Anfang/ Mitte August

Prätorianerpräfekten unter Gordian III.

20. September 239 Herodotus
(Cod. Iust. 5,11,2)

21. Mai 240 Domitius
(Cod. Iust. 8,30,2; dazu Johne (2008), S. 1071)

27. August 240 Ammonius
(Cod. Iust. 6,45,2)

241–243 C. Furius Sabinus Aquila Timesitheus
(s. o. Kap. 3.1.3.3 und Johne (2008), S. 1071)

242/244 C. Iulius Priscus
(nach Johne (2008), S. 1071)

243–244 M. Iulius Philippus
(nach Johne (2008), S. 1072)

Konsuln in der Zeit Gordians III. (nach Johne (2008), S. 1063)

238 (C.?) Fulvius Pius
Pontius Proculus Pontianus

239 Imp. Caes. M. Antonius Gordianus Aug.
M. (oder M'.) Acilius Aviola

240 C. Octavius App. Suetrius Sabinus II
Ragonius Venustus

241 Imp. Caes. M. Antonius Gordianus Aug.
(Clodius) Pompeianus

242 C. Vettius Gratus Atticus Sabinianus
C. Asinius Lepidus Praetextatus

243 L. Annius Arrianus
C. Cervonius Papus

244 Ti. Pollenius Armenius Peregrinus
Fulvius Aemilianus

Quelleneditionen

Literarische Quellen

Adler, W./Tuffin, P., The Chronography of George Synkellos, Oxford 2002.
Sexti Aurelii Victoris Liber de Caesaribus praecedunt origo gentis Romanae et Liber de viris illustribus urbis Romae subsequitur Epitome de Caesaribus (ed. R. Gruendel), Lipsiae 1970.
Imperatoris Caesaris Augusti Operum fragmenta (ed. H. Malcovati), Patavini 1969.
Cassii Dionis Cocceiani, Historiarum Romanarum quae supersunt (ed. U. P. Boissevain), Berolini 1898.
P. Corneli Taciti libri qui supersunt. Ab excessu Divi Augusti (ed. H. Heubner), Stuttgart 1992.
Eusebius, Werke. Die Chronik des Hieronymus (ed. R. Helm), Berlin 1956.
Eutropii breviarium ab urbe condita (ed. F. L. Müller), Stuttgart 1995.
Evagrius Scholasticus, Historia Ecclesiastica, Bd. II (ed. A. Hübner), Turnhout 2007.
Festi breviarium rerum gestarum populi Romani (ed. C. Wagener), Leipzig – Prag 1886.
Flach, D., Das Zwölftafelgesetz. Leges XII tabularum, Darmstadt 2004.
France, Anatole, L'Île des pingouins, Paris 1908.
Grigoriadis, I., Linguistic and Literary Studies in the Epitome Historion of John Zonaras, Thessaloniki 1998.
Herodianus, Regnum post Marcum (ed. C. M. Lucarini), München – Leipzig 2005.
C. Plini Caecili Secundi epistularum libri decem (ed. H. Kasten), Darmstadt ^{5}1984.
Scriptores Historiae Augustae (ed. E. Hohl), Lipsiae 1971.
C. Suetonii Tranquilli opera, vol I. De vita Caesarum libri VIII (ed. M. Ihm), Stuttgart 1993.
Titi Livii ab urbe condita, libri VII - XIII (ed. W. Weissenborn), Lipsiae 1912.
Volkmann, H., Res Gestae Divi Augusti. Meine Taten, Düsseldorf 2004.
Zosimi comitis et exadvocati Fisci Historia Nova (ed. L. Mendelsohn), Lipsiae 1887.

Inschriften

Back, M., Die sassanidischen Staatsinschriften. Studien zur Orthographie und Phonologie des Mittelpersischen der Inschriften zusammen mit einem etymologischen Index des mittelpersischen Wortgutes und einem Textcorpus der behandelten Inschriften, Leiden 1978.

Barkóczi, L., Die römischen Inschriften Ungarns, VI Bände, Amsterdam 1972 ss.

Börker, C./Merkelbach, R., Inschriften griechischer Städte aus Kleinasien. Die Inschriften von Ephesos, Teil II, Bonn 1979 (= IvK 12).

Cagnat, R. L. V. /Merlin, A., Inscriptions latines d'Afrique (Tripolitaine, Tunisie, Maroc), Paris 1923.

Collingwood, R. G./Wright, R. P. (Hgg), Roman inscriptions of Britain, XI Bände, Gloucester 1995.

Corsten, T., Die Inschriften von Prusa ad Olympum, Teil I, Bonn 1991.

Dessau, H. Inscriptiones Latinae selectae, Berolini 1892-1916.

Horsley, G.H.R./Mitchell, S., Inschriften griechischer Städte aus Kleinasien. The Inscriptions of Central Pisidia, Bonn 2000 (= IvK 56).

Inscriptiones Daciae et Scythiae Minoris antiquae, Series I, VIII Bände, Inscriptiones Daciae Romanae, Bukarest 1975 ss.

Meriç, R./Merkelbach, R./ Nollé, J./ Şahin, S., Inschriften griechischer Städte aus Kleinasien. Die Inschriften von Ephesos, Teil VII, 2, Bonn 1981 (= IvK 17.2).

Merkelbach, R./ Nollé, J., Inschriften griechischer Städte aus Kleinasien. Die Inschriften von Ephesos, Teil VI, Bonn 1980 (= IvK 16).

Mihailov, G (Hg), Inscriptiones Graecae in Bulgaria repertae, V Bände, Sofia 1951-1966, I ^{2}1970.

Mommsen, T. u. a., Corpus inscriptionum Latinarum, consilio et auctoritate Academiae Litterarum (Regiae) Borussicae editum, Leipzig - Berlin 1862 ss.

Nollé, J., Inschriften griechischer Städte aus Kleinasien. Side im Altertum, Bd. I, Bonn 1993 (= IvK 43).

Reynolds, J./ Roueché, C./ Bodard, G., Inscriptions of Aphrodisias, Bonn 2007.

Şahin, S., Katalog der antiken Inschriften des Museums von Iznik (Nikaia), Teil II, 1, Bonn 1981 (= IvK 9).

Münzen und Gemmen

Brandt, E./Krug, A./Gercke, W./Schmidt, E., Antike Gemmen in deutschen Sammlungen. Staatliche Münzsammlung München, Teil 3, München 1972 (= AGD München I 3).

Gaebler, H., Die antiken Münzen von Makedonia und Paionia, Berlin 1906 (= ANMG III).

Göbl, R., Moneta Imperii Romani, XLII. Die Münzprägung des Kaisers Aurelianus (270/275), Wien 1993 (= MIR 42).

Hill, G. F., Catalogue of the Greek Coins of Arabia, Mesopotamia and Persia, London 1922.

Jurokova, J., Die Münzprägung von Deultum, Berlin 1973.

Mattingly, H./Sydenham, E. A. (Hgg), The Roman Imperial Coinage, Vol. IV, Part I. Pertinax to Geta, London 1936.

Pick, B., Die antiken Münzen von Dacien und Moesien, Berlin 1898 (= AMNG I, 1).

Pick, B./Reckling, K., Die antiken Münzen von Dacien und Moesien, Berlin 1910 (= AMNG I,2).

Schönert, E., Die Münzprägung von Perinthos, Berlin 1965.

Schönert-Geiss, E., Die Münzprägung von Byzantion. Teil II. Die Kaiserzeit, Berlin – Amsterdam 1972.

Schönert-Geiss, E., Die Münzprägung von Augusta Traiana und Traianopolis, Berlin 1991.

Sylloge Nummorum Graecarum Switzerland I: Levante – Cicilia, Bern 1986 (= SNG Levante).

Sylloge Nummorum Graecorum Deutschland, Sammlung von Aulock, Berlin 1957ss (= SNG von Aulock).

Papyri

Heidelberger Gesamtverzeichnis der griechischen Papyrusurkunden Ägyptens einschließlich der Ostraka usw., der lateinischen Texte, sowie der entsprechenden Urkunden ausbenachbarten Regionen. Zitiert nach http://www.rzuser.uni-heidelberg.de/~gv0/gvz.html (Stand: Februar 2013).

Bibliographie

Alföldi (1971) **ALFÖLDI, A.**, *Der Vater des Vaterlandes im römischen Denken*, Darmstadt 1971.

Alföldi (1980) **ALFÖLDI, A.**, *Studien zur Geschichte der Weltkrise des 3. Jahrhunderts nach Christi*, Darmstadt [3]1980.

Alföldy (1971) **ALFÖLDY, G.**, *Zeitgeschichte und Krisenempfinden bei Herodian*, Hermes 99 (1971), S. 429-449.

Alföldy (1973) **ALFÖLDY, G.**, *Der heilige Cyprian und die Krise des römischen Reiches*, Historia 22 (1973), S. 479-501.

Alföldy (1975) **ALFÖLDY, G.**, *Historisches Bewusstsein während der Krise des 3. Jahrhunderts*, in: ALFÖLDY, G. U.A. (HGG), Krisen in der Antike – Bewusstsein und Bewältigung, Düsseldorf 1975, S. 112-132.

Alföldy (1978) **ALFÖLDY, G.**, *Eine Inschrift auf dem Montgó bei Dianium an der spanischen Ostküste*, Epigraphica 40 (1978), S. 59-90.

André (1994) **ANDRÉ, J.-M.**, *Griechische Feste, römische Spiele. Die Freizeitkultur der Antike*, Stuttgart 1994.

Arjava (1998) **ARJAVA, A.**, *Paternal Power in Late Antiquity*, JRS 88 (1998), S. 147-165.

Aulock (1974) **AULOCK, H. VON**, *Die Münzprägung des Gordian III. und der Tranquillina in Lykien*, Tübingen 1974.

Back (1978) **BACK, M.**, *Die sassanidischen Staatsinschriften. Studien zur Orthographie und Phonologie des Mittelpersischen der Inschriften zusammen mit einem etymologischen Index des mittelpersischen Wortgutes und einem Textcorpus der behandelten Inschriften*, Leiden 1978.

Badel (1998) **BADEL, CH.**, *L'empire romain au IIIè siècle après J.-C.*, Paris 1998.

Baldini (1977) **BALDINI, A.**, *In margine ad OGIS, 640*, Epigraphica 39 (1977), S. 171-174.

Baldus (1971) **BALDUS, H. R.**, *Uranius Antoninus. Münzprägung und Geschichte*, Bonn 1971.

Bancquart (1966) **BANCQUART, M.-C.**, *Les Écrivains et l'Histoire*, Paris 1966.

Barnes (1967) **BARNES, T. D.**, *Hadrian and Lucius Verus*, JRS 57 (1967), S. 67 – 79.

Barnes (1972) **BARNES, T. D.**, *Some Persons in the Historia Augusta*, Phoenix 26 (1972), S. 140-182.

Bauer (1975) **BAUER, G. C.,** *The Age of the Soldier Emperors: Imperial Rome, A.D. 244-284*, Park Ridge 1975.

Beard (1980) **BEARD, M.,** *A British Dedication from the City of Rome,* Britannia 11 (1980), S. 313-314.

Beard/North/Price (2000) **BEARD, M./NORTH, J./PRICE, S.,** *Religions of Rome. Vol I. A History*, Cambridge 1998 (= Reprint 2000).

Benario (1972) **BENARIO, H. W.,** *Albano and the Second Legion,* Archeology 25 (1972), S. 256-263.

Bendall (1966) **BENDALL, S.,** *An Eastern Hoard of Roman Imperial Silver,* NC 6 (1966), S. 165-170.

Benoist (2005) **BENOIST, S.,** *Rome, le prince et la Cité*, Paris 2005.

Bieber (1976) **BIEBER, M.,** *Three Coins of Gordian III*, in: BONFANTE, L./ HEINTZE, H. VON (HGG), In memoriam Otto J. Brendel. Essays in Archaeology and the Humanities. With the collab. of Lord C., Mainz 1976, S. 179-184.

Bird (1971) **BIRD, H. W.,** *Suetonian Influence in the Later Lives oft he Historia Augusta*, Hermes 99 (1971), S. 129-134.

Bird (1984) **BIRD, H. W.,** *Sextus Aurelius Victor. A Historiographical Study*, Liverpool 1984.

Birley (1970) **BIRLEY, A. R.,** *Some notes on HA Severus, 1-4*, in; STRAUB, J. (HG), Bonner Historia Augusta-Colloquium, 1968-1969, Bonn 1979, S. 59-77.

Birley (1979) **BIRLEY, A. R.,** *Die Aussen- und Grenzpolitik unter der Regierung Marc Aurels*, in: KLEIN, R. (HG), Marc Aurel, Darmstadt 1979, S. 473-502.

Birley (1988) **BIRLEY, A. R.,** *Septimius Severus. The African Emperor*, London ^{2}1988.

Birley (1997) **BIRLEY, A. R.,** *Hadrian. The restless Emperor*, London – New York 1997.

Birley (2001) **BIRLEY, A. R.,** *Marcus Aurelius. A Biography*, London ^{2}2001.

Birley (1950) **BIRLEY, E.,** *The Governors of Numidia, A. D. 193-268*, JRS 40 (1950), S. 60-68.

Bleckmann (1992) **BLECKMANN, B.,** *Die Reichskrise des III. Jahrhunderts in der spätantiken und byzantinischen Geschichtsschreibung: Untersuchungen zu den nachdionischen Quellen der Chronik des Johannes Zonaras*, München 1992.

Bleckmann (2002) **BLECKMANN, B.,** *Die severische Familie und die Soldatenkaiser*, in: TEMPORINI-GRÄFIN VITZTHUM, H., Die Kaiserinnen Roms. Von Livia bis Theodora, München 2002, S. 265-339.

Blum (2000) **BLUM, W.**, *Thysdrus (El Djem): Aufstieg und Fall einer Provinzstadt in Afrika*, Anregung 46 (2000), S. 164-175.

De Blois (2002) **DE BLOIS, L.**, *The Crisis of the Third Century A. D. in the Roman Empire: A Mordern Myth?*, in: DE BLOIS, L. (HG), The Transformation of Economic Life under the Roman Empire, Amsterdam, 2002, S, 204-217.

De Blois (2004) **DE BLOIS, L.**, *A conflict in Rome, A. D. 238*, in: HEFTNER, H./TOMASCHITZ (HGG), Ad fontes! Festschrift für Gerhard Dobesch zum 65. Geburtstag am 15. September 2004, dargebracht von Kollegen, Schülern und Freunden, Wien 2004, S. 559-562.

Bocci (1978/80) **BOCCI S.**, *L'istituzione dei XX viri rei publicae curandae nell'anno 238 d. C.*, AFLPer 16-17, 1 (1978/80), S. 109-126.

Bocci (1980/81) **BOCCI S.**, *Sull'ideologia della Historia Augusta. Il caso dell'anno 238*, AFLPer 18, 1 (1980/81), S. 141-152.

Den Boer (1982) **DEN BOER, W.**, *Einige Bemerkungen zur Regierung von Maximinus Thrax*, in: WIRTH, G. (HG), Romanitas – Christianitas. Untersuchungen zur Geschichte und Literatur der römischen Kaiserzeit. Johannes Straub zum 70. Geburtstag am 18. Oktober 1982 gewidmet, Berlin – New York 1982, S. 349-359.

Le Bohec (1986) **LE BOHEC, Y.**, *La stratégie de Rome en Afrique de 238 à 284, in: Histoire et archéologie de l'Afrique du Nord. Actes du III colloque international réuni dans le cadre du 110 congrès national des Sociétés savantes (Montpellier, 1-5 avril 1985)*, Paris 1986, S. 377-390.

Le Bohec (1993) **LE BOHEC, Y.**, *Die römische Armee*, Stuttgart 1993.

Le Bohec (1995) **LE BOHEC, Y.**, *La « frontière militaire » de la Numidie, de Trajan à 238*, in: Frontières terrestres, frontières célestes dans l'Antiquité / études réunies et présentées par Aline Rousselle ; publ. par le Centre de recherche sur les problèmes de la frontière, Perpignan 1995, S. 119-142.

Börm (2008) **BÖRM, H.**, *Die Herrschaft des Kaisers Maximinus Thrax und das Sechskaiserjahr 238. Der Beginn der „Reichskrise"?* Gymnasium 115 (2008) S. 69-86.

Börm (2008a) **BÖRM, H.**, *Das Königtum der Sasaniden – Strukturen und Probleme. Bemerkungen aus althistorischer Sicht*, Klio 90 (2008), S. 423-443.

Borzsák (1982) **BORZSÁK, S.**, *Die Punica des Silius Italicus und die Alexander-Überlieferung*, in: WIRTH, G. (HG), Romanitas –

Christianitas. Untersuchungen zur Geschichte und Literatur der römischen Kaiserzeit. Johannes Straub zum 70. Geburtstag am 18. Oktober 1982 gewidmet, Berlin – New York 1982, S. 164-174.

Bourgeade (2011) **BOURGEADE, G.**, *Anatole France, relecture*, Revue des deux mondes 5 (2011), S. 161-166.

Brandt (1996) **BRANDT, H.**, *Kommentar zur Vita Maximi et Balbini in der Historia Augusta*, Bonn 1996.

Brandt (2003) **BRANDT, H.**, *Die Rede peri basileias des Synesios von Kyrene*, in: CHAUSSON, F./ WOLFF, E. (HGG), Consuetudinis amor. Fragments d'histoire romaine (IIe – Vie siècles) offerts à Jean-Pierre Callu, Roma 2003, S. 57-70.

Brecht (1999) **BRECHT, S.**, *Die Reichskrise von ihrem Ausbruch bis zu ihrem Höhepunkt in der Darstellung byzantinischer Autoren*, Rahden 1999.

Bretone (1992) **BRETONE, M.**, *Geschichte des römischen Rechts. Von den Anfängen bis zu Justinian*, München 1992.

Bringmann (1988) **BRINGMANN, K.**, *Das Zweite Triumvirat. Bemerkungen zu Mommsens Lehre von der außerordentlichen konstituierenden Macht*, in: KNEISSL, P./LOSEMANN, V. (HGG), Alte Geschichte und Wissenschaftsgeschichte. Festschrift für Karl Christ zum 65. Geburtstag, Darmstadt 1988, S. 22-38.

Broughton (1972) **BROUGHTON, T. R. S.**, *The Romanization of Africa Proconsularis*, New York 1972. [Nachdruck von 1929]

Bruns (1995) **BRUNS, P.**, *Zwischen Ron und Byzanz. Die Haltung des Facundus von Hermiane und der nordafrikanischen Kirche während des Drei-Kapitel-Streits (553)*, ZKG 106 (1995), S. 151-178.

Burian (1963) **BURIAN, J.**, *Zur Historischen Glaubwürdigkeit der Gordiani Tres in der Historia Augusta*, in: Atti del Colloquio Patavino sulla Historia Augusta, Rom 1963, S. 41-66.

Calandra (1989) **CALANDRA, E.** , *Nota sul ritratto di Gordiano iii al Palazzo Ducale di Mantova*, Latomus 48 (1989), S. 854-856.

Caldelli (1993) **CALDELLI, M. L.**, *L'Agon Capitolinus Storia e Protagonisti dall' instituzione domizianea al IV secolo*, Roma 1993.

Callu (1969) **CALLU, J. P.**, *La politique monétaire des empereurs romains de 238 à 311*, Paris 1969.

Camodeca (2002/3) **CAMODECA, G.**, *Studi liternini. Le iscrizione nel CIL e liternum colonia imperiale*, Annali de archeologia e storia antica 9/10 (2002/3), S. 283-293.

Carson (1958) **CARSON R. A. G.,** *The coinage and chronology of A.D. 238*, Centennial volume of the Amer. Numism. Soc. (1958), S. 181-199.

Chastagnol (1992) **CHASTAGNOL, A.,** *Le sénat romain à l` époque impériale: recherche sur la composition de l'assemblée et le statut de ses membres*, Paris 1992.

Christes/Klein/Lüth (2006) **CHRISTES, J./KLEIN, K./LÜTH, CH. (HGG),** *Handbuch der Erziehung und Bildung in der Antike*, Darmstadt 2006.

Christol (2006) **CHRISTOL, M.,** *L'Empire Romain de IIIE siècle. Histoire politique (de 192, mort de Commode, à 325, concile de Nicée)*, Paris [2]2006.

Cleve (1982) **CLEVE, R. L.,** *Severus Alexander and The Severan Women*, Diss. Los Angeles 1982.

Deininger (1965) **DEININGER, J.,** *Die Provinziallandtage der römischen Kaiserzeit von Augustus bis zum Ende des dritten Jahrhunderts*, München 1965.

Demandt (1998) **DEMANDT, A.,** *Geschichte der Spätantike. Das römische Reich von Diocletian bis Justinian 284 – 565 n. Chr.*, München 1998.

Demandt (2002) **DEMANDT, A.,** *Der Fürstenspiegel des Agapet*, MediterrAnt 5 (2002), S. 573-584.

De Jong (2003) **DE JONG, J.,** *Representation and perception of Roman imperial power in Greek papyrus texts from A.D. 238*, in: DE BLOIS, L./ERDKAMP, P./HEKSTER, O. (HGG), The representation and perception of Roman imperial power : proceedings of the Third Workshop of the International Network Impact of Empire (Roman Empire, c. 200 B.C. - A.D. 476), Amsterdam 2003, S. 269-281.

Dessau (1889) **DESSAU, H.,** *Über Zeit und Persönlichkeit der Scriptores historiae Augustae*, Hermes 24 (1889), S. 337-392.

Dessau (1927) **DESSAU, H.,** *Zur Inschrift von Skaptopara*, Hermes 62 (1927), S. 205-224.

Devijver (1993) **DEVIJVER, H.,** *Veränderungen in der Zusammensetzung der ritterlichen Offiziere von Septimius Severus bis Gallienus (a. 193-268)*, in: ECK, W. (HG), Prosopographie und Sozialgeschichte, Köln 1993, S. 205-231.

Dietz (1976) **DIETZ K.,** *Senatskaiser und ihre μοναρχίας ἐπιθωμία. Ein Beitrag zur Geschichte des Jahres 238 n. Chr.*, Chiron 6 (1976), S. 381-425.

Dietz (1980) **DIETZ, K.,** *Senatus contra principem: Untersuchungen zur senatorischen Opposition gegen Kaiser Maximinus Thrax*, München 1980.

Dobson (1970) **DOBSON, B.,** *Die Primipilares. Entwicklung und Bedeutung. Laufbahnen und Persönlichkeiten eines römischen Offiziersranges*, Köln – Bonn 1970.

Domaszewski (1979) **DOMASZEWSKI, A. VON,** *Die Ephesische Inschrift des Marcus Claudius Pupienus Maximus, in: Festschrift Theodor Gomperz. Dargebracht zum siebzigsten Geburtstage am 29. März 1902 von Schülern, Freunden, Kollegen,* Aalen 1902, S. 233-236. [Nachdruck von 1979]

Duncan (1994) **DUNCAN, J. R.,** *Money and Government in the Roman Empire*, Cambridge 1994.

Dušanić (1986) **DUŠANIĆ, S.,** *Pre-Severan Diplomata and the Problem of ‚Special Grants'*, in: ECK, W./WOLFF, H. (HGG), Heer und Integrationspolitik. Die römischen Militärdiplome als historische Quelle, Köln – Wien 1986, S. 190-240.

Duthoy (1969) **DUTHOY, R.,** *The Taurobolium. Its Evolution and Terminonoly*, Leiden 1969.

Eadie (1996) **EADIE, J.,** *One Hundered Years of Rebellion: The Eastern Army in Politics, A.D. 175-272*, JRA, Suppl. 18 (1996), S. 135-152.

Eddy (1967) **EDDY S. K.,** *The minting of antoniniani A. D. 238-249 and the Smyrna hoard*, New York 1967.

Elks (1972) **ELKS, K. J. J.,** *The Denarii of Gordian III*, NS 12 (1972), S. 309-310.

Eads (1973/74) **EADS, O.,** *Gens Valerian*, San 5 (1973/74), S. 43-44, 47.

Eck (1994) **ECK, W.,** *Zum Konsulat in der Historia Augusta*, in: BONAMENTE, G./PASCHOUD, F., Historiae Augustae Colloquium Genevese, Bari 1994, S. 109-120.

Eck (1999) **ECK, W.,** *Kaiserliche Imperatorenakklamation und Ornamenta Triumphalia*, ZPE 124 (1999), S. 223-227.

Eck (2002) **ECK, W.,** *Zum Zeitpunkt des Wechsels der tribunicia potestas des Philippus Arabs und anderer Kaiser*, ZPE 140 (2002), S. 257-261.

Edwards (1994) **EDWARDS, M. J.,** *Plotinus and the Emperors*, SO 69 (1994), S. 137-147.

Eich (2007) **EICH, A.,** *Zu einigen Strukturveränderungen der Literaturrezeption im Zeitalter der Krise des Imperium Romanum (3.-6. Jahrhundert) und deren Ursachen*, in: HEKSTER, O./DE KLEIJN, G./SLOOTJES, D. (HGG), Crisis and the Roman Empire. Proceedings of the Seventh Workshop of the International Network Impact of Empire (Nijmegen, June 20-24, 2006), Leiden – Boston 2007, S. 413-428.

Engelmayer (1966) **ENGELMAYER, O.**, *Das Kindes- und Jugendalter. Entwicklungspsychologie für Lehrer und Erzieher*, München [2]1966.

Enenkel (2000) **ENENKEL, K.**, *Panegyrische Geschichtsmythologisierung und Propaganda: Zur Interpretation des Panegyricus Latinus VI*, Hermes 128 (2000), S. 91-126.

Enßlin (1949) **ENSSLIN, W.**, *Zu den Kriegen des Sassaniden Schapur I.*, SB Bayer. Akad. d. Wiss., phil.-hist. Kl. 5, München 1949.

Enßlin (1956) **ENSSLIN, W.**, *Die Anerkennung von Anregungen, suggestiones, hochgestellter Amtsträger in Kaisererlassen. Ein Beitrag zum Verständnis des Timesitheus-Bildes in der Vita Gordiani*, , in: MILANO, I. (HG), Studi in onore di A. Calderini e R. Paribeni 1956, S. 313-323.

Erim/Reynolds (1969) **ERIM, K.T./REYNOLDS J.**, *A letter of Gordian III. from Aphrodisias in Caria*, JRS 59 (1969), S. 56-58.

Eyben (1973) **EYBEN, E.**, *Die Einteilung des menschlichen Lebens im römischen Altertum*, RhM 116 (1973), S. 150-190.

Fears (1977) **FEARS, J. R.**, *Princeps a diis electus: The Divine Election of the Emperor as a Political Concept at Rome*, Rom 1977.

Felmy (2001) **FELMY, A.**, *Die römische Republik im Geschichtsbild der Spätantike. Zum Umgang lateinischer Autoren des 4. und 5. Jahrhunderts n. Chr. mit den exempla maiorum*, Diss. Berlin 2001.

Fischer (1993) **FISCHER, H.**, *Zu den Problemen von Stadt und Stadtentwicklung im Römischen Reich während des 3. Jahrhunderts*, in: JOHNE, K.-P. (HG), Gesellschaft und Wirtschaft des Römischen Reiches im 3. Jahrhundert. Studien zu ausgewählten Problemen von Gerda von Bülow, Hagen Fischer, Klaus-Peter Johne, Detlef Rößler und Volker Weber, Berlin 1993, S. 187-244.

Flaig (1992) **FLAIG, E.**, *Den Kaiser herausfordern. Die Usurpationen im römischen Reich*, Frankfurt 1992.

Franke/Nollé (1997) **FRANKE, P. R./NOLLÉ, M. K.**, *Die Homonoia-Münzen Kleinasiens und der thrakischen Randgebiete*, Saarbrücken 1997.

Fraschetti (1995) **FRASCHETTI, A.**, *Die Welt der jungen Römer*, in: LEVI, G./SCHMITT, J.-C. (HGG), Geschichte der Jugend. Band I. Von der Antike bis zum Absolutismus, Frankfurt 1995.

French (2008) **FRENCH, D. H.**, *Notes on Cappadocian milestones: the Caesaria-Melitene road*, EA 41 (2008), S. 125-134.

Friedrichs (2007) **FRIEDRICHS, J.**, *Gesellschaftliche Krisen. Eine soziologische Analyse*, in: SCHOLTEN H., (HG), Die Wahrnehmung von Krisenphänomenen. Fallbeispiele von der Antike bis in die Neuzeit, Köln – Weimar – Wien, 2007, S. 13-26.

Gagé (1970) **GAGÉ, J.**, *Les Organisation de „iuvenes" en Italie et en Afrique du début du IIIe siècle au „Bellum Aquileiense" (238 ap. J.-C.)*, Historia 19 (1970), S. 232-258.

Gesche (1969) **GESCHE, H.**, *Kaiser Gordian mit dem Pfeil in Edessa*, JNG 19 (1969), S. 47-77.

Gesche (1978) **GESCHE, H.**, *Die Divinisierung der römischen Kaiser in ihrer Funktion als Herrschaftslegitimation*, Chiron 8 (1978), S. 377-390.

Ghirsman (1962) **GHIRSMAN, R.**, *Iran. Parther und Sassaniden*, München 1962.

Gilbert (1976) **GILBERT, R.**, *Die Beziehungen zwischen Princeps und stadtrömischer Plebs im frühen Prinzipat*, Bochum 1976.

Gilliam (1961) **GILLIAM, J. F.**, *Egyptian duces under Gordian*, CE 36 (1961), S. 386-392.

Gnoli (2000) **GNOLI, T. C.** *Furius Sabinius Aquila Timesitheus*, MediterrAnt 3 (2000), S. 261-308.

Göbl (1974) **GÖBL, R.**, *Der Triumph des Sāsāniden Šahpuhr über die Kaiser Gordianus, Philippus und Valerianus. Die ikonographische Interpretation der Felsreliefs*, Wien 1974.

Goetz (1980) **GOETZ, H.-W.**, *Die Geschichtstheologie des Orosius*, Darmstadt 1980.

le Goff (1925) **LE GOFF, M.**, *Gespräche mit Anatole France 1914-1924*, München 1925.

Golfetto (2002) **GOLFETTO, A.**, *Rom im Bann des Sonnengottes. Die Severische Kaiserdynastie und die Rolle ihrer syrischen Frauen*, Driesen 2002.

Gorman (1921) **GORMAN, H. S.**, *Anatole France, Nobel Prize Winner*, New York Times Nov. 20 (1921). (= ProQuest Historical Newspapers The New York Times (1851-2001), S. 48)

Grant (1972) **GRANT, M.**, *Das römische Reich am Wendepunkt. Die Zeit von Marc Aurel bis Konstantin*, München 1972.

Grasby (1975) **GRASBY, K. D.**, *The Age, Ancestry and Career of Gordian I.*, CQ 25 (1975), S. 123-130.

Grenzheuser (1964) **GRENZHEUSER, B.**, *Kaiser und Senat in der Zeit von Nero bis Nerva*, Diss. Paderborn 1964.

Haegemans (2010) **HAEGEMANS, K.**, *Imperial Authority and Dissent. The Roman Empire in AD 235-238*, Diss. Leuven 2010.

Hagl (1997) **HAGL, W.**, *Arcadius Apis imperator. Synesios von Kyrene und sein Beitrag zum Herrscherideal der Spätantike*, Stuttgart 1997.

Hahn (1989) **HAHN,J.,** *Der Philosoph und die Gesellschaft. Selbstverständnis, öffentliches Auftreten und populäre Erwartungen in der hohe Kaiserzeit*, Stuttgart 1989.

Hahn (2007) **HAHN, J.,** *Philosophen zwischen Kaiserzeit und Spätantike. Das 3. Jahrhundert n. Chr.*, in: HEKSTER, O./DE KLEIJN, G./SLOOTJES, D. (HGG), Crisis and the Roman Empire. Proceedings of the Seventh Workshop of the International Network Impact of Empire (Nijmegen, June 20-24, 2006), Leiden – Boston 2007, S. 397-412.

Halfmann (1986) **HALFMANN, H.,** *Itinera principum: Geschichte und Typologie der Kaiserreisen im Römischen Reich*, Stuttgart 1986.

Hallof (1994) **HALLOF, K.,** *Die Inschrift von Skaptopara. Neue Dokumente und neue Lesungen*, Chiron 24 (1994), S. 405-429.

Hamacher (1983) **HAMACHER, B.,** *Der Heerzug Gordians III. durch Kleinasien*, MNZ 13 (1983), S. 19-50.

Hammond (1956) **HAMMOND, M.,** *The Transmission of Powers of the Roman Emperor from the Death of Nero in A.D. 68 to that of Alexander Severus in A.D. 235*, MAAR 24 (1956), S. 63-133.

Handy (2009) **HANDY, M.,** *Die Severer und das Heer*, Berlin 2009.

Hardie (2003) **HARDY, A.,** *Poetry and Politics at the games of Domitian*, in: BOYLE, A. J./DOMINIK, W. J. (HGG), Flavian Rome. Culture, Image, Text, Leiden – Boston 2003, S. 125-148.

Harl (1996) **HARL, K. W.,** *Coinage and Roman Economy 300 BC to AD 700*, London 1996.

Harlow/Laurence (2002) **HARLOW, M./LAURENCE, R.,** *Growing Up and Growing Old in Ancient Rome. A Life Course Approach*, London – New York 2002.

Hartke (1951) **HARTKE, W.,** *Römische Kindkaiser. Eine Strukturanalyse römischen Denkens und Daseins*, Berlin 1951.

Hartmann (1982) **HARTMANN, F.,** *Herrscherwechsel und Reichskrise. Untersuchungen zu den Ursachen und Konsequenzen der Herrscherwechsel im Imperium Romanum der Soldatenkaiserzeit (3. Jahrhundert n. Chr.)*, Frankfurt a. M. 1982.

Hartmann (2004) **HARTMANN, U.,** *Rezension von Michael Sommer, Die Soldatenkaiser, Darmstadt 2004*, HistLit 2 (2004), S. 71-77.

Hauken (1998) **HAUKEN, T.,** *Petition and Response. An Epigraphic Study of Petitions to Roman Emperors 181 – 249*, Bergen 1998.

Hausmaninger/Selb (1987) **HAUSMANINGER, H./SELB, W.,** *Römisches Privatrecht*, Wien – Köln [4]1987.

Heftner (1997) **HEFTNER, H.,** *Der Aufstieg Roms. Vom Pyrrhoskrieg bis zum Fall von Karthago (280-146 v. Chr.)*, Regensburg 1997.

Hekster (2008) **HEKSTER, O.**, *Rome and its Empire AD 193 – 284*, Edinburgh 2008.

Held (1974) **HELD, W.**, *Die Vertiefung der allgemeinen Krise im Westen des Römischen Reiches*, Berlin 1974.

Herrmann (1990) **HERRMANN, P.**, *Hilferufe aus römischen Provinzen. Ein Aspekt der Krise des römischen Reiches im 3. Jhdt. n. Chr.*, Göttingen 1990.

Herz (2007) **HERZ, P.**, *Finances and Costs of the Roman Army*, in: ERDKAMP, P. (HG), A Companion to the Roman Army, Oxford 2007, S. 306-321.

Hidber (2006) **HIDBER, T.**, *Herodians Darstellung der Kaisergeschichte nach Marc Aurel*, Basel 2006.

Hilali (2007) **HILALI, A.**, *La Crise de 238 en Afrique et ses Impacts sur L'Empire Romain*, in: HEKSTER, O./DE KLEIJN, G./SLOOTJES, D. (HGG), Crisis and the Roman Empire. Proceedings of the Seventh Workshop of the International Network Impact of Empire (Nijmegen, June 20-24, 2006), Leiden – Boston 2007, S. 57-65.

Hill (1916) **HILL, G. F.**, *The Mints of Roman Arabia and Mesopotamia*, JRS 6 (1916), S. 135-169.

Hingst (1972) **HINGST, G.**, *Zu offenen Quellenfragen bei Orosius*, Diss. Wien 1972.

Hollard/Amandry/Meissonier (1988) **HOLLARD, D./AMANDRY, M./MEISSONIER, J.**, *Le trésor d'Oisy: antoninienas de Gordien III à Postume*, BSFN 43 (1988), S. 341-355.

Holder (1994) **HOLDER, P. A.**, *Legio II Parthica in Italy in the reigns of Gordian III and Philip*, LCM 19 (1994), S. 145-146.

Honigmann/Maricq (1953) **HONIGMANN, E./MARICQ, A.**, *Recherches sur les Res Gestae Divi Saporis*, Brüssel 1953.

Honoré (1981) **HONORÉ, T.**, *Emperors and Lawyers*, London 1981.

Honsell (1997) **HONSELL, H.**, *Römisches Recht*, Berlin – Heidelberg – New York [4]1997.

Hoogendijk/Van Minnen (1987) **HOOGENDIJK, F. A. J./VAN MINNEN, P.**, *Drei Kaiserbriefe Gordians III. an die Bürger von Antinoopolis. P. Vindob. G 25945*, Tyche 2 (1987), S. 41-74.

Hopkins (1907) **HOPKINS, N.**, *The Life of Alexander Severus*, Cambridge 1907.

Horster (1996) **HORSTER, M.**, *Kinderkarrieren?* in: KLODT, C. (HG.), Satura lanx. Festschrift für Werner A. Krenkel zum 70. Geburtstag, S. 223-238.

Horster (2007) **HORSTER, M.,** *The Emperor`s Family on Coins (Third Century). Ideology of Stability in Times of Unrest*, in: HEKSTER, O./DE KLEIJN, G./SLOOTJES, D. (HGG), Crisis and the Roman Empire. Proceedings of the Seventh Workshop of the International Network Impact of Empire (Nijmegen, June 20-24, 2006), Leiden – Boston 2007, S. 291-309.

Huttner (2004) **HUTTNER, U.,** *Recusatio Imperii. Ein politisches Ritual zwischen Ethik und Taktik*, Hildesheim – Zürich – New York 2004.

Huyse (2006) **HUYSE, P.,** *Die Sasanidische Königstitulatur: Eine Gegenüberstellung der Quellen*, in: WIESEHÖFER, J./HUYSE, P (HGG), Ērān und Anērān. Studien zu den Beziehungen zwischen dem Sasanidenreich und der Mittelmeerwelt. Beiträge des Internationalen Colloquiums in Eutin, 8.-9. Juni 2000, Stuttgart 2006, S. 181-201.

Jacob (2004) **JACOB, P.,** *Aurelians Reformen in Politik und Rechtentwicklung*, Göttingen 2004.

Jakobson/Cotton (1985) **JAKOBSON, A./COTTON, H. M.,** *Caligula's Recusatio Imperii*, Historia 34 (1985), S. 497-503.

Johne (1984) **JOHNE, K.-P.,** *Zum Geschichtsbild in der Historia Augusta*, Klio 66 (1984), S. 631-640.

Johne (1988) **JOHNE, K.-P.,** *Imperator et nondum senator. Senat, Ritterstand und die ersten Kaiser nichtsenatorischer Herkunft*, in: WISSENSCHAFTSBEREICH GRIECH.-RÖM. ALTERTUM DER SEKTION ORIENT- & ALTERTUMSWISSENSCHAFTEN (HG), Krise, Krisenbewusstsein, Krisenbewältigung. Ideologie und geistige Kultur im Imperium Romanum während des 3. Jahrhunderts. Konferenzvorträge. Halle 1988, S. 43-47.

Johne (1993) **JOHNE, K.-P.,** *Veränderungen in den Oberschichten. Kaiser, Senat und Ritterstand*, in: JOHNE, K.-P. (HG), Gesellschaft und Wirtschaft des Römischen Reiches im 3. Jahrhundert. Studien zu ausgewählten Problemen von Gerda von Bülow, Hagen Fischer, Klaus-Peter Johne, Detlef Rößler und Volker Weber, Berlin 1993, S. 187-244.

Johne (2008) **JOHNE, K.-P. (HG),** *Die Zeit der Soldatenkaiser. Krise und Transformation des Römischen Reiches im 3. Jahrhundert n. Chr. (235-284). Herausgegeben von Klaus-Peter Johne unter Mitwirkung von Udo Hartmann und Thomas Gerhardt, 2 Bde*, Berlin 2008.

Johnson (1995) **JOHNSON, M. J.,** *The Sepulcrum Gordiani at Zaitha and its Significance*, Latomus 54 (1995), S. 141-144.

Jones (1992) **JONES, B. W.**, *The Emperor Domitian*, London – New York 1992.

Jürging (1995) **JÜRGING, A.**, *Die erste Emission Gordians III.*, JNG 45 (1995), S. 25-128.

Kaser/Knütel (2003) **KASER, M./KNÜTEL, R.**, *Römisches Privatrecht*, München [17]2003.

Kaiser (2007) **KAISER, W.**, *Authentizität und Geltung spätantiker Kaisergesetze. Studien zu den Sacra privilegia concilii Vizanceni*, München 2007.

Kehne (2007) **KEHNE, P.**, *War- and Peacetime Logistics: Supplying Imperial armies in East and West*, in: ERDKAMP, P. (HG), A Companion to the Roman Army, Oxford 2007, S. 323-338.

Keppie (2011) **KEPPIE, L.**, *Guess who's coming to Dinner: The Murder of Nero's Mother Agrippina in its Topographical Setting*, G&R 58 (2011), S. 33-47.

Kettenhofen (1979) **KETTENHOFEN, E.**, *Die syrischen Augustae in der historischen Überlieferung. Ein Beitrag zum Problem der Orientalisierung*, Bonn 1979.

Kettenhofen (1981) **KETTENHOFEN, E.**, *Zum Todesdatum Julia Maesas*, Historia 30 (1981), S. 244-249.

Kettenhofen (1982) **KETTENHOFEN, E.**, *Die römisch-persischen Kriege des 3. Jahrhunderts n. Chr. nach der Inschrift Šahpuhrs I. an der Ka' be-ye Zartošt*, Wiesbaden 1982.

Kettenhofen (1983) **KETTENHOFEN, E.**, *The Persian Campaign of Gordian III. and the Inscription of Šahpuhrs I. at the Ka' be-ye Zartošt*, in: MITCHELL, S. (HG), Armies and Frontiers in Roman and Byzantine Anatolia: Proceedings of a Colloquium held at University College, Swansea, in April 1981, London 1983, S. 151-170.

Kettenhofen (1995) **KETTENHOFEN, E.**, *Die Eroberung von Nisibis und Karrhai durch die Sāsāniden in der Zeit Kaiser Maximins (235/236 n. Chr.)*, Iranica Antiqua 30 (1995), S. 159-177.

Kienast (1966) **KIENAST, D.**, *Untersuchungen zu den Kriegsflotten der römischen Kaiserzeit*, Bonn 1966.

Kienast (1982) **Kienast, D.**, *Augustus. Prinzeps und Monarch*, Darmstadt 1982.

Kienast (1996) **KIENAST, D.**, *Römische Kaisertabelle. Grundzüge einer römischen Kaiserchronologie*, Darmstadt [2]1996.

Kienast (2004) **KIENAST, D.**, *Römische Kaisertabelle. Grundzüge einer römischen Kaiserchronologie*, Darmstadt [3]2004.

Klein (1998) **KLEIN, B.**, *Tranquillina, Otacilia, Etruscilla, Salonia. Vier Kaiserinnen des 3. Jhd. n. Chr.*, Diss. Saarbrücken 1998.

Klein (2000) **KLEIN, B.**, *Römische Kaiserinnen im 3. Jhd. Furia Sabinia Tranquillina und Marcia Otacilia Severa – ihr Beitrag zur Herrschaftsstabilisierung des Kaisers*, in: KUNST, C./REIMER, U. (HGG.), Grenzen der Macht: Zur Rolle der römischen Kaiserfrauen, Stuttgart 2000, S. 87-96.

Kneissl (1969) **KNEISSL, P.**, *Die Siegestitulatur der römischen Kaiser. Untersuchungen zu den Siegerbeinamen des ersten und zweiten Jahrhunderts*, Göttingen 1963.

Kolb (1972) **KOLB, F.**, *Literarische Beziehungen zwischen Cassius Dio, Herodian und der Historia Augusta*, Bonn 1972.

Kolb (1977) **KOLB, F.**, *Der Aufstand der Provinz Africa Proconsularis im Jahr 238 n. Chr.*, Historia 26 (1977), S. 440-478.

Kolb (1977a) **KOLB, F.**, *Wirtschaftliche und soziale Konflikte im Römischen Reich des 3. Jahrhunderts n. Chr.*, in: LIPPOLD, A./HIMMELMANN, A. (HGG), Bonner Festgabe für Johannes Straub, Bonn 1977, S. 277-295.

Kolb (1987) **KOLB, F.**, *Untersuchungen zur Historia Augusta*, Bonn 1987.

Kolb (2001) **KOLB, F.**, *Herrscherideologie in der Spätantike*, Berlin 2001.

König (1997) **KÖNIG, I.**, *Der römische Staat II: Die Kaiserzeit*, Stuttgart 1997.

Kornemann (1930) **KORNEMANN, E.**, *Doppelprinzipat und Reichsteilung im Imperium Romanum*, Leipzig 1930.

Körner (2002) **KÖRNER, CH.**, *Philippus Arabs. Ein Soldatenkaiser in der Tradition des antoninisch-severischen Prinzipats*, Berlin 2002.

Kotula (1960) **KOTULA, T.**, *L' insurrection des Gordiens et l'Afrique romaine*, Eos 51 (1959/60), S. 197-224.

Krauss (1903) **KRAUSS, S.**, *Neue Aufschlüsse über Timesitheus und die Perserkriege*, RhM 58 (1903), S. 627-633.

Kreucher (2003) **KREUCHER, G.**, *Der Kaiser Marcus Aurelius Probus und seine Zeit*, Stuttgart 2003.

Krzyzanowska (1964) **KRZYZANOWSKA, A.**, *Les monnaies de Gordien III, frappées à Colonia Caesarea Antioche*, Wiadomosci Numizmatyczne 8 (1964), S. 1-22.

Kuhn-Chen (2007) **KUHN-CHEN, B.**, *Geschichtskonzeption griechischer Historiker im 2. und 3. Jahrhundert n. Chr. Untersuchungen zu den Werken von Appian, Cassius Dio und Herodian*, Frankfurt am Main 2002.

Ladage (1979) **LADAGE, D.**, *Collegia iuvenum. Ausbildung einer municipalen Elite?* Chiron 9 (1979), S. 319-346.

Lahusen/Formigli (1994) **LAHUSEN, G./FORMIGLI, E.**, *Der Gordian von Niederbieber in Bonn*, in: Akten der 10. Internationalen Tagung über antike Bronzen. Freiburg, 18.-22. Juli 1988, Stuttgart 1994, S. 257-263.

Lallemand (1968) **LALLEMAND, J.**, *Le trésor d'Ellignies-Sainte-Anne; deniers de Marc-Aurèle à Gordien III*, RBN 114 (1968), S. 138-168.

Lallemand (1982) **LALLEMAND, L.**, *Le trésor de Pommerœul III: Antoniniens de Gordien III a Postume (Pl. XXVII-XXVIII)*, in: SCHEERS, S., Studia Paulo Naster Oblata I. Numismatica Antiqua, Leuven 1982, S. 227-244.

Lambrecht (2006) **LAMBRECHT, U.**, *Rezension von Michael Sommer, Die Soldatenkaiser, Darmstadt 2004*, Gymnasium 113 (2006), S. 291-292.

Latte (1992) **LATTE, K.**, *Römische Religionsgeschichte*, München [2]1992.

Leberl (2004) **LEBERL, J.**, *Domitian und die Dichter. Poesie als Medium der Herrschaftsdarstellung*, Diss. Göttingen 2004.

Lehmann (1911) **LEHMANN, K. F. W.**, *Kaiser Gordian III. (238-244 n. Chr.)*, Diss. Berlin 1911.

Lee Howe (1966) **LEE HOWE, L.**, *The Pretorian Prefect from Commodus to Diocletian*, Rom 1966.

Leschhorn/Franke (2002) **LESCHHORN, W./FRANKE, P. R. (HGG)**, *Lexikon der Aufschriften auf griechischen Münzen*, Bd. 1, Wien 2002.

Lesky (1943) **LESKY, A.**, *ΘΑΛΑΣΣΑ*, Hermes 3 (1943), S. 258-269.

Leunissen (1989) **LEUNISSEN, P. M. M.**, *Konsuln und Konsulare in der Zeit von Commodus bis Severus Alexander (180 – 235 n. Chr.). Prosopographische Untersuchungen zur senatorischen Elite im römischen Kaiserreich*, Amsterdam 1989.

Levante (1971) **LEVANTE, E.**, *The coinage of Alexandreia Kat'issou in Cilicia*, NC 11 (1971), S. 93-102.

Levi/Schmitt (1996) **LEVI, G./SCHMITT, J.-C.**, *Geschichte der Jugend*, Frankfurt am Main 1996.

Liebeschuetz (2007) **LIEBESCHUETZ, W.**, *Was there a Crisis of the Third Century?*, in: HEKSTER, O./DE KLEIJN, G./SLOOTJES, D. (HGG), Crisis and the Roman Empire. Proceedings of the Seventh Workshop of the International Network Impact of Empire (Nijmegen, June 20-24, 2006), Leiden – Boston 2007, S. 11-20.

Liebs (1975) **LIEBS, D.**, *Römisches Recht*, Göttingen 1975.

Lippold (1989) **LIPPOLD, A.**, *Principes pueri - parens principum. Timesitheus - Stilicho ?, Constantius? , Aetius?*, in:

DAHLHEIM WERNER ET AL. (HGG), Festschrift Robert Werner zu seinem 65. Geburtstag dargebracht von Freunden, Kollegen und Schülern, Konstanz 1989, S. 213-227.

Lippold (1991) **LIPPOLD, A.**, *Kommentar zur Vita Maximini Duo der Historia Augusta*, Bonn 1991.

Lippold (1992) **LIPPOLD, A.**, *Kaiser Claudius II. (Gothicus), Vorfahr Konstantins d. Gr., und der römische Senat*, Klio 74 (1992), S. 380-394.

Lippold (1998) **LIPPOLD, A.**, *Die Historia Augusta. Eine Sammlung römischer Kaiserbiographien aus der Zeit Konstantins*, Stuttgart 1998.

Longfellow (2010) **LONGFELLOW, B.**, *Reflections of imperialism: the Meta Sudans in Rome and the provinces*, ABull 92 (2010), S. 275-292.

Loriot (1970) **LORIOT, X.**, *Consulat et consulat désigné sur des monnaies de Gordien et Philippe,* BSFN 25 (1970), S. 557-561.

Loriot (1971) **LORIOT, X.**, *Itinera Gordiani Augusti: I: Un voyage de Gordien III à Antioche en 239 ap. J.C.?,* BSFN 26 (1971), S. 18-21.

Loriot (1972) **LORIOT, X.**, *Un milliaire de Gordien II découvert prés de Césarée de Palestine et l'extension aux provinces de l'insurrection de 238 aprés J. C.,* BSAF 27 (1972), S. 90-94.

Loriot (1974) **LORIOT, X.**, *Trésors de monnaies de Gordien III découverts sur le territoire de l'ancienne Gaule,* BSFN 29 (1974), S. 682-687.

Loriot (1975) **LORIOT, X.**, *Les premières années de la grande crise du IIIe siècle. De l'avènement de Maximin le Thrace (235) à la mort de Gordien III (244)*, ANRW II (1975), S. 657-787.

Loriot (1975a) **LORIOT, X.**, *Trésors de Gordien III découverts en Gaule II,* BSFN 30 (1975), S. 819-822.

Loriot (1976) **LORIOT, X.**, *Trésors de Gordien III découverts sur le territoire de l'ancienne Dacie,* BSFN 31 (1976), S. 110-115.

Loriot (1987) **LORIOT, X.**, *Une monnaie d'or de Gordien III au musée de Roanne,* BSFN 42 (1987), S. 189.

Lőrincz/Számado (1994) **LŐRINCZ, B./SZÁMADO, E.**, *Ein Meilenstein der Senatskaiser Pupienus und Balbinus aus Pannonien,* ZPE 101 (1994), S. 205-207.

Luther (1998) **LUTHER, A.**, *Abgar Prahates filius rex (CIL VI, 1797)*, Muséon 111 (1998), S. 345-357.

Luther (1999) **LUTHER, A.**, *Die ersten Könige von Osrhoene*, Klio 81 (1999), S. 437-454.

Luther (2002) **LUTHER, A.**, *Römische Militärposten der Severerzeit am Unteren Habur*, Göttinger Forum für Altertumswissenschaft 5 (2002), S. 1-9.

MacDermot (1954) **MACDERMOT, B. C.**, *Roman Emperors in the Sassanian Reliefs*, JRS 44 (1954), S. 76-80.

MacDonald (1981) **MACDONALD, D.**, *The Death of Gordian III – Another Tradition*, Historia 30 (1981), S. 502-508.

MacDonald (1992) **MACDONALD, D.**, *The Coinage of Aphrodisias*, London 1992.

MacMullan (1976) **MACMULLAN, R.**, *Roman Government's Response to Crisis, A.D. 235-337*, New Haven u. a. 1976.

Manders (2007) **MANDERS, E.**, *Mapping the Representation of Roman Imperial Power in Times of Crisis*, in: HEKSTER, O./DE KLEIJN, G./SLOOTJES, D. (HGG), Crisis and the Roman Empire. Proceedings of the Seventh Workshop of the International Network Impact of Empire (Nijmegen, June 20-24, 2006), Leiden – Boston 2007, S. 275-290.

Marquardt (1957) **MARQUARDT, J.**, *Römische Staatsverwaltung. Erster Band*, Darmstadt [3]1957.

Martin (2007) **MARTIN, F.-R.**, *L'écoledes Primitifs pingouins*, in: PELTRE, C. (HG), La notion d'école, Strasbourg 2007, S. 165-180.

Mattingly (1985) **MATTINGLY, D. J.**, *IRT 895 and 896. Two Inscriptions from Gheriat el-Garbia*, SLS 16 (1985), S. 67-75.

Meckler (1996) **MECKLER, M.**, *The Beginning of the „Historia Augusta"*, Historia 45 (1996), S. 364-375.

Meder (2008) **MEDER, S.**, *Rechtsgeschichte. Eine Einführung*, Göttingen [3]2008.

Mennen (2007) **MENNEN, I.**, *The Caesonii in the Third Century A.D.: The Impact of Crisis an Senatorial Status and Power*, in: HEKSTER, O./DE KLEIJN, G./SLOOTJES, D. (HGG), Crisis and the Roman Empire. Proceedings of the Seventh Workshop of the International Network Impact of Empire (Nijmegen, June 20-24, 2006), Leiden – Boston 2007, S.111-123.

Merkelbach (1987) **MERKELBACH, R.**, *Nikaia in der römischen Kaiserzeit*, Opladen 1987.

Métayer (2011) **MÉTAYER, G.**, *Anatole France et le nationalisme littéraire. Scepticisme et tradition*, Paris 2011.

Meyer (1986) **MEYER, H.**, *Zur römischen Umbestattung (Noch eine Behauptung des Balbinus)*, BCAR 91 (1986), S. 279-290.

Meyer (1990) **MEYER, M.**, *Die Felsbilder Shapurs I.*, JDAI 105 (1990), S. 237-302.

Millar (2001) **MILLAR, F.**, *The Emperor in the Roman World (31 BC – AD 337)*, London ²2001.

Minamikawa (1991) **MINAMIKAWA T.**, *The Roman empire in A.D. 238. The senatorial opposition against the first soldier-emperor Maximinus*, The Shirin or the Journal of history, 74 (1991), S. 337-370 und 459.

Mommsen (1890) **MOMMSEN, T.**, *Die Scriptores Historiae Augustae*, Hermes 25 (1890), S. 228-292.

Moreau (1964) **MOREAU, J.**, *Krise und Verfall. Das dritte Jahrhundert n. Chr. als historisches Problem*, in: MOREAU, J. (HG), Scripta Minora, Heidelberg 1964, S. 26-41.

Moreno Ferrero (1999) **MORENO FERRERO, I.**, *Severus Alexander's "severitas" and the Composition of the Life*, in: PASCHOUD, F. (HG), Historiae Augustae Colloquium Genevense, Bari 1999, S. 191-216.

Mosig-Walburg (2009) **MOSIG-WALBURG, K.**, *Römer und Perser. Vom 3. Jahrhundert bis zum Jahr 363 n. Chr.*, Gutenberg 2009.

Mouchová (1972) **MOUCHOVÁ, B.**, *Crudelitas principis optimi*, in: ALFÖLDI, A. (HG.), Bonner Historia-Augusta-Colloquium 1970, Bonn 1972, S. 167-194.

Mratschek-Halfmann (1993) **MRATSCHEK-HALFMANN, S.**, *Divites et praepotentes. Reichtum und soziale Stellung in der Literatur der Prinzipatszeit*, Stuttgart 1993.

Mullens (1948) **MULLENS, H. G.**, *The Revolt of the Civilians A.D. 237-238*, G&R 27 (1948), S. 65-77.

Müller (1996) **MÜLLER, F. L.**, *Herodian. Geschichte des Kaisertums nach Marc Aurel. Griechisch und deutsch, mit Einleitung, Anmerkungen und Namenindex*, Stuttgart 1996.

Nedeltschev (1970) **NEDELTSCHEV K.**, *A new hoard of 725 denarii discovered in Bulgaria*, NCirc 78 (1970), S. 141.

Nicoletti (1981) **NICOLETTI, A.**, *Sulla politica legislativa Gordiano III*, Napoli 1981.

Nicols (2007) **NICOLS, J.**, *Mapping the Crisis of the Third Century*, in: HEKSTER, O./DE KLEIJN, G./SLOOTJES, D. (HGG), Crisis and the Roman Empire. Proceedings of the Seventh Workshop of the International Network Impact of Empire (Nijmegen, June 20-24, 2006), Leiden – Boston 2007, S. 431-437.

Nony (1978) **NONY, D.**, *Le revers monétaire de Gordien III. avec Sol et Oriens Aug.*, BSFN 33 (1978), S. 308-310.

Oost (1958) **OOST, S. I.,** *The Death of the Emperor Gordian III*, CPh 53 (1958), S. 106-107.

Oliver (1968) **OLIVER, J. H.,** *The Ancestry of Gordian I*, AJPh 89 (1968), S. 345-347.

Oliver (1970) **OLIVER, J. H.,** *Rescript of Gordian III to Aurelius Epaphras*, GRBS 11 (1970), S. 137-138.

Paunov/Dimitrov (1996) **PAUNOV, E. I. /DIMITROV, D. J.,** *Der Siegelring des Aurelius Pyrrus aus Skaptopara*, Chiron 26 (1996), S. 183-193.

Peachin (1985) **PEACHIN, M.,** *P.Oxy. VI 912 and the accession of Maximinus Thrax*, ZPE 59 (1985), S. 75-78.

Peachin (1990) **PEACHIN, M.,** *Roman Imperial Titulature and Chronology, A. D. 235-284*, Amsterdam 1990.

Peachin (1991) **PEACHIN, M.,** *Philip's Progress: From Mesopotamia to Rome in A.D. 244*, Historia 40 (1991), S. 331-342.

Pekáry (1986) **PEKÁRY, T.,** *Das Opfer vor dem Kaiserbild*, BJ 186 (1986), S. 81-103.

Philippides (1984) **PHILIPPIDES, M.,** *Herodian 2.4.1 and Pertinax*, CW 75 (1985), S. 295-297.

Piganiol (1954) **PIGANIOL, A.,** *Histoire de Rome*, Paris 1954.

Pincock (1998) **PINCOCK, R.,** *The ΟΣΣΕΒ Alexandrian tetradrachms of Gordian III.*, NC 158 (1998), S. 238-243.

Pink (1935) **PINK, K.,** *Antioch or Viminacium ? A Contribution to the History of Gordian III. and Philip I.*, NC 15 (1935), S. 94-113.

Pfeiffer (2009) **PFEIFFER, S.,** *Die Zeit der Flavier. Vespasian – Titus – Domitian*, Darmstadt 2009.

Potter (2004) **POTTER, D. S.,** *The Roman Empire at Bay. AD 180-395*, London 2004.

Raeck (1998) **RAECK, W.,** *Doctissimus imperator: ein Aspekt des Herrscherideals in der spätantiken Kunst*, AA 4 (1998), S. 509-522.

Rea (1972) **REA, J. R.,** *O. Leid. 144 and the chronology of A.D. 238*, ZPE 9 (1972), S. 1-19.

Rea (1989) **REA, J. R.,** *Gordian III or Gordian I ?*, ZPE 76 (1989), S. 103-106.

Rebenich (1990) **REBENICH, S.,** *Zosimus. Neue Geschichte*, Stuttgart 1990.

Rieger (1999) **RIEGER, B.,** *Die Capitolia des Kaisers Domitian*, Nikephoros 12 (1999), S. 171-203.

Robert (1970) **ROBERT, L.,** *Deux concours grecs à Rome*, CRAI (1970), S. 6-27.

Ronning (2007) **RONNING, C.**, *Herrscherpanegyrik unter Trajan und Konstantin. Studien zur symbolischen Kommunikation in der römischen Kaiserzeit*, Tübingen 2007.

Rosen (1994) **ROSEN, K.**, *Das Schlusskapitel der Marc Aurel-Vita und der Konflikt zwischen Gesinnung und Verantwortung*, in: BONAMENTE, G./PASCHOUD, F. (HGG), Historiae Augustae Colloquium Genevense 1991, Bari 1994, S. 189-196.

Rosenqvist (2007) **ROSENQVIST, J. O.**, *Die byzantinische Literatur. Vom 6. Jahrhundert bis zum Fall Konstantinopels*, Berlin – New York 2007.

Rösger (1978) **RÖSGER, A.**, *Herrschererziehung in der Historia Augusta*, Bonn 1978.

Rösger (1978a) **RÖSGER, A.**, *Die Darstellung des Perserfeldzuges der Severus Alexander in der Historia Augusta*, in: ALFÖLDI, A., Bonner Historia-Augusta-Colloquium 1975/1976, Bonn 1978, S. 167-174.

Ross (2001) **ROSS, S. K.**, *Roman Edessa. Politics and Culture on the Eastern Frings of the Roman Empire 114-242 CE*, London – New York 2001.

le Roux (2011) **LE ROUX, P.**, *La toge et les armes. Rome entre Méditerranée et Océan*, Rennes 2011.

Rutter (1968) **RUTTER, J. B.**, *The three Phases of the Taurobolium*, Phoenix 22 (1968), S. 226-249.

Şahin/Can/Işin (1983) **ŞAHIN, S./CAN, M. K./IŞIN, M. A.**, *Acht Meilensteine aus Libyssa*, EA 1 (1983), S. 41-55.

von Saldern (2003) **VON SALDERN, F.**, *Studien zur Politik des Commodus*, Leidorf 2003.

Sartre (1984) **SARTRE, M.**, *Le dies imperii de Gordien III. Une Inscription inédite de Syrie*, Syria 61 (1984), S. 49-61.

Šašel (1972) **ŠAŠEL, J.**, *Zur Rekrutierung der Prätorianer*, Historia 21 (1972), S. 474 – 480.

Scarborough (1973) **SCARBROUGH, J.**, *Aurelian. Question and Problems*, CJ 68 (1973), S. 334-345.

Scheid (1988) **SCHEID, J.**, *Nouvelles données sur les avènements de Claude, de Septime Sévère et de Gordien III*, BSAF (1988), S. 306-371.

Scheid (1990) **SCHEID, J.**, *Romulus et ses frères. Le collège des frères Arvales, modèle du culte public dans la Rome des Empereurs*, Rom 1990.

Scheidel (1991) **SCHEIDEL, W.**, *Dokument und Kontext: Aspekte der historischen Interpretation epigraphischer Quellen am Beispiel* *der ‚Krise des dritten Jahrhunderts'*, RSA 21 (1991), S. 145-164.

Scheithauer (1987) **SCHEITHAUER, A.**, *Kaiserbild und literarisches Programm. Untersuchungen zur Tendenz der Historia Augusta*, Frankfurt – Bern – New York 1987.

Scheithauer (1988) **SCHEITHAUER, A.**, *Die Bautätigkeit der Kaiser in der Historia Augusta*, WJA 14 (1988), S. 225-240.

Scheithauer (1990) **SCHEITHAUER, A.**, *Die Regierung des Kaisers Elagabal in der Darstellung von Cassius Dio und Herodian*, Hermes 118 (1990), S. 335-356.

Schippmann (1990) **SCHIPPMANN, K.**, *Grundzüge der Geschichte des Sasanidischen Reiches*, Darmstadt 1990.

Schlange-Schöningen (1995) **SCHLANGE-SCHÖNINGEN, H.**, *Kaisertum und Bildungswesen im spätantiken Konstantinopel*, Stuttgart 1995.

Schnebelt (1974) **SCHNEBELT, G.**, *Reskripte der Soldatenkaiser. Ein Beitrag zur römischen Rechtsgeschichte des dritten nachchristlichen Jahrhunderts*, Karlsruhe 1974.

Scholten (2007) **SCHOLTEN, H.**, *Einführung in die Thematik. Wahrnehmung und Krise*, in: SCHOLTEN H., (HG), Die Wahrnehmung von Krisenphänomenen. Fallbeispiele von der Antike bis in die Neuzeit, Köln – Weimer – Wien, 2007, S. 5-11.

Schönbeck (1998) **SCHÖNBECK, H-P.**, *Augustus als pater patriae und pater familias im zweiten Tristienbuch des Ovid*, Hermes 126 (1998), S. 454-465.

Schönert-Geiss (1999) **Schönert-Geiss, E.**, *Bibliographie zur antiken Numismatik Thrakiens und Moesiens*, Berlin 1999.

Schubert (1998) **Schubert, Ch.**, *Studien zum Nerobild in der lateinischen Dichtung der Antike*, Stuttgart – Leipzig 1998.

Schulte (2001) **SCHULTE, J. M.**, *Speculum regis. Studien zur Fürstenspiegelliteratur in der griechisch-römischen Antike*, Münster 2001.

Schumacher (2003) **SCHUMACHER, L.**, *Die politische Stellung des D. Clodius Albinus (193–197 n. Chr.)*, JRGZ 50 (2003), S. 355-369.

van Sickle (1927) **VAN SICKLE, C. E.**, *A hypothetical chronology for the year of the Gordians*, CPh 22 (1927), S. 416-417.

van Sickle (1929) **VAN SICKLE, C. E.**, *Some further observations on the chronology of the year 238 A.D.*, CPh 24 (1929), S. 285-289.

Siegler/DeLoache/Eisenberg (2005) **SIEGLER, R./DELOACHE, J./EISENBERG, N.**, *Entwicklungspsychologie im Kindes- und Jugendalter*, München 2005.

Sommer (2010) **SOMMER, M.**, *Die Soldatenkaiser*, Darmstadt ^{2}2010.

Sommer (2005) **SOMMER, M.**, *Roms orientalische Steppengrenze. Palmyra – Edessa – Dura-Europos – Hatra. Eine Kulturgeschichte von Pompeius bis Diokletian*, Stuttgart 2005.

Souris (1989) **SOURIS, G. A.**, *Notes and Corrections to Imperial Letters, I*, Hellenica 40 (1989), S. 50-61.

Spielvogel (2006) **SPIELVOGEL, J.**, *Septimius Severus*, Darmstadt 2006.

Spoerri-Butcher (2001) **SPOERRI-BUTCHER, M.**, *Le monnayage des cités de la province romaine d'Asie à l'époque de Gordien III (238-244)*, o. O. 2001.

Spoerri-Butcher (2006) **SPOERRI-BUTCHER, M.**, *Roman Provincial Coinage. Volume VII. De Gordien Ier à Gordien III (238-244 apr. J.-C.)* 1. *Province d'Asie*, Paris – London 2006.

Spoerri-Butcher (2006a) **SPOERRI-BUTCHER, M.**, *L'organisation de la production monétaire au sein de la province d'Asie à l'époque de Gordien III (238-244)*, Revue Suisse de Numismatique 85 (2006), S. 97-128.

Spranger (1955) **SPRANGER, P. P.**, *Untersuchungen zu den Namen der römischen Provinzen. Die Namensgebung der römischen Provinzen im Zeitalter der Republik*, Diss. Tübingen 1955.

Stanev (1977) **STANEV, N.**, *Ein Bauer auf dem Kaiserthron – Maximinus Thrax – Persönlichkeit und Handlungsmotive*, in: SEKTION ORIENT- UND ALTERTUMSWISSENSCHAFTEN DER MARTIN-LUTHER-UNIVERSITÄT HALLE-WITTENBERG (HG), Humanismus und Menschenbild im Orient und in der Antike. Konferenzvorträge, Halle 1977, S. 79-89.

Stein (1940) **STEIN, A.**, *Die Legaten von Moesien*, Budapest 1940.

Sternberg (1985) **STERNBERG, T.**, *Reskripte des Kaisers Alexander Severus an weibliche Adressaten*, Klio 67 (1985), S. 507-527.

Sternberg (1986a) **STERNBERG, T.**, *Die Wirtschaftskrise des 3. Jahrhunderts in den Rechtsquellen*, Klio 68 (1986), S. 272-275.

Sternberg (1986) **STERNBERG, T.**, *Die Kaiserreskripte der Jahre 222 (Alexander Severus) bis 244 (Gordian III.). Eine historisch-soziologische Studie*, Rostock 1986.

Sternberg (1988) **STERNBERG, T.**, *Die Widerspiegelung von Krisenerscheinungen in den kaiserlichen Reskripten der Jahre 222-244 n. Chr.* in: WISSENSCHAFTSBEREICH GRIECH.-RÖM. ALTERTUM DER SEKTION ORIENT- & ALTERTUMSWISSENSCHAFTEN (HG), :Krise, Krisenbewusstsein, Krisenbewältigung. Ideologie und geistige Kultur im Imperium Romanum während des 3. Jahrhunderts. Konferenzvorträge, Halle 1988, S. 105-109.

Sternberg (1989) **STERNBERG, T.**, *Die Regierungszeit Gordians III. aus der Sicht der kaiserlichen Rechtsprechung*, Klio 71 (1989), S. 164-178.

Stertz (1977) **STERTZ, A.**, *Marcus Aurelius as Ideal Emperor in Late-Antique greek Thought*, CW 70 (1977), S. 433-439.

Steuernagel (2004) **STEUERNAGEL, D.**, *Kult und Alltag in römischen Hafenstädten. Soziale Prozesse in archäologischer Perspektive*, Stuttgart 2004.

Stoll (2001) **STOLL, O.**, *Römisches Heer und Gesellschaft. Gesammelte Beiträge 1991 – 1999 von Oliver Stoll*, Suttgart 2001.

Straub (1952) **STRAUB, J.**, *Studien zur Historia Augusta*, Bern 1952.

Strobel (1989) **STROBEL, K.**, *Inflation und monetäre Wirtschaftsstrukturen im 3. Jh.*, MBAH 8/2 (1989), S. 10-31.

Strobel (1993) **STROBEL, K.**, *Das Imperium Romanum im ‚3. Jahrhundert'. Modell einer historischen Krise?*, Stuttgart 1993.

Syme (1983) **SYME, R.**, *Historia Augusta Papers*, Oxford 1983.

Talbert (1984) **TALBERT, R. J. A.**, *The Senate of Imperial Rome*, Princeton 1984.

Teja/Langenfeld (1998) **TEJA, A. / LANGENFELD, H.**, *Der Agon als römisches institutum publicum religiosum der Kaiserzeit. Betrachtungen zu einer unveröffentlichten Schrift des Onuphrius Panvinius*, Stadion 24 (1998), S. 173-183.

Thomasson (1960) **THOMASSON, B. E.**, *Die Statthalter der römischen Provinzen Nordafrikas von Augustus bis Diocletianus*, Lund 1960.

Thompson (1975) **THOMPSON, G. R.**, *The Reign of Gordian III, I*, San 6 (1975), S. 44-46.

Thompson (1975a) **THOMPSON, G. R.**, *The Reign of Gordian III, II*, San 6 (1975), S. 67-70.

Thierfelder (1956/57) **THIERFELDER H.**, *Die römische Reichspolitik von Septimius Severus bis zum Senatskaisertum (193-238 n. Chr.) im Spiegel der Münzen*, Wiss. Zschr. der Univ. Leipzig 6 (1956/57); S. 257-284.

Timonen (2000) **TIMONEN, A.**, *Cruelity and Death. Roman Historians' scenes of Imperial Violence from Commodus to Philippus Arabs*, Vammala 2000.

Townsend (1934) **TOWNSEND, P. W.**, *The Administration of Gordian III*, YCIS 4 (1934), S. 59-132.

Townsend (1955) **TOWNSEND, P. W.**, *The Revolution of A.D. 238. The Leaders and their Aims*, YCS 14 (1955), S. 49–105.

Townsend (1955a) **TOWNSEND, P. W.**, *Sextus Catius Clementinus Priscillianus, governor of Cappadocia in A.D. 238*, CPh 50 (1955), S. 41-42.

Toynbee (1972) **TOYNBEE, J. M. C.,** *Some problems of Romano-Parthian Sculpture at Hatra*, JRS 62 (1972), S. 106-110.

Turnbull/Jones (1979) **TURNBULL, P./JONES R. F. J.,** *An imperial portrait from Chester-le-Street, Co. Durham*, Britannia 10 (1979), S. 260-261.

Unruh (1991) **UNRUH, F.,** *Das Bild des Imperium Romanum im Spiegel der Literatur an der Wende vom 2. zum 3. Jh. n. Chr.*, Bonn 1991.

Van Minnen (1994) **VAN MINNEN, P.,** *Note on Gordian's Second Letter to the Citizens of Antinoopolis*, ZPE 102 (1994), S. 213.

Villing (1998) **VILLING, A. C.,** *Athena as Ergane and Promachos. The Iconography of Athena in archaic East Greece,* in: FISHER, N./VAN WEES, H. (HGG), Archaic Greece. New approaches and new evidence, London 1998, S. 147-168.

Vitucci (1954) **VITUCCI, G.,** *Sulla cronologia degli avvenimenti dell 238 d. C.*, RFIC 32 (1954), S. 372-382.

Wagner (1983) **WAGNER, J.,** *Provincia Osrhoenae. New Archaeological Finds Illustrating the Military Organisation under the Severan Dynasty*, in: MITCHELL, S. (HG), Armies and Frontiers in Roman and Byzantine Anatolia. Proceedings of a Colloquium held at University College, Swansea, in April 1981, Oxford 1983, S. 103-130.

Wallinger (1990) **WALLINGER, E.,** *Die Frauen in der Historia Augusta*, Wien 1990.

Wallner (1997) **WALLNER, C.,** *Soldatenkaiser und Sport*, Frankfurt am Main 1997.

Wallner (2004) **WALLNER, C.,** *Der „Agon Minervae": eine Dokumentation*, Tyche 19 (2004), S. 223-235.

Walser/Pekáry (1962) **WALSER, G./PEKÁRY, T.,** *Die Krise des römischen Reiches. Bericht über die Forschungen zur Geschichte des 3. Jahrhunderts von 1939 bis 1959*, Berlin 1962.

Walter (2000) **WALTER, U.,** *Marcus Furius Camillus – die schattenhafte Lichtgestalt*, in: HÖLKESKAMP, K.-J./STEIN-HÖLKESKAMP, E. (HGG.), Von Romulus zu Augustus. Große Gestalten der römischen Republik, München 2000, S. 58-68.

Watson (1970) **WATSON, A.,** *The Development of the Praetor's Edict*, JRS 60 (1970), S. 105-119.

Watson (1999) **WATSON, A.,** *Aurelian and the Third Century*, New York 1999.

Wegner (1979) **WEGNER, M. (HG),** *Das römische Herrscherbild. Gordianus III. bis Carinus*, Berlin 1979.

Weiss (1982) **WEISS, P.**, *Ein Altar für Gordian III., die älteren Gordiane und die Severer aus Aigeai (Kilikien)*, Chiron 12 (1982), S. 191-205.

Wiesehöfer (1982) **WIESEHÖFER, J.**, *Die Anfänge der sassanidischen Westpolitik und der Untergang Hatras*, Klio 64 (1982), S. 437-447.

Wiesehöfer (2005) **WIESEHÖFER, J.**, *Das antike Persien von 550 v. Chr. bis 650 n. Chr.*, Düsseldorf 2005.

Wiesehöfer (2006) **WIESEHÖFER, J.**, *Statt einer Einleitung: ‚Randkultur' oder ‚Nabel der Welt?' Das Sasanidenreich und der Westen. Anmerkungen eines Althistorikers*, in: WIESEHÖFER, J./HUYSE, P (HGG), Ērān und Anērān. Studien zu den Beziehungen zwischen dem Sasanidenreich und der Mittelmeerwelt. Beiträge des Internationalen Colloquiums in Eutin, 8.-9. Juni 2000, Stuttgart 2006, S. 9-28.

Wilkes (2005) **WILKES, J. J.**, *The Roman Danube. An Archaeological Survey*, JRS 95 (2005), S. 124-225.

Williams (1974) **WILLIAMS, W.**, *The Libellus Procedure and the Severan Papyri*, JRS 64 (1974), S. 86-103.

Wissowa (1991) **WISSOWA, G.**, RE 3,2 (1991), Sp. 1527-1529, S. v. *Capitolia.*

Witschel (1999) **WITSCHEL, C.**, *Krise, Resignation, Stagnation? Der Westen des römischen Reiches im 3. Jh. n. Chr.*, Frankfurt a. M. 1999.

Witschel (2006) **WITSCHEL, C.**, *Verrückte Kaiser? Zur Selbststilisierung und Außenwahrnehmung nonkonformer Herrscherfiguren in der römischen Kaiserzeit*, in: RONNING, C. (HG.), Einblikke in die Antike. Orte – Praktiken – Strukturen, München 2006, S. 87-129.

Witzmann (1999) **WITZMANN, P.**, *Zum Herrscherbild in der Spätantike. Aurelius Victor und Orosius*, Diss. Meppen 1999.

Wood (1983) **WOOD S.**, *A too-successful damnatio memoriae. Problems in third century Roman portraiture*, AJA 87 (1983), S. 489-496.

Wyduckel (1979) **WYDUCKEL, D.**, *Princeps legibus solutus*, Berlin 1979.

Zahran (2001) **ZAHRAN, Y.**, *Philip the Arab. A Study of Prejudice*, London 2001.

Ziegler (1985) **ZIEGLER, R.**, *Städtisches Prestige und kaiserliche Politik. Studien zum Festwesen in Ostkilikien im 2. und 3. Jahrhundert n. Chr.*, Düsseldorf 1985.

Ziegler (2001/02) **ZIEGLER, R.**, *Plante Kaiser Pupienus einen Feldzug gegen die Sasaniden? Bemerkungen zur Münzprägung von Tarsos* *in Kilikien und zur vita Maximi et Balbini 13,5 in der Historia Augusta,* JNG 51/52 (2001/2002), S. 37-47.

Zimmermann (1999) **ZIMMERMANN, M.,** *Kaiser und Ereignis. Studien zum Geschichtswerk Herodians*, München 1999.

Zimmermann (1999a) **ZIMMERMANN, K.,** *Libyen. Das Land südlich des Mittelmeeres im Weltbild der Griechen*, München 1999.